口絵1 紛争解決・平和構築に向けた地域集団 ［図6.2, p.103 参照］

口絵2 ザンビアにおける野菜直販の様子．乾燥サバンナ帯のこの地域ではダンボとよばれる低湿地を利用した乾季の野菜栽培が盛んで，国道沿いの市場で運転手に直売されている．［3.1節］

口絵3 ナイジェリア南部の湿潤地帯では搗きヤムが美味しい．蒸したあと熱いうちに杵と臼で搗くとモチのような搗きヤムとなる．これを手前のボールでつくられているエグシ・スープにつけて食べるのが，西部ナイジェリアのヨルバ人の代表的な料理の一つである．［3.1節］

口絵4 ウガンダのアンコーレのウシ．乳搾りに利用される．この品種のウシは，南スーダンでも飼養されている．［3.2節, p.40 参照］

口絵5 ケニア北東部に暮らすソマリの牧夫．少年は学校には行かずに，代々つづくラクダ牧畜の仕事に従事する．［3.2節, p.44 参照］

口絵6 パール・ワイン産地の景観．Sidelberg ワイナリーから南方のステレンボシュ方面を望む．手前のようなブドウ畑は整枝されない株仕立てで，ブッシュヴァイン（bush vine）とよばれる．[3.3 節，p.47 参照]

口絵7 コンスタンシア産地・Klein Constantia Estate ワイナリーの畑（1685 年にサイモン・ファン・デル・スティルが拓いた農場の一部）[3.3 節，p.48 参照]

口絵8 ヴィクトリア湖の地引網．ケニア西部では舟による漁に加えて，地引網漁も盛んである．漁師は水揚げビーチに登録されており，乱獲を抑えるために水産資源管理に参加することが期待されている（2012 年 3 月）．[4 章イントロ]

口絵9 ナミビアの農村でマルーラの果汁を搾る女性たち．マルーラは，アフリカの半乾燥地域に自生するウルシ科の広葉樹．果汁は自然に発酵し，醸造酒となる．[4.3 節，p.74 参照]

口絵10 ケニア・ナイロビ市のスラム街キベラ，ガトゥエケラ地区．一家族が 5 m 弱四方の一室を借り，応接間と寝室に区切る．家賃は電気代込みで月額 3000 ケニア・シリング（約 31 米ドル），洗濯は外の通路で行う（2016 年 11 月）．[5.2 節，p.88 参照]

口絵11 ナイジェリア中部の町オケネで 2013 年に挙行された伝統的支配者シロマの就任式の様子．シロマも現在はイスラーム教徒であるが，イスラーム藩王と対立することがある．この地域では，イスラーム教徒とキリスト教徒の対立もある．地域紛争は，重層的な権威構造や宗教関係の中で発生する．[6 章イントロ]

世界地誌シリーズ **8**

アフリカ

島田 周平・上田 元 編

朝倉書店

編集者

しまだしゅうへい
島田 周平　名古屋外国語大学世界共生学部

うえだ げん
上田　元　一橋大学大学院社会学研究科

執筆者

あらきみなこ
荒木美奈子　お茶の水女子大学基幹研究院人間科学系（8.2 節）

いけやかずのぶ
池谷和信　国立民族学博物館人類文明誌研究部（3.2 節）

いとうちひろ
伊藤千尋　福岡大学人文学部（5.1 節）

うえだ げん
上田　元　一橋大学大学院社会学研究科（1.2, 1.3, 5.2 節, コラム 8）

えんどうさとこ
遠藤聡子　内閣府大臣官房企画調整課（コラム 2）

えんどうみつぎ
遠藤　貢　東京大学大学院総合文化研究科（6.2 節）

おがわ
小川さやか　立命館大学大学院先端総合学術研究科（コラム 5）

さがわとおる
佐川　徹　慶應義塾大学文学部（コラム 3）

さとうれんや
佐藤廉也　大阪大学大学院文学研究科（4.2 節）

しまだしゅうへい
島田周平　名古屋外国語大学世界共生学部（1.1, 3.1, 6.1 節, コラム 7）

だいもんみどり
大門　碧　北海道大学国際部（コラム 6）

てらやりょうじ
寺谷亮司　愛媛大学社会共創学部（3.3 節）

なりさわのりこ
成澤徳子　北海道大学国際連携機構（コラム 1）

にしうらあきお
西浦昭雄　創価大学経済学部（7.1 節）

ふくにしたかひろ
福西隆弘　日本貿易振興機構アジア経済研究所地域研究センター（7.1 節）

ふじおかゆういちろう
藤岡悠一郎　九州大学大学院比較社会文化研究院（4.3 節）

まつむらけいいちろう
松村圭一郎　岡山大学大学院社会文化科学研究科（4.1 節）

まつもとひさし
松本尚之　横浜国立大学大学院都市イノベーション研究院（コラム 9）

まるやまじゅんこ
丸山淳子　津田塾大学学芸学部（コラム 4）

みずのかずはる
水野一晴　京都大学大学院文学研究科（2.1, 2.2 節）

めぐろとしお
目黒紀夫　広島市立大学国際学部（8.1 節）

よしだえいいち
吉田栄一　横浜市立大学学術院国際総合科学群人文社会系列（7.2 節）

（50 音順，（　）は執筆箇所）

まえがき

メルカトル図法の世界地図に慣らされたわれわれは，アフリカの大きさを誤解しやすい．アフリカ大陸は，アメリカ合衆国（アラスカを含む），中国，インド，ヨーロッパ諸国などをあわせても余りある広さをもつ大地である[*1]．

大陸の北端が日本の東北地方の緯度と同じ，南端がオーストラリアのシドニー付近と同じであるといえばわかるように，アフリカ大陸の南北の両端は温帯地域である．さらに赤道直下といえども，東アフリカには高度 1000 メートルを超える高山地帯が多く，「暑いアフリカ」といったイメージとは違う「爽やかな」サバンナ地帯が広がっている．日中の気温が 40℃ を超えるサハラ砂漠やサヘルなどの酷暑も「暑いアフリカ」のイメージ形成に一役買っている．しかし，これらの地域の夜間の気温は低く寝袋がなくては眠れないくらいであるので，「暑いアフリカ」の言葉がぴったりするのはかつて「白人の墓場」とか「瘴疫の地」とよばれた高温多湿の湿潤サバンナや熱帯雨林地帯であろう．それらの地域は，西アフリカ沿岸部や中部アフリカのコンゴ盆地に限られ，アフリカ全体に広がっているわけではない．

アフリカ大陸はその形状のまとまりのよさや，アフリカ大陸にある 55 カ国すべてが加盟するアフリカ連合（AU）が存在するためか，その一体性が強調されやすい[*2]．しかし，社会文化的にみると，アフリカ内部は多様である．とりわけ，サハラ砂漠の北の北アフリカ（マグレブ）地域とサハラ以南アフリカ（サブサハラ）地域とは，人種的・言語的・宗教的に違いが大きい．

本書では，自然環境の記述以外ではとくに断りがない限り，サブサハラ地域を対象にしている．もちろん，サハラ砂漠の南北をつなぐ文化的・宗教的つながりは現在も強い．2010 年代に北アフリカで起きた「アラブの春」の運動がサハラ砂漠を越えてサブサハラ地域にすぐに伝播したことからもわかるように，両地域のつながりは強い．しかし，経済的つながりはといえば，サブサハラ諸国と北アフリカとを結ぶサハラ越え交易の比重は低くなってきている．

2001 年から 2015 年の間，国内総生産 GDP の成長率が最も高かった上位 10 カ国中に，アフリカの国が半分以上も占める衝撃的なニュースが世界を駆けめぐった[*3]．アフリカは，貧困地域，経済援助対象地域から一転，世界経済発展の牽引地域になるかという勢いをみせたのである．国際連合や世界銀行などとの共催で日本が主導して 1993 年以来 5 年ごとに開催してきたアフリカ開発会議（TICAD）の第 5 回目の会議（2013 年 6 月，横浜開催）で，「援助から投資へ」と謳われたのはこのような状況を反映してのことである．

しかしこの急成長は，資源開発や関連のインフラ投資を反映したものであったので，資源開発を支えた中国やインドからの投資にかげりが出るとたちまちのうちに失速した．2015 年以降，サブサハラ諸国の成長率は新興国全体のそれを下回っている[*4]．このような脆弱性を孕む成長であったが，アフリカに対する見方を変えるには十分なインパクトのあるニュースであった．

この一時的な高度経済成長は，サブサハラ諸国の経済を新しい視点から見直すきっかけをわれわれに与えたといえる．

たとえ一人当たり国民総所得が低い国が多いとしても，11 億人を超えるアフリカ大陸は BOP ビジネス*5 ばかりでなく，一般のビジネスにとっても魅力的な市場である．アフリカでは人口（爆発）が経済発展の最大の足かせだと長らくいわれてきた．しかし今日，この人口増加率の高さを評価する意見が出てきている．2003 年に 5289 万人であったアフリカの携帯電話加入者数が，11 年後の 2014 年には 8 億9119 万人と約 17 倍もの伸びを示した事実は，人口規模が経済に与えるインパクトの大きさを垣間見せた．

　現在，アフリカ大陸の人口は約 11.5 億人である（2015 年世界人口推計）．これが 2050 年には 24 億人になり，世界の 4 人に 1 人がアフリカ人になる時代がくるという*6．さらに 2050 年には，18 歳以下の子どもの 37% がアフリカ人になるという．この推計値は，貧しいアフリカという認識の延長線上でアフリカの未来図を描いてはけないことをわれわれに語っている．

　当然，アフリカ諸国が挑戦しなくてはならない課題も多い．鉱山開発のためのインフラ整備，農業発展のための外国企業による大規模土地開発など，これまでにないスピードで進められる開発政策は，いくつかの国で所得格差増大や土地問題を引き起こしている．これらの課題にたいする対応を誤ると，政治的混乱や紛争が起きる．世界経済の中で重みを増すアフリカ諸国がこれらの挑戦に失敗すると，それは直接世界経済に影響を与えることになる．

　アフリカの農民や狩猟採集民たちの生業をみると，豊かな環境認知能力にもとづいた巧みな環境利用方法が各地でみられる．それらは多様なアフリカ文化の基層をなしている．しかし今日，経済のグローバル化と政治の民主化の進展は様々な形でアフリカに変化をもたらしている．人々は日常的に様々な対応を求められ，自らも変化している．

　本書では，容易に変わらないアフリカの文化の様態と同時に，経済のグローバル化や国際政治環境の変化の中で展開する現代アフリカの変容にも目を向け，現代アフリカがみせる変化の諸相を多面的に紹介することに努めた．またコラムでは，あまり知られていない現代アフリカの一面を切り取る興味深いエピソードを取り上げた．各章冒頭のイントロダクションは編者によるもので，1・2・3・6 章は島田，4・5・7・8 章は上田が執筆した．なお，とくに記載のない写真は，執筆者自身が撮影したものである．

　　2017 年 8 月

島田周平

上田　元

*1：本書 p.2 参照.
*2：本書で掲げる国境線付きのアフリカ大陸図では国名を省略している．国名については見返しの全図を参照されたい.
*3：世界で最も経済成長率の高い 10 カ国（IMF World Economic Outlook 2017 April の国別データより）.
*4：地域別経済成長率見通し（IMF World Economic Outlook 2017 April の国別データより）.
*5：本書 p.113 参照.
*6：UNICEF 2014: Generation 2030 Africa.

目　　次

1 総　説

1.1　自然的多様性・民族的多様性　1

1.1.1　アフリカ大陸の大きさ　1

1.1.2　自然的多様性　2

1.1.3　アフリカ大陸の人種・民族　3

1.1.4　言語の多様性　4

1.1.5　植民地支配に与えた自然の影響　6

1.2　歴史的多様性　6

1.2.1　植民地化以前の国家形成　6

1.2.2　奴隷貿易　7

1.2.3　新たな貿易, 探検・布教, アフリカ分割　7

1.2.4　植民地支配の諸類型　8

1.2.5　二度の世界大戦と独立後の国家　10

1.2.6　構造調整と民主化　11

1.3　今日のサブサハラ・アフリカ　11

1.3.1　政府開発援助, 貧困削減, MDGs・SDGs　11

1.3.2　開発と環境　13

1.3.3　海外直接投資とグローバル化の諸相　13

1.3.4　分権化と地域社会経済　14

コラム1　スマートフォンの普及とソーシャルメディアの活用　15

2 自　然

2.1　気候・植生　17

2.1.1　西アフリカの気候　17

2.1.2　東アフリカの気候　19

2.1.3　中部アフリカの気候　19

2.1.4　南部アフリカの気候　20

2.1.5　北アフリカの気候　20

2.1.6　アフリカの植生—熱帯雨林　20

2.1.7　アフリカの植生—亜熱帯疎林　22

2.1.8　アフリカの植生—サバンナ　23

2.1.9　アフリカの植生—砂漠　24

2.1.10　ケープ植物界　24

2.1.11　高山植生　24

2.2　変化する気候　24

2.2.1　アフリカの過去の気候変動（1万年前以前）　25

2.2.2　アフリカの過去の気候変動（1万年前〜1000年前）　26

2.2.3　アフリカの過去の気候変動（過去1000年間）　27

2.2.4　近年の気候変動　28

2.2.5　温暖化による環境の変化　29

コラム2　西アフリカのプリント更紗「パーニュ」　32

3 自然と生業

- 3.1 アフリカの焼畑　33
  - 3.1.1 乾燥サバンナ帯における焼畑　33
  - 3.1.2 熱帯雨林・湿潤サバンナ帯における焼畑　34
  - 3.1.3 焼畑耕作のメリット　36
  - 3.1.4 湿潤熱帯地域の農業再評価　37
  - 3.1.5 焼畑地域における新しい動き　37

- 3.2 サバンナ帯における牧畜　39
  - 3.2.1 サバンナ帯での多様な生業　39
  - 3.2.2 アフリカ全体の牧畜　39
  - 3.2.3 アフリカ牧畜の地域性　40
  - 3.2.4 牧畜活動の実際：ソマリの牧畜の事例　42
  - 3.2.5 近代化と牧畜：干ばつ，開発，土地　44

- 3.3 地中海性気候地域におけるブドウ栽培とワイン産業　45
  - 3.3.1 地中海性気候と民族居住史　45
  - 3.3.2 南アフリカのワイン産業の変遷と現況　47
  - 3.3.3 南アフリカのワイン産地　50
  - 3.3.4 南アフリカのワイナリー　52

コラム3　個人を起点に捉える戦いと平和—東アフリカ牧畜社会の事例から　54

4 生業と環境利用

- 4.1 生業と土地利用の変化　56
  - 4.1.1 アフリカの生業と土地利用　56
  - 4.1.2 国家政策や市場経済化による生業の変化　59
  - 4.1.3 グローバル化する「土地」のゆくえ　61

- 4.2 焼畑・狩猟採集活動と環境利用　63
  - 4.2.1 環境利用からみた焼畑の特徴　63
  - 4.2.2 森林・サバンナの複合的な環境利用　64
  - 4.2.3 環境利用と森林動態　67
  - 4.2.4 変容する生業社会と環境利用　68

- 4.3 乾燥地域における牧畜，昆虫食，マルーラ酒　70
  - 4.3.1 複合生業システムと非木材林産物の利用　70
  - 4.3.2 オヴァンボの複合生業システム　71
  - 4.3.3 生業間の結びつき　74
  - 4.3.4 複合生業システムの将来　76

コラム4　狩猟採集民の移動と定住化　78

5 都市

5.1 都市と農村　80
5.1.1 アフリカにおける都市化と農村との格差　80
5.1.2 都市と農村の社会・経済的紐帯　83
5.1.3 構造調整計画による都市―農村関係の変容　84
5.1.4 多チャンネル化する都市―農村関係　85

5.2 都市問題　86
5.2.1 住宅　87
5.2.2 雇用問題とインフォーマル経済　90
5.2.3 都市農業　92
5.2.4 インフォーマル経済のグローバル化　93
5.2.5 おわりに　95

コラム5　都市インフォーマル部門の人びと　95

コラム6　現代的なショー・パフォーマンスに垣間見る人間関係のいろは　96

6 地域紛争

6.1 西アフリカにおける地域紛争　98
6.1.1 アフリカの紛争にみる時代的特徴　98
6.1.2 ナイジェリアの地域紛争の事例　101
6.1.3 紛争解決への途：国際的関与　102

6.2 （北）東アフリカにおける地域紛争　103
6.2.1 紛争主体と要因　103
6.2.2 独立と統合をめぐる紛争　104
6.2.3 冷戦後の紛争　105
6.2.4 新たな紛争の展開　109

コラム7　紛争が再燃するきっかけ　111

7 グローバル化とフォーマル経済

7.1 フォーマル製造業・サービス業　112
7.1.1 フォーマル部門の製造業・サービス業の動向　112
7.1.2 縫製産業　113
7.1.3 農産物加工業　115
7.1.4 流通小売業　116
7.1.5 自動車産業　119

7.2 経済発展と中国の進出　120
7.2.1 アフリカ経済の成長と中国インパクト　120
7.2.2 中国の対アフリカ直接投資　122
7.2.3 経済貿易協力特区の開発　125
7.2.4 ザンビアの中国アフリカ開発協力特区　127
7.2.5 結びにかえて　128

コラム 8　ケニア農民による欧州向け野菜栽培　130

8 開発・協力と地元社会

8.1 観光業と野生動物保全　131
8.1.1 「野生の王国」というイメージ　131
8.1.2 観光業の概況　131
8.1.3 野生動物の観光・保全の歴史　133
8.1.4 野生動物保全のアプローチの転換　133
8.1.5 拡大する保護区　134
8.1.6 「野生の王国」の多様性　134
8.1.7 おわりに　138

8.2 開発援助・協力　139
8.2.1 サハラ以南アフリカが抱える課題　139
8.2.2 国際社会による開発援助・協力　140
8.2.3 日本の対アフリカ援助・支援　143
8.2.4 草の根レベルでの開発実践　145

コラム 9　日本に暮らすアフリカ人と私たち　149

さらなる学習のための参考図書　151

付録　統計資料　156

索　引　160

Africain by Manfred Klein

1 総　　説

　アフリカ大陸は，海外線の出入りが少ないまとまりのある形で赤道を中心に南北に広がっているため，メルカトル図法の世界地図に慣らされたわれわれは，その広さを過小評価しやすい．この大陸（3037万km^2）はユーラシア大陸（4382 km^2）の約70％の大きさがあり，北アメリカ大陸（2449 km^2）より大きい．自然環境も多様である．

　大陸のほとんどの国がアフリカ連合（African Union：AU，2002年にアフリカ統一機構OAUが発展的に改組されてできた組織）に参加しているので，政治的にも文化的にも他の大陸よりも均質性が高いような印象を受けるかもしれない．しかし実際は，政治的にも文化的にも多様である．

　マグレブとよばれる北アフリカ地域とサハラ砂漠以南地域とは民族的・宗教的・文化的に大きな違いがある．本書ではこのサハラ砂漠以南地域をサハラ以南アフリカまたはサブサハラ（Sub-Sahara）とよぶことにする．北アフリカ地域はコーカソイド型の人びとが住むイスラーム地域であり，中東との政治的つながりが強い．これに対しサハラ砂漠以南の地域はネグロイド型の黒人が多く住むブラック・アフリカとよばれる地域で，イスラーム教に加えキリスト教や伝統的宗教が盛んな地域であり，イスラーム教が卓越するマグレブ地域とは文化的に違いが大きい．

　とはいえ，両地域の間では紀元前から交易が行われており，とりわけ11世紀から16世紀にかけては，金や奴隷，塩，胡椒，象牙，高級布，武器などの交易が盛んで，その交易のなかでイスラームの伝播もあり，北アフリカ地域とサハラ以南アフリカとのつながりはいまも深い．最近では2010年から始まった「アラブの春」の政治的変動のサハラ以南アフリカへの影響もみられる．2011年10月のリビアのカダフィ体制の崩壊がもたらしたサハラ以南地域への武器や兵士の拡散，さらには2013年1月のアルジェリアのイナメナス精製プラントで起きた人質事件直後のマリやナイジェリアでの地域紛争の激化などは，政治的・宗教的変動がサハラ砂漠を越えて容易に両地域で伝播することを示している．

　人類発祥の地といわれるブラック・アフリカでは民族的・言語的多様性が大きい．1884～1885年のベルリン会議は，このような多民族・多言語状況を考慮することなく，西欧諸国が一方的に線引きして植民地化のルールを決めた別名「アフリカ分割」会議であった．このため植民地の境界線を引き継いだアフリカ諸国では，独立時からこの多民族・多言語問題は重要な課題となってきた．植民地時代に白人が入植してきた南部アフリカと東アフリカの一部では，多民族問題に加え人種間対立も課題となっている．

　本章では，大いなるアフリカ大陸の多様性をその自然的条件や歴史的条件を振り返りながら明らかにする．

写真1.1　ガーナ・ケープコーストのエルミナ城（2004年1月）
1482年にポルトガル人によりつくられた西アフリカ最初の交易要塞．奴隷貿易の基地としても使われた．この建物は西アフリカで最古のヨーロッパ人建築物．その砲台の窓からみた漁港．

1.1　自然的多様性・民族的多様性

1.1.1　アフリカ大陸の大きさ

　アフリカは，南北8000 km，東西（最も広いところで）7400 kmで，ユーラシア大陸につぐ大きな大陸である．北端はチュニジアの北緯37度33分で日本の東北地方の福島県の緯度にあたり，南端は南アフリカ共和国ケープ州の南緯34度50分でオーストラリアのシドニーの南に位置する．つまり，成田空港から飛んだ飛行機がシドニーに着くまでの間すべてが大陸をなしていることになる．別の表現をすれば，図1.1に示すようにアメ

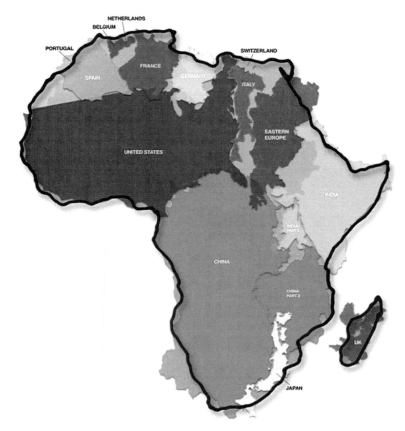

図 1.1　アフリカ大陸の大きさ
アフリカ大陸の面積は，世界のいろいろな地域の国，18 カ国（中国，アメリカ，インド，メキシコ，ペルー，フランス，スペイン，パプアニューギニア，スウェーデン，日本，ドイツ，ノルウェー，イタリア，ニュージーランド，イギリス，ネパール，バングラデシュ，ギリシャ）の合計面積（30102 km²）とほぼ同じ（30221 km²）である．
http://kai.sub.blue/images/True-Size-of-Africa-kk-v3.pdf（著作権は設定されていない）

リカ合衆国（アラスカのぞく），中国，インド，ヨーロッパ，東ヨーロッパをあわせた面積に匹敵する．

このような大きな大陸であるため自然環境は多様であり，居住する民族も多様である．この章では，最初に自然や民族の多様性について述べる．

1.1.2　自然的多様性

アフリカ大陸の気候の多様性については第 2 章で詳しく述べる．ここでは，アフリカといったときに漠然と思い浮かべる一様に熱い熱帯地方のイメージを払拭するため，その多様性について概説しておく．

ケッペンは世界の気候帯を熱帯，乾燥帯，温帯，亜寒帯，寒帯の五つに大区分した．このうち，亜寒帯と寒帯を除くすべてがアフリカには分布している．ケッペンの気候帯区分には入っていないが，アフリカには高山気候帯もあり通常の気候区分では 6 地域に分けられる．

西アフリカでは，赤道直下の熱帯雨林気候から北に行くにしたがい，サバナ気候（植生や農業地域区分ではサバンナ帯，サバンナ地域と表記している），乾燥帯のステップ気候，そしてサハラ砂漠の砂漠気候へと遷移する．サハラ砂漠の北側の北アフリカでは，温帯の地中海性気候となっている．

中部アフリカの赤道地帯から南に向かえば，熱帯雨林気候，サバナ気候から大陸の南端部の温帯へとつながっている．南アフリカの温帯地域では西岸海洋性気候や地中海性気候がみられる．

東アフリカでは，赤道直下にありながら氷河を頂くキリマンジャロ山に象徴される高山気候帯がみられ，そのすそ野には広大なサバナ気候帯が広がっている．野生動物公園で有名なケニアのマサイマラ国立保護区やタンザニアのセレンゲッティ国立公園はこの地帯に広がっている．

一般的に大陸の西側は気候が安定的で，雨量の年較差が小さく，東側では乱れが起きやすい．この乱れを擾乱という．アフリカ大陸でもそれがあてはまり，西アフリカの気候帯は沿岸部（南部）から内陸部（北部）へ規則正しく分布している．国境線が短冊形に南北に引かれた西アフリカでは，国内に沿岸部の熱帯雨林気候や湿潤サバナ気候が，内陸部に乾燥サバナ気候やステップ気候帯が広がる国が多い．

西アフリカで降水量を決定しているのは，熱帯収束帯（ITCZ）の動きである．ITCZ は赤道を中心に北上と南下を繰り返し，各地に雨季をもたらす．この ITCZ の北上が十分でない年には西アフリカのサハラ砂漠南縁部で干ばつが起きる．西アフリカにおける干ばつの被害が東西に帯状に広い地域で現れるのはこのためである．これに対し，東アフリカや南部アフリカで発生する干ばつ（あるいは多雨）は緯度と関係なく不規則に現れる．擾乱による ITCZ の乱れ（蛇行）や大陸東側のインド洋の影響が関係しているからである．

大陸の南端に行くと地中海性気候や西岸海洋性気候といった温帯気候がみられる．地中海性気候の南アフリカ南西部のステレンボッシュ地域ではワイン生産が盛んである．また，南部アフリカ最高峰のタバナ・ヌトレニャナ山（3482 m）を含むドラケンスバーグ山脈が走っている内陸国レソトでは，冬季に雪が降り，短いコースではあるがスキー場もある．

このようにアフリカ大陸の気候は多様であるが，山岳部における植生の高度変化を別にすると，現地で陸路を移動中にそれを実感することは難しい．西アフリカで，車で移動すると，熱帯雨林帯から湿潤サバナ帯を通過し乾燥サバナ帯に入るためには丸一日かかる．地上で実感するのは，気候帯の多様性というよりもアフリカ大陸の広大さである．

1.1.3 アフリカ大陸の人種・民族

アフリカ大陸が人類発祥の地であることは遺伝子レベルの研究でも明らかとなってきている．しかし同じ研究で，集団内の個人差の方が集団間の差よりも大きいことがわかり，人種分類は遺伝子レベルで決められるというより社会的な概念であるという意見が強い．したがって，人種の起源を遺伝子レベルで論じることは簡単ではない．

あとで述べる言語分布との関連性もあり，ここではこれまで述べられてきたアフリカ大陸における人種分布について紹介する．アフリカには，ネグロイド型，コーカソイド型，ブッシュマン型，ピグミー型，モンゴロイド型の5人種が居住しているといわれてきた（Murdock, 1959：7-12）（図1.2）．コーカソイド型の人々は北アフリカに多く，モンゴロイド型の人々はマダガスカル島に限られ，あとのサハラ以南の大半はネグロイド型の住民で占められている．ブッシュマン型は南西アフリカに，ピグミー型は中部アフリカに居住しているが，人口規模からいえばごく少数である．自然人類学的な人種分類でいえば，サハラ以南アフリカの多くは肌の色が濃いネグロイド型の住民が

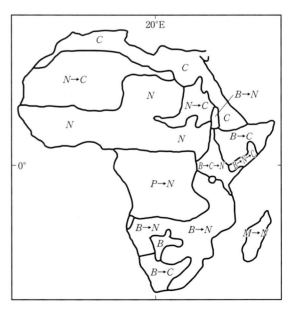

図1.2　アフリカの人種分布（Murdock, 1959：11）
B：ブッシュマン型，C：コーカソイド型，M：モンゴロイド型，N：ネグロイド型，P：ピグミー型，→：変化を表す．

多数を占めている（図1.2参照）．サハラ以南地域のことを，ブラック・アフリカ（Black Africa）とよぶことがあるのはこのためである．

人種よりもさらに分類が困難なのが民族（nation）である．アフリカには非常に多くの民族が存在しており，独立後の国家建設において民族共生は非常に重要な問題であった．

ところで，アフリカの民族について述べるときに注意すべき点が一つある．人種分類が優生学に結びつき人種差別を生んだように，民族の概念も19世紀末の進化主義を反映していた．19世紀のヨーロッパ人は，アフリカ大陸には民族国家を建設するに足る民族（nation）は存在せず，そこにある社会集団は国家を形成する主体とはなりえない人的集団，つまり部族（tribe）であると考えてきた．このような認識の上で，アフリカには850以上の部族（tribe）がいるといういい方がなされてきた（原口，1996：11）．

部族に込められたこのような進化主義的差別観は問題があるとされ，今日ではエスニック集団（ethnic group）あるいは単に，〇〇民族，〇〇人とよぶことが多くなっている（原口は，そのことの問題点も指摘している（原口，1996：191-209））．しかし，独立後の国家建設を急ぐアフリカの政府自身が，分離独立運動に対して「部族主義」のレッテルを貼ったり，政府自身が啓蒙主義的立場から「部族主義的蒙昧からの脱却」を謳うなど，現在でも部族という言葉がしばしば使われている．ここでは慣習的に〇〇族や〇〇部族と書かれることが多いものはそのまま表記することにするが，それは先に述べたように，民族に劣る人的集団としての部族という意味で使っているわけではないことを断っておく．

アフリカ分割時の国境を所与として成立した多くのアフリカ諸国は，当然のことながら多民族国家であり，国内でしばしば民族間対立が起きてきた．1960年の独立直後にナイジェリアで起きたビアフラ内戦（1967〜1970年）は，東部ナイジェリアのビアフラ人が分離独立を目指して闘った戦争であり，また1990年から始まった内戦で1994年に起きたルワンダの大虐殺は，ツチとフトゥとの民族間で起きた惨劇であった．

白人入植地であった南部アフリカでは，民族間対立に加え白人と黒人の間の人種間対立がある．南部アフリカ諸国においてはアパルトヘイトとよばれる人種差別政策が長らく実施されてきた．たとえばジンバブエでは1980年の独立まで人種差別政策が実施され，南アフリカでは1994年にマンデラ大統領が誕生するまで，白人政権のもと人種差別政策が実施されてきた．これらの国々では，黒人政権成立後に人種間の和解や融和が重要な課題となってきた．

1994年に長らく白人国家であった南アフリカで初めての黒人大統領が誕生した．そのマンデラ大統領が最初に行ったのが真実和解委員会の設置であった．1996年から始められた同委員会主催の公聴会では，人種差別政策時代の人権侵害の真実の解明と加害者の免責に重点がおかれ，「和解」が目的とされた．新生南アフリカにとって，人種（と民族）間対立の緩和がいかに重要な課題であったかがわかる．

またジンバブエでは，2000年以降，独立運動を戦った元解放軍兵士たちが白人農場に押し入り土地を占拠するという事件が多発した．過去に白人入植者に奪われた土地を奪い返したと主張する彼らの行動を政府は抑えきることができず，結局彼らが占拠した土地を「急速入植計画」地として追認し，政府が接収し占拠者に分配することにした．これらの行為は非人道的であるとして国際世論，とりわけ白人入植者を送り込んだイギリスをはじめとした欧米諸国の厳しい批判を受けることになった．白人入植が行われた地域では今も人種間対立が政治問題化することがある．

1.1.4　言語の多様性

民族（部族）の多様性と大いに関連していることであるが，アフリカにおける言語は非常に多い．現在地球上には6912の言語があり，そのうちの2092言語（約30％）がアフリカにあるといわれている（梶・砂野，2009：9）．人類発祥の地といわれるアフリカ大陸で話されている言語のほとんどは部族語（tribal language）といわれるものである．アフリカには現在54カ国あるので，1カ国あ

4　1.　総　　説

図 1.3 大語族地域区分（梶・砂野，2009：16）

たり 40 言語が話されていることになる．

この部族語は言語の系統分類から四つの大語族に分けることができる（前掲書 16）．ニジェール・コンゴ大語族，ナイル・サハラ大語族，アフリカ・アジア大語族，コイ・サン大語族の四つである（図 1.3）．参考のために民族・部族のところで引用したマードックの地域区分を図 1.4 に示した．梶・砂野分類のアフリカ・アジア大語族がハム系，ナイル・サハラ大語族がカヌリとスーダン系，ニジェール・コンゴ大語族がネグロイド系とバントゥー系，コイ・サン大語族がコイ・サン系に重なっている（Murdock, 1959：12-17）．

これらの 4 語族のほかにも，植民地支配や白人入植の影響を受けて入ってきたヨーロッパ言語をベースにしたインド・ヨーロッパ系言語がある．南アフリカやナミビアで話されるオランダ語をベースにしたアフリカーンス語，ナイジェリアで話されている英語ベースのピジン英語，セネガルからギニア・ビサウで話されているポルトガル語をベースにしたクレオールなどである．また，複数の民族の人々が話す地域共通語（lingua franca）もある．たとえば，東アフリカの広い地域で話さ

れているスワヒリ語やコンゴ盆地地域で広く話されているリンガラ語がそれである．

図 1.4 アフリカの言語分布
（Murdock, 1959：15 より島田作成）

この言語の多さは文化の多様性と相まってアフリカの財産であるといえる．しかし独立時に，公式文書に使用する公用語（official language）や教育の現場で使用する言語をどれにするかという問題に多くの国が直面することになった．

この結果，下記のように多様な公用語が使用されることになった．

①旧宗主国の言語

英語：シエラレオネ，リベリア，ガーナ，ナイジェリア，カメルーン，ガンビア，スーダン，南スーダン，ウガンダ，ケニア，タンザニア，ルワンダ，ザンビア，マラウイ，ジンバブエ，ナミビア，ボツワナ，レソト，スワジランド，南アフリカなど

フランス語：セネガル，ギニア，コートジボワール，マリ，ブルキナファソ，ニジェール，トーゴ，ベナン，カメルーン，中央アフリカ，チャド，コンゴ共和国，コンゴ民主共和国，赤道ギニア，ガボン，ブルンジ，ルワンダ，マダガスカルなど

ポルトガル語：アンゴラ，モザンビークなど

②国のなかで話者の多い地域共通語

スワヒリ語：タンザニア，ケニア

リンガラ語：コンゴ民主共和国，コンゴ共和国

③ヨーロッパ言語をベースにしたインド・ヨーロッパ系言語

アフリカーンス：南アフリカ

上記の言語以外にも公用語として主要な部族語が認められている国もある．たとえば南アフリカ共和国では，上記の英語，アフリカーンスのほか，ズールー語，コサ語など全部で11言語が公用語となっている．ナミビアでも，英語，ドイツ語のほか，アフリカーンスや10の部族語が公用語とされている．

学校で使用される言語は各国でさまざまであるが，初等教育は部族語，中等教育は公用語や地域共通語で行われることが多い．しかし高等教育では公用語の使用が一般化されている．

アフリカには自分の部族語以外の言葉を話す多言語使用者が多い．自分の部族語のほかに近隣の他部族語を話すことを水平的多言語使用といい，

自分の部族語の他に地域共通語や公用語を使用することを垂直的多言語使用とよぶことがある（梶・砂野，2009：18）．ローカルに商業活動を行う人には水平的多言語使用が必須となるが，高等教育や就職を考えると垂直的多言語使用が重要となる．

1.1.5 植民地支配に与えた自然の影響

ところで，1.2.4項の「植民地支配の諸類型」のところで詳しく述べられるが，「小農型輸出植民地」，「コンセッション型略奪植民地」，「鉱業・プランテーション型輸出植民地」という植民地支配形態の違いに自然環境が影響を与えていることについて述べておく．

イギリスは植民地支配前の1840年代に現在のナイジェリア国内のニジェール河沿岸部で農場建設を試みたことがある．しかし，現地人の激しい反発や白人にとって厳しい自然環境のため，この地域への白人入植は諦めることになった（島田，1992：45）．白人にとって瘴疫の地といわれた西アフリカ沿岸部は白人の入植が困難な土地であり，ここでは現地の小農に生産を任せ，白人はその生産物を買い上げるだけにした．このような地域が「小農型輸出植民地」となった．

一方，「鉱業・プランテーション型輸出植民地」といわれる地域は温帯や高山気候帯に広がっており，ヨーロッパ人の生活に適した地域であった．彼らは原住民を原住民保護区に移動させ，自らは広大な入植地（ホワイトハイランド）をつくり，ここで大規模な農牧業（牧畜，穀物生産，換金作物生産）を行った．原住民を労働力として確保しつつ，彼らの居住地は隔離するために人種差別政策を実施したのがこの地域である．

このような植民地支配にみられる形態の違いにも自然環境は大きな影響を与えていることを理解しておくことが重要である．　　　　［島田周平］

1.2　歴史的多様性

1.2.1　植民地化以前の国家形成

自然・民族だけでなく，アフリカは歴史も多様である．奴隷貿易と植民地化というヨーロッパが与えた甚大な影響に地域差があるのはもちろんだ

が，この大陸には，それ以前に遡る国家形成の（そして国家のように集権化することのない社会政治組織の）さまざまな歴史が刻まれている．前9世紀にはサハラ以南初の王国としてナイル川上流にクシュが成立し，のちに一時エジプトを支配した．エチオピア高原のアクスム王国はそのクシュを滅ぼし，後4世紀にキリスト教を受容している．8世紀以降，インド洋沿岸には内陸との通商拠点が生まれ，それらは19世紀にかけてモンスーン航海によってアラビア・ペルシャ・インド方面との交易を進め，イスラーム化したスワヒリ都市として発展した．その内陸，ウガンダ・ルワンダ一帯には14世紀以降，キタラに始まる諸王国があった．他方，西アフリカのサバンナ帯では9世紀ごろよりガーナ，マリ，ソンガイなどのイスラーム帝国が継起し，宮殿や宗教施設を擁するそれらの首都は，サハラ砂漠を南北に縦断する交易ルートを押さえて富の源泉とした．さらに，13〜14世紀までにはナイジェリア一帯にハウサ・ヨルバ諸国，ベニン王国，そしてそれらの王宮都市が成立していた．また，南部アフリカのジンバブエとその周辺には11〜19世紀の間，石造建築とインド洋交易で知られるモノモタパ王国が栄え，さらに14〜18世紀にはコンゴ盆地にルバ，ルンダ，コンゴなどの王国があった．ヨーロッパ人が大西洋岸に要塞を築いて奴隷貿易の拠点とするのは，ようやく15世紀末のことである．

1.2.2　奴隷貿易

大陸外への奴隷の持ち出しは，大陸各地から長期に及んだが，その担い手はヨーロッパ人に限らなかった．7〜19世紀末の間，西アフリカの諸帝国は，サハラ砂漠の北からの武器，布地，ビーズと交換に，金，象牙，そして奴隷を輸出した．また8世紀以降，東アフリカの商人はスワヒリ都市を拠点として，おもにアラビア半島向けのインド洋奴隷貿易を行い，それは18，19世紀に盛んとなった（奴隷はアラビア人がザンジバル島〔現タンザニアの島嶼部〕などに開いたチョウジほかのプランテーションでも使われた）．そして16〜19世紀には，大陸西岸にヨーロッパ人が進出して大西洋奴隷貿易（三角貿易）を進め，奴隷を徐々に

大陸東岸にまで求めていった．南北アメリカへ向けてのこの貿易が頂点に達した18，19世紀，彼らに奴隷を渡したのはおもに西アフリカの諸王国であり，供給地となった内陸では生産人口が減少し，経済が停滞した．奴隷貿易はヨーロッパに富の蓄積を許した．また，ヨーロッパ人は「独自の歴史をもたない暗黒大陸，啓蒙し文明化すべき後進的な人々」という人種差別的なアフリカ観を生み出すとともに，自らによるのちの植民地支配を「進歩のないアフリカ」を救うものとして正当化し，この大陸を都合よく開発・利用していくことになった．

1.2.3　新たな貿易，探検・布教，アフリカ分割

産業革命を経験した欧米各国では，19世紀に入り旧来の商業資本が力を失って奴隷貿易と奴隷制が廃止されるに至り，また生産性向上によって工業製品の価格が下落して，一次産品を生むアフリカにとって交易条件は有利となった．こうして，奴隷貿易が先に衰えた西アフリカでは，小農産品を工業用原料として欧州に輸出し，製品を輸入する新たな貿易が盛んになると同時に，19世紀後半には英仏による保護領化が進んだ．この時期のヨーロッパ人によるナイル川の水源探索や中部アフリカの探検，キリスト教会の布教活動は，内陸部への彼らの関心を高め，当時の不況のなかアフリカを原料供給地および新規市場とみるようになった．また，布教活動は，ヨーロッパ人によるアフリカの植民地化を「道徳的・技術的に勝る自ら」による慈善的な企てであるとする信念を生み出すことにもなった．

こうして，ヨーロッパ各国は1884〜1885年のベルリン会議によってアフリカにおける既得権益の調整と領土獲得の原則で合意して，20世紀初頭までにリベリアとエチオピアを除くアフリカを分割し，植民地化するか，勢力下においた．フランスは横断政策（アルジェリアから南へ，セネガルから東へ，コートジボワールから北へ，ガボンから北東へ，そしてマダガスカルへ）によってイギリスの縦断政策（南アフリカからエジプトへ）に対抗し，間にドイツ，ポルトガル，イタリア，スペイン，ベルギー領が割って入った（図1.5，ドイ

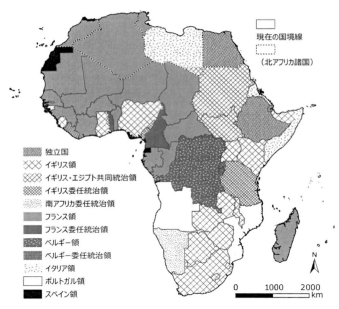

図 1.5 ヨーロッパ各国によるアフリカ大陸の分割（1924 年）
(Freeman-Grenville et al., 1991 ほかにより作成)

ツ領については 10 ページを参照）．アフリカ人の抵抗を軍事的に制圧して植民地化する必要のあった地域もある．タンザニア（旧タンガニーカ）ではドイツがマジマジの反乱を鎮圧し，ベニン王国ではイギリスが戦争賠償等のかたちで王宮の文化財をもち出し，西アフリカ内陸部でも反フランス闘争が起き，またニジェール北部やウガンダ西部では 1920 年代に至るまで武装抵抗が続いた．

1.2.4 植民地支配の諸類型

植民地支配は，アフリカにさまざまな新作物の栽培や，交通インフラ，鉱山・プランテーション，司法・行政制度，近代都市，西洋教育・保健医療をもたらした．その開発プロセスは植民地間，地域間で差があり，独立後のいまを規定している．植民地支配がアフリカを世界経済に統合した仕方は，大きく三つに分類できる．

第 1 の「小農型輸出植民地」は，西アフリカに典型的にみられるように，気候・環境が植民地宗主国からの移民に適さない地域や，東アフリカのウガンダ，スーダンなどに成立した（図 1.6）．そこでは宗主国がヨーロッパ人への土地譲渡を制限したうえで，アフリカ人小農がヨーロッパ向けの換金作物を生産し，その収入で納税し，ヨーロッ

パ製品を購入した（独立を維持したエチオピアにも同様の性格をもつ地域がある）．西部沿岸では，ヨーロッパやレバノン・シリアの商人が輸出を進め，小農の自給食糧生産を犠牲にした場合もあった．統治にあたっては，イギリス領となったナイジェリア北部のハウサ諸国やウガンダのように，さまざまな在来制度を維持する間接統治が行われた．これは植民地の独立後，一国が不均等な社会経済インフラ，制度的差異，民族アイデンティティの対立を抱え込む一因となった．統治に適した在来制度がなかったところでは，植民地行政がチーフを据えて支配を代行させた（フランス領植民地では自国制度による直接統治を試みたが機能せず，実態は間接統治であったといわれる）．西アフリカには王宮や城郭をもつ在来市街に植民地化による新市街が隣り合った二重都市が多い．また，大西洋岸にはヨーロッパ人が築いた要塞から発展した，ダカールやアクラなどの都市もみられる．

第 2 の「コンセッション型略奪植民地」は，資金の不足していた宗主国が 19 世紀末に植民地を実効支配するために導入したコンセッション制度に基づいており，中部アフリカやモザンビークの

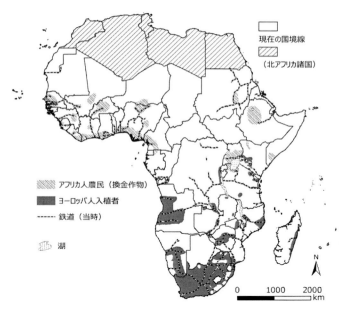

図 1.6 植民地輸出経済（Kwamena-Poh et al., 1982 より作成）

一部が該当する．民間のコンセッション会社は広大な土地の使用権を認められて産品・貿易を独占し，インフラ整備を担ったが，その典型例はベルギー国王レオポルド2世の私有領コンゴ自由国やフランス領赤道アフリカ（とくに現在のガボン，コンゴ共和国，中央アフリカ）の奥地のように，宗主国の資本が開発するのを躊躇した赤道雨林地帯にみられる．この地域では当初，アフリカ人農民やヨーロッパ人入植者による換金作物生産は展開しなかった（図1.6）．コンセッション会社は商社の活動やプランテーションの経営とは異なり，行政・司法の及ばないなか野生ゴムの採集などをアフリカ人に強制し，従わない場合には虐待するなど，著しく非人道的であった．こうした略奪的な活動は人びとの抵抗を受け，また国際的な非難を浴びて，宗主国は会社の特権を制限せざるをえなくなった．また，東南アジア産のゴムが市場に大量供給されるのにつれて略奪の利益は減少し，こうした会社は倒産するか，商社やプランテーションへと転換していった．

第3の「鉱業・プランテーション型輸出植民地」では，気候・環境が適しているため生産性の高い土地にヨーロッパ人が入植・定住し，植民地政府が彼らを優遇した（図1.6）．そこでは鉄道・港湾の建設と直接投資が進み，ザンビアのような鉱業型と，ジンバブエのようなプランテーション農業型が展開した．いずれも，イギリス王室から認められた特許会社であるイギリス南アフリカ会社が独占的支配を始めたが，1920年代に入り，入植者の不満を受けて会社は行政・司法権を放棄した．東部のケニアも，プランテーション農業型の典型例であった．ケニアのコーヒーや茶の場合，入植者が生産を独占して輸出益を上げた一方で，アフリカ人はリザーブとよばれる指定地で生活し，そこで食糧作物等を栽培するとともに，納税するためにプランテーションなどの労働者となった．この体制は，広大な土地を入植者向けに収用し，アフリカ人労働力をリザーブで再生産することに依存していた．そのため，ケニアのようにリザーブの農地保全（階段畑造成など）を強制して，その担い手となった女性の抵抗を生んだ場合もあった．これらの地域の内陸では，ルサカ，ハラレ，ナイロビなどの近代都市が新たに建設された．

以上のようなヨーロッパ人入植型の一例ではあるが，その始まりが大陸分割よりも前の17世紀，オランダ移民（ボーア人）が入植したことに遡る

1.2 歴史的多様性　9

のが，南アフリカである（図1.6）．当初はヨーロッパ・アジア航路の中継補給基地でしかなかったが，19世紀初めにイギリス領となって以降，ここではアフリカ人やアジア系移民を使いながら羊毛ほかの本国向け生産が拡大した．19世紀後半にダイヤモンド・金が発見されると，ヨーロッパからの投資を受けて鉱業が発展し，それを核としてアフリカ人の移動労働・都市化や，ヨーロッパ人による国内向け商業的農業生産も拡大し，サブサハラ（サハラ以南）で経済的に最も成長することになる．1910年，北方に移動していたボーア人の諸国を合わせて南アフリカ連邦となり（1961年より南アフリカ共和国），政府はアフリカ人をホームランドとよばれる指定地に隔離するなど人種差別的なアパルトヘイト政策を重ねた．

1.2.5 二度の世界大戦と独立後の国家

第一次世界大戦後になると，ドイツ領の各植民地はイギリス，フランス，南アフリカ連邦，ベルギーの国際連盟・委任統治領とされた（図1.5）．また，1929年に始まる世界恐慌に対処するため宗主国が形成した排他的なブロック経済圏のなかで，各植民地は原料・食糧の供給源の役割を，そして製品市場の役割を強めていった．この時期に，欧米在住のアフリカ人知識人層は，独立を目指すナショナリズムや，アフリカの統一を謳うパン・アフリカニズムを育むこととなり，植民地に帰還後，政党・労組などの設立にかかわり，また庶民の独立闘争や抵抗に合流していった．そして第二次世界大戦後にアジア諸国が独立し，1955年に植民地主義を否定するアジア・アフリカ会議が開かれると，経済低迷期に入ったイギリス，インドシナとアルジェリアで激しい独立戦争に直面したフランスなどは，アフリカ植民地を独立させる方向に舵をとったが，その道筋もまた多様であった．

サブサハラでは，1950年代後半にスーダン，ガーナ，ギニアが独立した．1960年，これに多数の旧フランス領が続き，旧イギリス領も同年のナイジェリア以降，1968年までの間に多くが独立した．交渉による平和な独立が多かったが，ケニアのように土地回復・独立闘争を経た場合もある．宗主国での所得・消費の拡大と東西冷戦下で

の再軍備は一次産品輸出ブームをもたらし，その利益を得ようとするアフリカ人の要求も独立運動の背景にあった．また，宗主国が一次産品の代替品を開発して植民地への依存度を低下させ始めたことも，独立承認の一因である．もっとも，宗主国は独立後に自国企業の権益と対立しないアフリカ人指導者を据えようとしたし，行政の高位にはヨーロッパ人が残った．また旧フランス領の各国は，ギニアを除き通貨自主権を放棄してフランスとの結びつきを維持した．

サブサハラの各国はヨーロッパが引いた植民地境界を受け継ぎ，多様な言語文化集団を国民として統合し，国家を建設することの難しさに直面した．統治機構が十分に確立されていなかった旧ベルギー領コンゴ（現コンゴ民主共和国）での独立直後の動乱，間接統治で分断されていたナイジェリアでのビアフラ戦争が著しい例だが，国際政治力学も作用して，旧植民地境界を維持することで決着した．1970年代は，冷戦がアフリカを規定する要因であった．サブサハラは大きくみて，旧宗主国やアメリカ他に依存して経済成長を試みた資本主義国（ケニア，コートジボワール，マラウイなど），人民主義的で中道のアフリカ社会主義国（ガーナ，ギニア，タンザニアなど），そして共産主義諸国に依存するアフロ・マルクス主義国（コンゴ共和国（旧コンゴ人民共和国），ベナン，エチオピア，1970年代前半にようやく独立した旧ポルトガル領諸国）に分かれた．ヨーロッパの貧困国に転落したポルトガルは植民地に強く依存しており，そこでの独立闘争は長期化した．とくにモザンビークとアンゴラでは独立後も南アフリカ白人政権に介入されて内戦が続き，マルクス主義を標榜したためアメリカにも敵視された．このほか，エチオピアとソマリアの間のオガデン戦争にも，東西代理戦争の性格が色濃く現れた．

その後，白人政権が一方的に独立を主張していた旧イギリス領のジンバブエ（1980），南アフリカが事実上併合していたナミビア（1990）も，武装闘争の末に独立に至った．また，分離主義運動の結果として，エリトリア（1993，エチオピアより）と南スーダン（2011，スーダンより）が独立を達成

した．南アフリカでも，1990年にアパルトヘイトが撤廃され，1994年にマンデラ政権が誕生した．なお，西サハラはスペインの撤退後，北アフリカのモロッコが領有を，そして民族運動組織が独立を主張しており，現在も係争中である．

1.2.6 構造調整と民主化

どのような政治経済体制であれ，サブサハラには，有力者が国家の資産・権限を私物化し，それを支持者に配分して政権に居座る「新家産制」国家が多くみられる．この地域の国々は，脆弱なモノカルチャー経済を脱却できないまま二度の石油危機を経て，1980年代初頭には経済危機，債務危機に陥った．このため，ボツワナとモーリシャスを除いて，各国は国際通貨基金（IMF）と世界銀行の主導のもとに平価切り下げ，公共投資削減，経済規制緩和などの構造調整に踏み切った．こうした市場原理重視の改革と引き換えに援助を受けるなか，1990年代初めまでに社会主義国はその国是を放棄し（東側共産圏の崩壊と同時進行），資本主義国も含めて各国の行政能力はさらに低下して，庶民は物価高や受益者負担増で苦しむことになった．人々の不満は，多くの国が独立後に国民統合をめざして導入していた一党制にも向けられ，援助国側の民主化要求も加わって，1990年代前半には多くが複数政党制に移行するとともに，ガバナンス改革が試みられた．

注記：本節の内容は，「さらなる学習のための参考図書」の1.2節の項に掲げた文献に準拠しつつ，まとめたものである． ［上田　元］

1.3 今日のサブサハラ・アフリカ

第2章以降で，より最近のサブサハラ（サハラ以南）諸国・諸地域のさまざまな側面を詳しく説明していくのに先立ち，本節ではそれらの底流として踏まえておくべきことをまとめておく．

1.3.1 政府開発援助，貧困削減，MDGs・SDGs

まずサブサハラ諸国に注入された政府開発援助（ODA）の変遷を振り返り，その現況を確認しておく（図1.7）．1970年代から1980年代にかけて，その額は急増した．だが，それでも1970年代の世界不況のなか，各国は経済不振に陥り，債務危機が深刻化した．このため1980年代に入ると「援助疲れ」がいわれ始め，すでに述べた構造調整へとつながった．つづく1990年代はODA停滞の10年となったが，これは冷戦終結後にサブサハラ援助の戦略的意義が薄れ，また援助する先進国の多くで財政赤字が膨らんだことによる．さらに，冷戦終結後も経済困難が尾を引き，複数政党制が導入されるなか，サブサハラの新家産制国家では，政治家の間で鉱産物を含む各種の資源と人々の支持の争奪が激しくなり，植民地時代にアイデンティティが強化された言語文化集団の間で紛争が多発して援助環境が悪化したことも，ODA停滞の一因といえよう．加えて，1990年代には小規模な支援プロジェクトが多数乱立し，受入政府の行政能力を超えるという「援助の氾濫」の弊害も生じた（北川・高橋，2014）．

構造調整融資は人々の貧困を悪化させ，また各国を新たな債務返済困難へと向かわせたことから，1999年以降，貧困削減戦略文書（PRSP）の策定などを条件とする債務救済が，IMF・世界銀行によって進められることになった．そして2000年，国連・ミレニアム開発目標（MDGs）が設定されたのち，先進各国は予算を拡大させ，ODAは一転して急増した．その背景には，各地で生じていた暴動，クーデター，内戦等が，今世紀に入り地域に

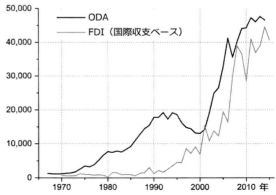

図1.7　サブサハラ諸国のODA・FDI純受取額，1967～2015年
（世界銀行 World Development Indicators より作成）

表 1.1 サブサハラ地域（サハラ以南アフリカ）におけるミレニアム開発目標の達成状況

目標	ターゲット	サハラ以南アフリカの[現在の開発レベル]	[ターゲットに対する進捗](注)	指標 番号	指標 名称	サハラ以南アフリカ	発展途上国全体	年次
目標1：極度の貧困と飢餓の撲滅	極度の貧困の半減	非常に重度の貧困	3：着実な進捗	1.1	1日1.25ドル未満で生活する人口の比率（%）	46.8	18.1	2011
	生産的雇用と働きがいのある人間らしい仕事	非常に大規模な不足	2：良好な進捗	1.5	人口に対する雇用の比率（%）	64.6	60.8	2014
	飢餓の半減	重度の飢餓	3：着実な進捗	1.9	最低限の食事エネルギー摂取量を下回る人口の比率（%）	23.2	12.9	2014-2016
目標2：初等教育の普遍化の実現	初等教育の完全な普及	中程度の就学率	3：着実な進捗	2.1	初等教育純就学率（%）	79.7	91.0	2015
目標3：ジェンダーの平等の進進と女性の地位向上	初等教育への女子の平等な就学	同等に近い	2：良好な進捗	3.1a	初等教育における男子に対する女子の比率	0.93	0.98	2015
	有給雇用における女性の割合	中程度の割合	2：良好な進捗	3.2	非農業部門の賃金雇用における女性の割合（%）	32.9	34.7	2013
	国会における平等な女性議員数	中程度の女性議員数	2：良好な進捗	3.3	国会（一院あるいは下院のみ）における女性議員数（%）	22.7	21.1	2015
目標4：幼児死亡率の引き下げ	5歳未満幼児死亡率の3分の2引き下げ	高い死亡数	2：良好な進捗	4.1	5歳未満の死亡率（乳幼児1000人当たりの死亡数）	92	50	2013
目標5：妊産婦の健康状態の改善	妊産婦死亡率の4分の3引き下げ	高い死亡率	2：良好な進捗	5.1	生児出産10万件当たりの妊産婦死亡数	510	230	2013
	リプロダクティブ・ヘルスへのアクセス	少ないアクセス	3：着実な進捗	5.5b	出産前健診を4回以上受けた15～49歳妊婦の比率（%）	49	52	2014
目標6：HIV/エイズ、マラリア、その他の疾病のまん延防止	HIV/エイズのまん延阻止および減少	高い発生率	1：ターゲットを達成または高い進捗	6.1a	15～49歳人口100人当たりの年間の新規HIV感染者数	0.29	0.05	2013
	結核のまん延阻止および減少	高い死亡率	2：良好な進捗	6.9a	10万人当たりの結核新患者数	282	148	2013
目標7：環境の持続可能性の確保	改良された飲料水を利用できない人々の割合を半減	低い普及率	2：良好な進捗	7.8	改良された飲料水源を利用する人口の比率（%）	68	89	2015
	衛生施設を利用できない人々の割合を半減	非常に低い普及率	4：不十分な進捗または悪化	7.9	改良された衛生施設を利用する人口の比率（%）	30	62	2015
	スラム居住者の生活を改善	非常に高いスラム居住者の割合	3：着実な進捗	7.10	スラムに居住する都市人口の比率（%）	55.2	29.7	2014
目標8：開発のためのグローバル・パートナーシップの構築	インターネット利用者	少ない利用者	2：良好な進捗	8.16	住民100人当たりのインターネット利用者	16.9	29.9	2013

国連経済社会局統計部編集の2015年成果チャート http://www.unic.or.jp/files/14975_4.pdf および MDG Report Statistical Annex 2015
http://mdgs.un.org/unsd/mdg/Resources/Static/Products/Progress2015/StatAnnex.pdf より作成 （注）進捗の程度の高い順に1から4までの数値を付した.

よっては沈静化に向かい始めたことがあるともいわれる．こうして現在，国際機関や各国の間で援助協調が模索され，各国政府の援助受入能力を向上させて開発のオーナーシップを強化し，また参加型開発を進めることが試みられている．MDGsへの取り組みは成果を上げたものの，発展途上国全体の平均的な水準に比べてサブサハラ地域は依然として課題を多く抱えている（表1.1）．それらは2015年に策定された「持続可能な開発のための2030アジェンダ」（持続可能な開発目標，SDGs）に引き継がれることとなった．

1.3.2 開発と環境

サブサハラ諸国の都市化率は地域によって大きな差があるものの，21世紀に入っても，全体として6割強の人びとが農村部に暮らしている．彼らにとって，食糧生産のための生業，その基盤となる環境・資源の維持は死活問題であり，それと開発を両立させることが求められている．1990年代に入り，世界銀行は過去の開発のあり方を反省し，持続可能な開発を実現するためにサブサハラ諸国にも全国環境行動計画の策定を求め，それを条件として開発融資を行うようになった．世界銀行の立場は，資源・環境の利用と管理を市場に委ねて環境劣化の問題を解決し，環境の質を改善しようとする自由市場環境主義（free market environmentalism）である．これに対しては，グリーン・ネオリベラリズム（green neoliberalism）とよんで批判する立場があり（ゴールドマン，2005/2008），また世界銀行が事業実施を優先して事前調査を疎かにし，ローカルな環境問題・社会問題を引き起こす場合のあることも指摘されている（森，2009，松本，2014）．

サブサハラ地域で最初に全国環境行動計画を策定し，森林破壊への対処を試みたのはマダガスカルだが，その実施と現状モニタリングには課題が多い（Ramamonjisoa, 2014）．ほかにも，コートジボワールの農牧民が用いる火入れの技術がサバンナ植生を破壊しつつあるとする全国環境行動計画の理解が，事実を誤認しているとの指摘もある（Bassett and Koli, 2000）．このような計画の策定にかかわった世界銀行のような強力な組織がサブ

サハラの開発と環境をめぐって引き起こしうる問題，とくに環境利用者に与える影響は，今世紀に入っても検討すべき重要問題であり続けている．加えて，人びとが地球温暖化のインパクトから回復する能力（レジリエンス）も重要視されるようになってきたが，そこでも開発の役割を適切に理解しなければならない．たとえばモザンビークでは，政府や国際ドナーが頻発するようになった洪水の原因を，人為にではなく地球温暖化に求め，洪水に対するレジリエンスを高めるために高燥地への農民移住を計画したが，それは人々の生活を激変させ，むしろレジリエンスを低下させているといわれる（Arnall, 2014）．慎重な検討が必要である．

1.3.3 海外直接投資とグローバル化の諸相

ところで，サブサハラ諸国へ向けての海外直接投資（FDI）は1990年代に入って急速に増加し，2009年から2010年にかけてリーマン・ショックにより減少したものの，近年はODAに迫る勢いとなっている（図1.7）．FDIは資本や雇用機会をもたらし，多国籍企業の経営技能を伝え，地元企業への波及効果をもっと期待されており，多くの国がFDI誘致を主要な目標としている．FDIは，近年のグローバルな商品市場ブームに支えられて，ナイジェリア，アンゴラ，モロッコ，南アフリカのように，金，ダイヤモンド，石油，マンガン，コバルト，ボーキサイト，クロム，プラチナなど資源が豊富な国で増加している．これに市場規模が大きく政治経済的に安定し，貿易自由化・民営化プログラムやFDI関連の国際条約の締結を進めた国も加わって，FDI誘致競争となっている（Cleeve et al., 2015）．そして，資源輸出によって経済成長する国も現れており，FDIはサブサハラ地域の社会経済を変化させる一因となっている．2001～2012年の対サブサハラFDIを投資国別にみると，先進国だけでなく，中国，インド，東アジア諸国，さらには大陸内の南アフリカのシェアが増加している（Hoxhaj et al., 2016ほか）．だが，資源開発にみられる外資主導の成長は産業連関を生み出しにくく，格差と対立を助長する恐れがある．2000年代半ば以降，いくつかの国の輸出加

工区は中国から投資を誘引しつつあるものの，東南アジアや中米に比べ，サブサハラでの輸出志向型の製造業投資はわずかでしかない．

中国の資源外交は，サブサハラの新家産制的な指導者を温存・利用しながら，資源（アンゴラの原油，モザンビークの木材・水産物，ザンビアの銅など），各国市場へのアクセス，そして国連での外交的支持を得ようとする点で，新たな要因である．これは中国の「柔軟な覇権」ともいわれており（Carmody, 2011），自由市場，民主主義，グッド・ガバナンス（良い統治）の枠組みによってサブサハラを変容させながら開発・援助してきた旧宗主国・アメリカ・日本などの覇権や，西欧中心的な国際援助協調体制とは対照的な，新たな対外関係が加わったことを意味する．中国の進出が労働者の暴動を招いたザンビアのような例があり，また中国の開発した油田を擁するスーダンが，アメリカのかかわる油田をもつ隣国チャドの反政府勢力を支援する構図となった場合もある．こうした新たな国際政治経済情勢は，サブサハラ諸国の歴史をさらに重層化し，複雑化し，多様化していくことになるだろう．

2008年の世界的な商品価格の高騰後，サブサハラでも水資源が豊富でビジネス条件が比較的よい国々では，バイオ燃料作物等を栽培するためにFDIが土地の確保に充てられている．これは現地農民に与える影響への懸念からランドグラブ（土地収奪・強奪）ともよばれており，その規模について警告する民間のデータベースもある．その一つであるランド・マトリックス（Land Matrix）によれば，外国がサブサハラで取得した土地面積は他の大陸と比べて抜きんでており（Giovannetti and Ticci, 2016），とくに中国による農業関係のFDIは増えつつあるという．もっとも，中国系企業がこの地域で確保した土地はデータベースが示すほど広くないとみて，その信頼性に疑問を投げかける議論もある（Brautigam and Zhang, 2013）．土地や資源をめざして大陸外の企業が殺到して「新たなアフリカ争奪」（Carmody, 2011）ともいわれる状況となっているなか，こうした疑問にも留意しなければならない．

1.3.4　分権化と地域社会経済

以上のような趨勢とともに，サブサハラ諸国内のさまざまな地域を舞台とする新たな動きとして，分権化の流れがある．1990年代に入ると，公共サービスを効率的に供給し，また貧困削減と住民参加を進めるための一手段として，中央政府から地方行政への権限・資源の委譲が試みられるようになり，それは今に引き継がれている．ドナーや世界銀行などは，「汚職体質で開発イニシアティブを横取りしかねない」中央政府にかわり，地方政府を民主化し，アカウンタビリティを高めてグッド・ガバナンスを実現し，またNGOや民間組織をより直接に支援しようとしている．分権化が農業技術の普及を促し，また自然資源をめぐる紛争を解決したケニア農村の例もあるが，しかし，サブサハラ諸国の分権化の歩みは概して遅く，成果も限定的との見方が多い（Barrett et al., 2007）．有力者が分権化のもたらす資源を独占し，それを不透明な恩顧主義（クライエンテリズム）に基づいて支持者に分配することが，中央だけでなく，地方でも繰り返されがちなことが一因とされる．そうした分権化の力学は，一国の各地域にさまざまなかたちで現れつつある．

分権化と地域の実像を適切に理解するためには，地方行政資料の収集・分析という，サブサハラでもようやく試みられ始めた作業（たとえば，池野，2010）が必要である．筆者の知るケニアのある地域のように，分権化は地方行政に混乱をもたらし，記録や資料を散逸させる場合さえあり，この作業は容易ではない．だが，今世紀に入り，構造調整による経済自由化が地域経済を活性化する事例がみられるようになるなど，一国内での地域差をもたらす兆しが現れるなか（上田，2011），分権化を含む地域への視点は，学術・実務の両面でより重要となっている．地域に注目するアプローチは，サブサハラ諸国をみる際に求められるマクロな政策とミクロな生活のギャップをつなぐ理解を促すことにもなるだろう（島田，2007）．

［上田　元］

引 用 文 献

池野　旬（2010）:『アフリカ農村と貧困削減—タンザニア開発と遭遇する地域』京都大学学術出版会.

上田　元（2011）:『山の民の地域システム—タンザニア農村の場所・世帯・共同性』東北大学出版会.

梶　茂樹・砂野幸稔編著（2009）:『アフリカの言葉と社会：多言語社会を生きるということ』三元社.

島田周平（1992）:『地域間対立の地域構造—ナイジェリアの地域問題—』大明堂.

島田周平（2007）:『アフリカ　可能性を生きる農民　環境—国家—村の比較生態研究』京都大学学術出版会.

原口武彦（1975）:『部族：その意味とコート・ジボワールの現実』アジア経済研究所.

松本　悟（2014）:『調査と権力—世界銀行と「調査の失敗」』東京大学出版会.

森　晶寿（2009）:『環境援助論—持続可能な発展目標実現の論理・戦略・評価』有斐閣.

Amin, S. (1970): L'accumulation a l'echelle mondiale, Vol. I. サミール・アミン，野口　祐（他）訳（1979）:『世界資本蓄積論—世界的規模における資本蓄積《第1分冊》』拓殖書房.

Arnall, A. (2014): A climate of control: flooding, displacement and planned resettlement in the Lower Zambezi River valley, Mozambique. *The Geographical Journal*, 180(2), 141-150.

Barrett, C. B., A. G. Mude, and J. Omiti Eds. (2007). *Decentralization and the Social Economics of Development : Lessons from Kenya*. CABI.

Bassett, T. J. and Koli Bi, Z. (2000): Environmental Discourses and the Ivorian Savanna. *Annals of the Association of American Geographers*, 90(1): 67-95.

Brautigam, D. and H. Zhang (2013): "Green Dreams: Myth and Reality in China's Agricultural Investment in Africa." *Third World Quarterly*, 34(9): 1676-1696.

Carmody, P. R. (2011): *The New Scramble for Africa*. Cambridge, Polity.

Cleeve, E. A., Y. Debrah and Z. Yiheyis (2015): Human Capital and FDI Inflow: An Assessment of the African Case. *World Development*, 74: 1-14.

Freeman-Grenville, G. S. P., L. Kessel, et al. (1991): *The New Atlas of African History*. New York: Simon and Schuster.

Giovannetti, G. and E. Ticci (2016): Determinants of biofuel-oriented land acquisitions in Sub-Saharan Africa. *Renewable and Sustainable Energy Reviews*, 54: 678-687.

Goldman, M. (2005): *Imperial Nature : The World Bank and Struggles for Social Justice in the Age of Globalization*. New Haven and London, Yale University Press. マイケル・ゴールドマン，山口富子監訳（2008）:『緑の帝国：世界銀行とグリーン・ネオリベラリズム』京都大学学術出版会.

Hoxhaj, R., L. Marchal and A. Seric (2016): FDI and Migration of Skilled Workers Towards Developing Countries: Firm-Level Evidence from Sub-Saharan Africa. *Journal of African Economies*, 25(2): 201-232.

Kwamena-Poh, M., J. Tosh, et al. (1982): *African History in Maps*. Harlow: Longman.

Murdock, G. P. (1959): *Africa : Its People and their Culture History*. McGraw-Hill Book Company, New York.

Ramamonjisoa, B. (2014): Managing Environmental Risks and Promoting Sustainability: Conservation of Forest Resources in Madagascar. *Sustainable Living with Environmental Risks*. N. Kaneko, S. Yoshiura and M. Kobayashi. Tokyo, Springer Japan: 73-86. (http://link.springer.com/chapter/10.1007/978-4-431-54804-1_7)

═══ コラム1　スマートフォンの普及とソーシャルメディアの活用 ═══

　ザンビア人アラン（40歳）と昼食をともにしたとき. テーブルを囲む仕事仲間との会話を楽しみ，右手でご馳走を頬張りながら，左手でスマートフォンを5分と空けずに操作する彼は，その手元へ注がれる私の視線に気づいて苦笑した.「僕のスマホ中毒は，日本留学時に使い始めたのがきっかけ. おかげで，随分と忙しい日々になってしまった」.

　21世紀に入り，アフリカで急速に普及した携帯電話. ザンビアの首都ルサカに私が初めて訪れた2004年. 当時，携帯電話は一般の人にはほとんど普及しておらず，腕時計をして歩いていると，道行く人に「いま何時？」と頻繁に尋ねられた. 現在，人口200万人のこの街で，携帯電話を所有しない成人を見つけるの

は難しい. アランが渡日した2009年は，高価でめずらしかったスマートフォンも，新品が1万円で購入できるようになった. 路上商人の間では，電池消費の早いスマートフォンの充電に欠かせない中国製のモバイルバッテリーが，いま一押しの売れ筋商品だ.

　日本でなじみのLINEにかわり，ザンビアのスマホユーザーの間で流行っているのは，世界最大の無料メッセンジャーアプリWhatsAppだ. 携帯電話に電話番号を登録している相手が自動的に同アプリの連絡先へ追加されるので，通勤・通学先のWi-Fiや，携帯キャリアが提供する手頃なデータ通信プランを利用すれば，同アプリを利用する者どうし，通話，チャット，写真や動画の送受信を楽しむことができる.

アフリカはこれまで，旧宗主国をはじめとする諸外国へ移民を多く送り出してきた．加えて同地域内では，国境をまたぐ労働移動も古くから盛んだ．ザンビアでも海外で暮らす親族を抱える人が多く，WhatsAppは何より，高額な国際通話料金を払わずに遠くの家族とつながる手段として人気を誇っている．また，出稼ぎ民によるWhatsAppの利用は，故郷との交信だけではない．たとえば，ルサカで働くカメルーン人は，自国と周辺仏語圏の出身者が集うチャットグループを立ち上げた．在ザンビア移民の少数派コミュニティでは，同アプリが，経済状況の悪化にともなうゼノフォビア（外国人嫌い）の問題を抱える異国で，安全対策と就労機会の情報を交換する重要なツールの一つとなっている．

冒頭でアランが食事中に忙しなくチェックしていたのは，WhatsAppの個人チャットで，相手は彼のプロフィール画像に写る彼の愛妻．同居家族や身近な友人・恋人とのやりとりが手軽に楽しめるのも，人びとが同アプリに熱中している理由だ．多くの人が頻繁に更新するプロフィール画像は，本人や家族の顔写真だけでなく，職場や旅先，亡き親族，憧れの車，共感したフレーズなどさまざまで，まるで画像投稿型アプリのように活用されている．

一方，グループチャットの新たな利用も広まっている．大学で秘書を務めるベティ（39歳）がいまハマっているのは，フィリピンのマルチ・レベル・マーケティング会社が立ち上げた顧客用グループチャットだ．5年前から患う子宮筋腫が病院治療でよくならないことに悩む彼女は，同会社の健康食品を同僚に勧められ，チャットで情報交換を始めた．健康食品はもとより，新たな顧客の紹介で報酬が得られる仕組みを宣伝する同会社のチャットは，夜間学校に通いながら幼い娘を育てるシングルマザーの彼女には，魅力的なビジネスチャンスを探る情報ツールとなっている．

ベティはまた，忙しい日々をやり繰りし，政治活動にも積極的に参加している．彼女は，友人と携わるエイズ孤児の援助活動を前大統領が支援してくれたことを機に，現与党を支持し続けている．2016年のザンビア大統領選挙は，与党と野党第1党の接戦となったが，公式な選挙結果発表の前に，両政党が自党の支持者へ異なる選挙速報をSNSで拡散し，国内は緊張状態に包まれた．このとき，ベティが選挙の情報集めに活用していたのも，職場の与党支持者で構成されるグループチャットだった．

「一つのグループから受け取るメッセージは1日300通．私のスマホ容量はパンク寸前」．そう嘆くベティが，同アプリをアンインストールする日は，なかなか訪れそうにない． ［成澤徳子］

写真1 伝統衣装の腰巻布を買いに来た女性
友人とのショッピングの最中も，スマートフォンは手放せない（2016年9月）．

引用文献

成澤徳子（2012）：ザンビア農村における女性のくらしとケータイ．羽渕一代・内藤直樹・岩佐広光編『メディアのフィールドワーク——アフリカとケータイの未来』69-82．北樹出版．

2 自 然

アフリカ大陸の気候は多様である．西アフリカの気候は熱帯収束帯（ITCZ）の季節的移動の影響を受けている．赤道から北に行くにしたがい降水量が減少し，植生は，熱帯雨林帯から亜熱帯疎林帯，サバンナ帯，砂漠と比較的規則正しく推移している．

これに対して東アフリカでは大地溝帯と隆起帯があり，ITCZ の影響は明確ではなくなる．さらにここでは降水量がインド洋から吹き込むモンスーンの影響を受けているので，西アフリカとは異なる気候帯の分布をなしている．東アフリカの高山地帯では高山植生帯が広がっており，ケニア山やキリマンジャロ，ルウェンゾリ山には氷河も分布している．

8000〜6000 年前には，現在のサハラ砂漠の地域が緑におおわれていたといわれ，最終氷期（ヴュルム氷期：18000 年前頃）には現在赤道を挟むように広がっている熱帯雨林が減少し，数カ所に残存（避難）するまで後退した時代もあったといわれる．現在のアフリカの自然を理解するためには，過去の気候変化を理解することも重要である．

現在，地球温暖化の影響を受け，キリマンジャロ，ケニア山，ルウェンゾリ山の氷河は消滅しつつある．

本章では，アフリカの自然地域の分布とその成立のメカニズム，さらにはその歴史的変遷の過去について述べる．

写真 2.1 ザンビアのミオンボ林地帯の耕起風景
熱帯雨林地帯の外側に広がるミオンボとよばれる疎林が広がる森林保護区のなかでの風景．ザンビアでは 1990 年代以降，このように森林保護区が耕作地に変えられていくケースが多くみられた．

2.1 気候・植生

アフリカは他の大陸に比べ，砂漠やサバンナが大きな面積を占めており，そのサバンナには多くの野生動物が棲んでいる．大陸の東にはアフリカ大地溝帯があり，周辺の気候環境にも大きく影響しており，西アフリカと東アフリカの気候や植生の違いを生み出している．アフリカの多様な気候や植生がどのように分布し，どのようにして成立していったのか，その分布と成立メカニズムに焦点をあて考えていく．

2.1.1 西アフリカの気候

アフリカのような熱帯地域の気候は，南北両半球の熱気団とその境界部に形成される熱帯（内）収束帯（赤道低圧帯）（ITCZ）の季節的移動の影響を大きく受けている．西アフリカの気候は，熱帯収束帯すなわち北方の大陸性気団と南方の海洋性気団が接するゾーンの南北移動に支配されている．熱帯収束帯は地球上で最も地表や海面が太陽の日射で暖められて気温が上昇する場所で，地表や海面が暖められることにより，地表や海面付近の大気が上にあがっていく，すなわち上昇気流が生じる（図 2.1）．上昇気流が生じると，降水がもたらされるため，熱帯収束帯の南北の季節移動によって，降水がもたらされる場所も南北に季節移動する（図 2.2）．地球の地軸が 23.4 度傾いて 1 年間で 1 回転するために，この熱帯収束帯は 1 年間を通じて 7 月には北回帰線（23.4°N）のほうに，1 月には南回帰線（23.4°S）のほうに移動する．西アフリカの場合，熱帯収束帯が南下する 12〜2 月では内陸部は広く乾燥し，海岸地域も乾季となる．熱帯収束帯が北上する 6〜8 月では北部の地域が短い雨季となる．海岸地域は，西部のギニアからリベリアにかけては，5〜10 月が雨季にな

り，東部のコートジボワールからナイジェリアにかけては，熱帯収束帯が最も北上する8月に乾燥するので，雨季は4〜7月と10月の2回に分かれる（門村，1985）．熱帯収束帯で上昇した大気は圏界面（対流圏と成層圏の境界）に沿って南北に移動し，北緯・南緯30°付近で下降気流となり，地表付近で大気の密度が高くなり，亜熱帯（中緯度）高圧帯が形成される（図2.1）．下降気流の卓越する場所は乾燥するので，北緯30°付近の亜熱帯（中緯度）高圧帯ではサハラ砂漠が，南緯30°付近の高圧帯ではナミブ砂漠ができている（図2.2）．このナミブ砂漠には寒流の影響も大きい．寒流であるベンゲラ海流は南西アフリカ海岸部の海面付近の大気を冷却させ，上昇気流の起きにくい大気の安定構造をつくって，雨が降るのを抑制し，海岸地域にナミブ砂漠を生み出している．寒流は大陸西岸に流れるため，ナミブ砂漠や南米のアタカマ砂漠など海岸砂漠は大陸西岸にしかできていない（水野，2015；2016a）．

熱帯収束帯の北側の地域はサハラの亜熱帯高圧帯とそこから吹き出す乾燥した北東貿易風，ハルマッタンの支配下にあるので，つねに乾燥している．一方，ギニア湾からは南西モンスーン（季節風）のやや低温で湿潤な気流が入ってくる．ハルマッタンと南西モンスーンとがぶつかりあう熱帯収束帯が前線と同じような性格をもって雨を降らせる．とくに熱帯収束帯の南数百kmのあたりが最も雨になりやすいところで，これが1年のサイクルで南北に移動することにより，雨季と乾季とがもたらされる（水野，2015；2016a）．

西アフリカ西部の海岸地帯は，標高700〜1900mのフータジャロン山地，ロマ山地，ニンバ山地が海岸線に平行して並ぶため，大西洋から吹き付ける湿潤な気流が強制的に上昇させられ，年降水量4000〜5000mmもの世界有数の多雨地域となっている．これらの山地からはニジェール川とセネガル川という西アフリカの二大河川が発しているが，南が高く北が低いという地形的制約を受けて，両者とも北に向かって流れている．ニジェール川はその後砂漠を横断してギニア湾まで達する，いわゆる外来河川となっている．ニジェール川は，全長4180kmのアフリカ第3の長流であり，フータジャロン山地に源を発し，マリのガオ付近でそれまでの北東の流れから南東に向きを変

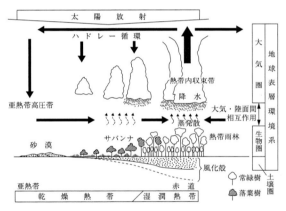

図2.1　熱帯植生の生育型の緯度変化（篠田，2002）

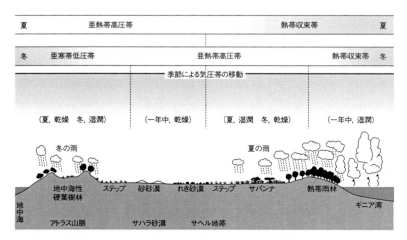

図2.2　地中海沿岸からアフリカ大陸を経てギニア湾にいたる断面の模式図（小野，2014）

え，マリ中部に大湿地帯を形成している．このニジェール川の大湾曲部，すなわち砂漠に大きく張り出した地域には，ニジェール内陸三角州がつくられている．この地域は自然条件に恵まれ，ガーナ帝国（8～11世紀），マリ帝国（13～14世紀），ガオ（ソンガイ）帝国（15～16世紀）などが，ニジェール川やセネガル川上流地域の金と，北アフリカの商品やサハラの岩塩との交易によって興隆し，ジェンネ，ガオ，トンブクトゥなどの交易都市が栄えた．また，下流のニジェールデルタでは，17～18世紀にベニン王国が栄えるなど，ニジェール川は西アフリカの歴史・文化・経済・社会にとって重要な役割を果たしてきた．

2.1.2 東アフリカの気候

アフリカ東部や南部では，熱帯収束帯と降水の関係が西アフリカのように明瞭ではなく，またインド洋から吹き込む南東モンスーンが降水の主要供給源となっている（門村，2005）．大陸をほぼ南北に貫く巨大隆起帯（標高2000～3000m，最高峰ルウェンゾリ山5110m）が，ギニアモンスーンの東進を妨げ，東アフリカの乾燥化に貢献している．また，南半球の夏には，その高山地形の影響で熱帯収束帯の形状が大きく南に偏向し，その低気圧部となっているカラハリでは，ドラケンスバーグ山脈とその北に続く高地の隙間（リンポポ川などの谷）を通って，インド洋からの湿潤気流が流入するため，かなりの雨が降る（門村，2005）．

東アフリカにもうひとつ大きな影響を与えてきたものに，モンスーン（季節風）がある．12～3月には北東季節風がアラビア地域・インドからアフリカ東海岸に，5～9月には反対に南西モンスーンがアフリカ東海岸からアラビア地域・インドに吹く．この季節風を利用してダウとよばれるアラブの帆船でアラビア・インドとアフリカ東海岸の交易が古くから活発であり，そのためにイスラームやアラビア文化がアフリカ東海岸にもたらされてきた．タンザニアのザンジバルやケニアのモンバサ，ラム，マリンディなどはその結果繁栄した都市である．ケニアやタンザニアで使用されているスワヒリ語も，バントゥー語とアラビア語の融合による産物であり，その中心は海岸部にある

（水野，2015；2016a）．

東アフリカは雨季と乾季のあるサバナ気候が卓越していて，赤道付近では3～5月と10～11月の2回雨季が現れるが，ケニア北部では雨季は3～5月，タンザニアでは11～5月，エチオピアでは6～9月の1回だけである．年降水量が500mm以下と少ないケニア北部ではブッシュランドあるいは半砂漠が広がる．

エチオピア高原では，雨季の3カ月間に1年の約80%の雨が降り，そして，これらの雨は北部では黒ナイル川（アトバラ川），中部では青ナイル川，南部ではソバト川を経て白ナイル川に流れ込む．このように，ナイル川の水源の84%はエチオピア高原に降る雨である．雨季の南西風がギニア湾やコンゴ盆地から水分を運ぶが，最初に到達するエチオピア南西部，すなわちコーヒーの原産地として有名なカファ地方に雨をもたらし，そこから北東部に進むにつれて雨は少なくなる．この北から南への降水量の増加が，乾燥化とともに，アクスム，ゴンダール，アジスアベバと都を南下させることになる．

2.1.3 中部アフリカの気候

ギニアモンスーンが年中吹き付けるカメルーン山（4095m）の南西麓には，年降水量が1万mmに達する多雨域があり，カメルーン内陸部から中部アフリカの南部では，年降水量は1500mm前後と少なくなるが，はっきりとした乾季がないのでコンゴ盆地から続く熱帯雨林でおおわれている（門村，1985）．西はセネガルから東はスーダンにかけてサヘル地帯（Sahel：サハラ砂漠の南縁部に東西に広がる半乾燥地帯を示す．スーダンを含む場合もあるが，含まない場合もある）があるが，そのサヘル地帯に属するチャド湖付近では10～5月の8カ月間が厳しい乾季となり，年降水量も数百mmまで減少する．

熱帯雨林は赤道を挟んで南北4度くらいの地帯で，年中ギニアモンスーンにおおわれるのではっきりとした乾季はないが，年降水量は1500～2000mmとそれほど多くない．熱帯雨林地帯の外側はサバンナや疎林（ウッドランド）が広がっていて，南半球ではミオンボとよばれる疎林が分

2.1 気候・植生　　*19*

布している．コンゴ民主共和国北部の熱帯林からサバンナへの移行帯では，12〜1月が乾季で，東経15°付近より西部と南緯3°付近より南側は6〜9月が明瞭な乾季となる．

2.1.4 南部アフリカの気候

南部アフリカで最大の河川としてザンベジ川があるが，この川はザンビアとジンバブエの国境をなし，幅が最大1701 m，同落差118 mのヴィクトリア滝が形成されている．そして，川はモザンビークを横断し，下流に大きな三角州をつくっている．同じ南部アフリカでも寒流のベンゲラ海流の流れる大西洋岸とは異なり，インド洋側は暖流のモザンビーク海流の影響で高温多雨である．

マダガスカルは世界第4位の面積（約59万 km²）のインド洋上の大きな島であり，島の中央部には最高点2876 mの脊梁山脈がある．そのため，山脈がインド洋からの南東貿易風や季節風の障壁となり，島の東側が年降水量3000 mmを超える地域があるのに対し，西側は2000 mm以下，とくに南西部には300 mmに満たない地域がある．そのため，植生も東岸低地の熱帯雨林から西岸低地のウッドランドサバンナ，高地の草原と多様である．インドがアフリカから離れた後，白亜紀（1億4000万年前〜6500万年前）後期にマダガスカルはアフリカから分かれ，それ以来，ゴンドワナ大陸の破砕塊として長く孤立した島として存続したため，700属8000種を超える植物の20%以上の属，80%以上の種が固有種となっている．また，アフリカに広く見られる巨木のバオバブは，その分布の中心がマダガスカルにあり，少なくとも7種以上が分布する．また，マダガスカルには昆虫類や爬虫類，鳥類なども固有種が多く，なかでも原猿類のレムール類が多種分布し，一方，四脚の哺乳類がほとんど生息していない．

アフリカ大陸南端部には，古生代後期〜中生代前期の堆積岩からおおわれた高原があり，標高1200 m以上の高地はハイベルトとよばれている．ハイベルトは東に向かって高くなり，レソトと南アフリカ共和国の境界にはドラケンスバーグ山脈（最高点3482 m）が横たわり，インド洋からの湿潤な南東貿易風を遮るため，山脈の東側で1000〜1500 mmにのぼる降水量も，西側では800 mm以下と減少する．最南端のケープタウン付近では，東西に走る褶曲帯があり，侵食から取り残された硬い砂岩層からなる数列の背斜山稜が平行するが，その典型例がケープタウンにみられるテーブルマウンテンである．ケープタウン付近では冬季に温帯低気圧の影響で降雨の日が続く．

2.1.5 北アフリカの気候

北アフリカの最大の特徴はサハラ砂漠とナイル川であろう．サハラ砂漠は面積910万 km²で，アフリカ大陸の30%を占めている．この不毛の砂漠のなかを貫流して地中海まで達するナイル川の存在はきわめて大きい．ナイル川は，その源流域を白ナイル川はヴィクトリア湖周辺，青ナイルはエチオピア高原のタナ湖周辺としている．これら源流域の融雪水による涵養によって，7月中旬から11〜12月が増水期，1月から6月にかけてが減水期となり，きわめて正確な増減水の周期を有する．ナイル川は水とともに肥沃な沖積土を運び，河口のナイルデルタを豊かな農地にしてきた．

地中海沿岸には，アフリカ大陸で唯一の新規造山帯であるアトラス山脈が伸び，この地域は地震も多い．山脈の地中海側は地中海式気候で冬に雨が多く，山岳部には冬に多量の雪が降る．

2.1.6 アフリカの植生－熱帯雨林

植生は気候と大きく関係している．赤道付近の降水量が通常2000 mmから時には4000 mm以上になる多雨地域は，熱帯雨林が生じている（図2.3）．熱帯雨林は十分な降水がある地域に成立し，おもに常緑広葉樹林からなり，最大樹高が70 mにも達する．熱帯雨林は樹木が何層にも重なり合って，複雑な森林構造を形づくっている．熱帯雨林地域は1年を通してほとんど乾季のない場所である．しかし，この熱帯雨林地域は降水量が1000 mm以下になる大地溝帯より東部には分布しない．アフリカ大陸の熱帯雨林は，同じ旧植物界にある東南アジアの熱帯雨林より，むしろ新熱帯植物界の中南米の熱帯雨林との類似性が認められる（Gentry, 1988）．科の構成割合では，東南アジアの熱帯雨林はフタバガキ科が主体になるのに対し，アフリカ大陸と中南米の熱帯雨林はマメ科が主体となる

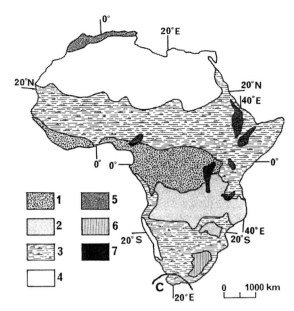

図 2.3 アフリカ大陸の植生分布（沖津，2005）
Mendelsohn et al. (2002) を簡略化の上，一部に Knapp (1973) を追加して編集した．アフリカ大陸本体に限定して示し，マダガスカル島，アルダブラ諸島，コズモレド諸島などの島嶼部は省略した．
植生の凡例名は Mendelsohn et al. (2002) に従う（かっこ内の英名）．1：熱帯林（Equatorial Forest），周辺部に森林－サバンナ混生帯（Forest-and-savanna Mosaic）を含む．2：亜熱帯疎林（Subtropical Woodland），3：サバンナ（Tree-and-shrub Savanna），4：砂漠（Desert），5：地中海植生（Mediterranean），6：草原（Grassland），7：山岳植生（Montane）．C：ケープ植物界．大陸最南端喜望峰周辺の太線で囲まれた地域．
凡例注
1) 亜熱帯疎林は Knapp (1973) のミオンボ林（Miombowaelder）にほぼ該当する．
2) サバンナには大陸最南部に分布するフィンボス（Fynbos），ナマ・カロー（Nama Karoo），多肉植物カロー（Succulent Karoo）を含む．
3) 砂漠にはサハラ砂漠（Sahara Desert）とナミブ砂漠（Namib Desert）がある．
4) 湖および塩沼沢地（Lakes and Salt Pans）は省略した．

写真 2.2 ウガンダとコンゴ民主共和国の国境付近に広がる熱帯雨林

（沖津，2005）．属レベルでも，アフリカ大陸と中南米の熱帯雨林は 30％もの共通属がある（Gentry, 1988）．この説明として，アフリカ大陸と中南米大陸がかつて同じゴンドワナ大陸に属し，それがその後分裂して，現在の分布に至ったとされている（Wulf, 1950；沖津，2005）．

アフリカ大陸では，コンゴ盆地の赤道地帯（写真 2.2）とギニア湾岸に熱帯雨林が分布している（図 2.3）．アフリカの熱帯林の全体に生育する植物の種数は 7000～8000 種であり，マレーシアの大陸部の 8500 種と比べて少なく，アフリカの熱帯雨林は東南アジアに比べ，植物種の多様性という点でいくぶん貧弱であるといわれている（門村，1992；France, 1977）．アフリカの熱帯雨林地域は年降水量が比較的少ないばかりでなく，降水の季節分布にも偏りがあり，年中多雨というわけではない．しかし，年降水量 1600～2000 mm の地域について 0.1 ha 当たりの植物種数を比べると，中南米の熱帯雨林が平均 105 種であるのに対して，アフリカの熱帯雨林は平均 127 種で，むしろ高い値を示すところもある（Gentry, 1988；沖津，2005）．

熱帯雨林の密林（湿潤閉鎖林）は，コンゴ盆地の赤道地帯（カメルーン－コンゴ・ブロック）と西アフリカ・ギニア湾岸（ギニア・ブロック）の，年降水量約 1350 mm 以上，乾燥期間 2.5 カ月以下の湿潤な地域を占め（門村，1999），両者はダホメ・ギャップとよばれる幅 600 km のギニア湾岸に達するサバンナで分断されている．

森林のタイプは，大きく，常緑樹林と半落葉樹林に分けられ，いずれの森林でも，多様な樹種が 4～5 層の複層林をつくり，最上層の高木の樹高は 40～50 m に達する．特定の樹種が広く優占する場合は少ないが，多湿な常緑樹ではマメ科の木，半落葉樹林ではアオギリ科とセンダン科の木が多く出現する（表 2.1）（門村，1999）．

ギニア湾岸では，ガーナ，コートジボワール，リベリア，シエラレオネ南部とギニアの一部に熱

2.1 気候・植生　21

表 2.1 アフリカ熱帯雨林の特徴的な樹木の科と属(Longman and Jenik, 1987)

科	属
マメ科	*Albizia, Brachystegia, Cynometra, Gibertiodendron*
アカテツ科	*Afrosersalisia, Chrysophyllum*
センダン科	*Entandrophragma, Khaya*
トウダイグサ科	*Macaranga, Uapaca*
クワ科	*Chlorophora, Ficus, Musanga*
アオギリ科	*Cola, Triplochiton*
ニレ科	*Celtis*
着生植物	シダ植物,ラン科
二次林	*Harungana, Macaranga, Musanga*

表 2.2 アフリカのおもな国における 1990 年頃の熱帯雨林の現状と消失速度（門村,1992)

国名 (人口密度,人/km²)	もとの森林 (千 ha)	現在の森林 (千 ha)	現存率 (%)	一次林 (千 ha)	焼失面積 (千 ha/年)	消失速度 (%)
西アフリカ						
コートジボワール (38)	16000	1600	10	400	250	15.6
ナイジェリア (118)	7200	2800	39	1000	400	14.3
中部アフリカ						
カメルーン (24)	22000	16400	75	6000	200	1.2
ガボン (4)	10000	9000	90	8000	70	0.8
コンゴ共和国 (6)	24000	20000	83	10000	60	0.3
コンゴ民主共和国 (15)	124500	100000	80	70000	400	0.4

人口密度は 1989 年現在の推定．出典：Myers (1981)

帯雨林が分布している．比較的雨の少ない地域には半落葉樹林が分布し，土地条件に対応して常緑樹林と棲み分け，漸移帯をつくる．北部の森林縁辺部では，樹木サバンナとのモザイクをなし，さらに河辺林の形態をとってサバンナのなかに伸長する．

コンゴ盆地中央部の常緑樹林では，マメ科ジャケツイバラ亜科のブラキステギアが優占する．

ギニア湾岸地域の熱帯雨林は，ヨーロッパの植民地になった 19 世紀以降，一般農民によるコーヒー，カカオなどの換金作物の栽培やアブラヤシ，ゴム，バナナなどの大規模プランテーション農園の開発のために大面積の森林が開墾され，輸出用材木の大量伐採が行われ，それは，1960 年代の独立以降，外貨獲得手段として加速された（門村，1992)．このため，ギニア湾岸諸国では，1990 年代中頃までの約 100 年間で，コートジボワールの 90 % を筆頭に，各国平均しても数十 % 以上の森林が失われた（表 2.2）（門村，1992)．

2.1.7 アフリカの植生－亜熱帯疎林

熱帯雨林の南，南緯 5° から 20° の標高 800～1800 m には，亜熱帯疎林が分布している（図 2.3)（沖津，2005)（写真 2.3)．ここの降水量はおよそ 700～1200 mm である．この植生は，細長い樹冠をもち，小型，肉厚，暗緑色の常緑，半常緑の葉をもつ高木，低木の疎林である．これは，優占種であるブラキステギア属（ジャケツイバラ亜科）のアフリカでのよび名から，ミオンボとよばれて

写真 2.3 亜熱帯疎林であるミオンボ林
細長い樹幹をもつため，森のなかでも空がみえる明るい森林（マラウイ)．

いる（Knapp, 1973）．熱帯雨林の北側にはこの植生帯が存在しないが，その理由は，赤道から北へは，降水量が急激に減少するためである．

中部－南部アフリカでは，優占種はブラキステギア，イソベルリニア，ジュルベルナルディアなどで，それらは高さ 20 m くらいまで生育する．この植生は，高木疎林と草本植生の組み合わせから，サバンナの一タイプとする見方もある（Archibold, 1995）．

2.1.8 アフリカの植生－サバンナ

熱帯雨林地帯の外側にはサバンナが分布している．サバンナは，半乾燥の熱帯，亜熱帯林地域に分布する．地表が草本におおわれ，その上に高木や低木が疎生する植生である（写真 2.4）．熱帯雨林の北側では北緯 20° 付近までサバンナが広がっていて，4～8 カ月の乾季がある．サバンナでは乾季があるため，乾季に葉から水分が蒸発するのを防ぐため，季節的に葉を落とす落葉広葉樹林が多くなる．サバンナには，背丈の高い（80 cm 以上）イネ科草本が広く生育しているが，それに交じる木本の高さと密度によって，疎開林（ウッドランド），高木サバンナ，灌木サバンナ，草原などと区別される．サバンナが全世界に占める率は 15 % であるが，アフリカ大陸ではサバンナが 45 % を占め，アフリカの特徴的な植生といえよう．

高木疎林の開放的で平坦な樹冠は，その下に生えている草本植物に適度な光をもたらす．モパネのような比較的背の低い樹木やアカシアなどを含む灌木サバンナ，コミフォラのような木本性の多肉植物は，乾燥した場所や粒子の粗い土壌によくみられる．森林におおわれたコンゴ盆地の北部では，サバンナウッドランドがセネガルから南部スーダンまで大陸を横切って帯状に広く分布している．西アフリカでは，樹木が背の高いイネ科草本層の上に 12～15 m の高さまで生育している．東方に進むと，優占種はバオバブを含むようになる．東アフリカでは，アルビジアやクロロフォラのパッチが南部のミオンボ・ウッドランドと断片的につないでいる（Archibold, 1995）．

東アフリカ，リフトバレーの乾燥した低地は，小さなアカシアやコンブレタム，ユーフォルビア，コミフォラなどの低木密生林を含むイネ科草原となっている．類似の景観は，アカシア林が耐乾性のイネ科草原に散在する南部アフリカのブッシュフェルトでもみられる（Archibold, 1995）．

マダガスカルのサバンナは，アフリカ大陸よりも植物相に富み，多数の固有種が多くの独特な群落を生み出している．南西マダガスカルの乾燥地域では密集した灌木からなるサバンナがみられる．このような場所では，ユーフォルビアなどの多肉植物がまばらなイネ科草本層の上に，低木密生林を形成している（Archibold, 1995）．

サバンナには自然的要因と人為的要因によるものがある．前者には，気候的極相サバンナのほかに，過去の乾燥気候の遺物である遺存サバンナと，土壌の性状とその排水状態などに由来する土地的条件サバンナとがある（門村, 1992）．遺存サバンナの多くは，最終氷期末の大乾燥期に成立したサバンナが，その後の気候の湿潤化にもかかわらず，森林に回復することなくサバンナの状態を維持しているものであり，露岩がちの島状丘や砂層の台地のように乾燥しやすい土地が熱帯雨林地帯のなかにサバンナとして散在している場合がある（門村, 1992）．

人為的サバンナは，森林が定期的な火入れや家畜の放牧，耕作などのインパクトによりサバンナ化しているもので，それらのインパクトが長年にわたって中断されると森林が回復する．熱帯雨林地帯，とくにその縁辺部では，気候の乾燥化を背景に，4000～3000 年前以来，森林が人間活動の

写真 2.4 傘状の樹冠をしたアカシアの落葉広葉樹木と背丈の高い草原からなるサバンナ（ケニア）

インパクトによりサバンナ化し，約1000年前以降，森林の退行ないし破壊は加速され，人為的サバンナが拡大したと考えられる（門村，1992）．ザンビアとコンゴ南東部とにまたがる高原では，かつてこの地域をおおっていた乾燥常緑密林が，「チテメネ」という独特の焼畑耕作（樹木の枝だけを伐り取って集めて焼く方式）を行った後期鉄器時代人の拡散にともなって，過去1000年間，とくに最近の800〜400年間の間に退行して，ミオンボ・ウッドランドにかわってしまったと推測されている（門村，1992）．

2.1.9 アフリカの植生－砂漠

アフリカ大陸でもうひとつ特徴的な植生帯は砂漠である．アフリカ大陸の29％を占め，北部のサハラ砂漠と南西部大西洋岸のナミブ砂漠がそれに属する．砂漠は樹木を欠き，ごく疎らな植生におおわれたものを指す．その点からいえば，ナミブ砂漠の東に位置するカラハリ砂漠は，砂漠ではなく，サバンナである．

ナミブ砂漠の砂丘地域では，根の深いとげ性の灌木，ナラ（*Acanthosicyos horrida*）が多年生イネ科草本とともに点在している．ナミブ砂漠には，流水による幅の広い凹地に，奇妙な古代裸子植物，ウェルウィッチア（*Welwitschia mirabilis*）が生育している．ウェルウィッチアはナミブ砂漠固有の植物で，ウェルウィッチア科唯一の種であり，数百年にわたって生育できるため，日本では「奇想天外」という名で知られている．

2.1.10 ケープ植物界

ケープ植物界は，南アフリカ共和国最南部の喜望峰（ケープ）周辺のごく狭い範囲に限定して広がる，世界最小の植物界である（Takhtajan，1980；沖津，2005；水野，2015）．ここには合計8550種の維管束植物が分布し，そのうちの73％，6252種が固有種である（Goldblatt，1978）．世界の生物多様性ホットスポット（固有種が多く，しかも開発が盛んなため，多くの生物が絶滅の危機にさらされている，保護の優先度がきわめて高い地域）を比較すると，100 km²あたりの種数は，熱帯アンデス3.58，西アフリカの熱帯林0.71，ブラジルのセラード0.56などと比べ，ケープ植物

界の11.08は飛び抜けて高い値を示している（沖津，2005）．固有種の割合が高いことに対して，固有属は20.7％，198属（全体で957属）で，割合はそれほど高くない（Goldblatt，1978）．

2.1.11 高山植生

ケニア山，キリマンジャロ，ルウェンゾリ山には現在，氷河が分布しているが，10〜20年後にはそれらは消失するといわれている．キリマンジャロは，上部から冠雪帯，寒冷荒原，高山草原（ヒース帯），雲霧林，熱帯雨林，サバンナとなっている．オリーブ属，モチノキ属，ビャクシン属などからなる雲霧林を抜けると，そこには高山草原（ヒース帯）が広がり，そのなかに背丈が数m以上にもなる大型の半木本性植物であるキク科のジャイアントセネシオ（*Senecio keniodendron*, *S. brassica* など）やキキョウ科のジャイアントロベリア（*Lobelia telekii* や *L. keniensis* など）が生育している．ジャイアント・セネシオは，東アフリカの標高2500 mから4700 mの高山に隔離分布し，山系によって形態が異なり，約10種が分布している．氷河の斜面下には，先駆種である高山植物 *Senecio keniophytum* や *Arabis alpina* などが分布し，氷河の後退とともにその分布域を上方に広げている（水野，1999；2001；2005；2015；2016a；Mizuno，1998；2005a，b；Mizuno and Fujita，2014）．

［水野一晴］

2.2 変化する気候

近年，アフリカでは雨の降る年と降らない年がはっきりしているといわれ，干ばつや洪水がアフリカ各地に被害をもたらしているが，その原因を地球温暖化に求める場合も少なくない．アフリカに氷河を有する高山はキリマンジャロ，ケニア山，ルウェンゾリ山の三山のみであるが，温暖化によりそれらの山から氷河が消滅しつつある．アフリカには広く砂漠が分布しているが，その砂漠が緑におおわれていたり，現在赤道を挟むように広がっている熱帯雨林が数カ所に避難していた時代もあった．現在のアフリカの自然を理解するためには，過去から現在までの気候の変化とその近

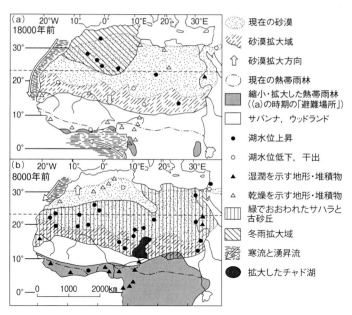

図 2.4 第四紀末におけるアフリカ大陸北半分の環境変遷（門村，1992）
(a) 最終氷期末の大乾燥期，(b) 完新世初期の大湿潤期．

年の動向を理解することは不可欠であろう．

2.2.1 アフリカの過去の気候変動（1万年前以前）

20000〜12000年前には，ケニア山やルウェンゾリ山，キリマンジャロの氷河は大きく前進し，アトラス，ドラケンスバーグ，エチオピアの山脈では，周氷河作用が活発化した．熱帯アフリカは冷涼化し，非常に乾燥化して，砂漠は拡大し，熱帯林は縮小した．最終氷期（ヴュルム氷期）の最盛期である18000年前頃には，熱帯アフリカは著しい乾燥がもたらされ，現在のコンゴ盆地とギニア湾岸の熱帯雨林地域は大きく縮小し，その多くはウッドランドやサバンナ，ステップとなっていて，熱帯雨林は，コンゴ盆地東部，コンゴ川水系の湿地帯，ギニア湾岸のカメルーン−ガボン，シエラレオネなどに点在する「避難場所」（リフージ，refuge）としてかろうじて存続していた（図2.4）（門村，2005；水野，2015；2016a）．

森林への依存度が高いゴリラは，その分布がこの熱帯林の「避難場所」と一致しているのはそのためである（山極，1998）．東アフリカでは，降水量の低下が湖水位を著しく低下させ，ヴィクトリア湖の水位はナイル川に流出することができないほど低下した．

この乾燥化のおもな証拠として，植生におおわれた古砂丘の存在があげられ，それらは，東はスーダン，西はモーリタニアにいたる現在のサヘル地帯に広く分布している．ナイル川，ニジェール川，セネガル川などは流量が減少するとともに，あちこちで砂丘により閉塞された．南部アフリカでは多くの砂丘が直線的に並び，卓越東風に平行に形成された．たとえば，南西ボツワナのモロポ（Molopo）谷の近くでは，横列砂丘（風向に対して直交する峰からなる砂丘）がみられる．アンゴラのクァンド（Cuando）川の両側，あるいは北ボツワナのオカバンゴデルタの西には，線状砂丘が約2 kmの幅の谷で区切られて，長さ150 kmにわたって広がっている（図2.5）．西ジンバブエの砂丘は，稜線上が密なウッドランド，砂丘間の谷は草地と，植生のコントラストをつくっている（Buckle, 1996）．カラハリ砂漠のうち，ナミビア北部とナミビア東部の古砂丘は，2.5〜3万年前にはすでに現在の位置に固定化されたと考えられる（図2.5）（山縣，2005；水野，2016a）．

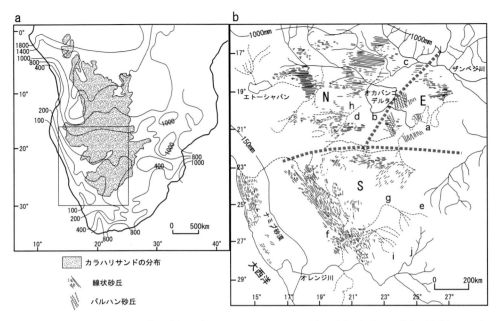

図2.5 (a) 南部アフリカの年降水量分布とカラハリサンドの分布, (b) 古砂丘の分布 (山縣, 2005)

2.2.2 アフリカの過去の気候変動 (1万年前～1000年前)

12000～4000年前には, アフリカの広範囲で湿潤な環境となった. 北半球では, 大気循環の変化が熱帯収束帯 (ITCZ) を夏季にさらに内陸に押し上げ, ギニア湾の湿潤な大気をサハラ中央までもたらした. 雨季が長くなるとともに, 熱帯海洋からの急激な蒸発量の増加が, サヘルに多量な降水量をもたらした. サバンナ化ーステップ化していた赤道地帯の斜面では活発な土壌侵食が起こり, それまで砂丘で閉塞されていたナイル, ニジェール, コンゴ川などの各河川に大洪水が頻発するようになった. 赤道地帯では10000～9000年前頃より密林が回復し, 9000～8000年前に最大に拡大した (図2.4) (門村, 1991). 西アフリカの低地林は現在の限界より400 km北上し, サハラの多くの場所が草地となった. 西モーリタニアでは, 流路は更新世の砂丘を刻んで大西洋まで到達した. 6000年前にはチャド湖はいまより約40 m高い320 mの水深に達した. チャド湖の湖水はこぼれ出て, ベヌエ川とニジェール川下流を経由して大西洋まで到達した. 現在, 砂漠のまっただなかにあるタウデニやビルマなどの砂丘間の窪地にも大小の湖水が形成された (門村, 2005).

この温暖湿潤だった8000～6000年前は, アフリカではサハラ砂漠に雨が降り, 砂漠が緑でおおわれ, 川が流れて「緑のサハラ」(Green Sahara) とよばれた時代である. アルジェリアの南東部のサハラ砂漠にタッシリ・ナジェール (現地のトゥアレグ語で「水流の多い大地」という意味) という山脈がある. この洞窟の壁画にはいろいろな動物が描かれている. 描かれている壁画は岩料から年代が推定されているが, 3200年前以降の壁画はラクダ, 3500～2200年前はウマ, 6000～3500年前はウシが描かれ, 8000～6000年前の壁画にはなんとゾウやカバ, サイなどが描かれていたのだった. つまり, 8000～6000年前にはこのあたりにゾウやカバ, サイが生息し, かつてそこがサバンナであったことの証拠になっている (水野, 2015; 2016a).

この晩氷期～完新世初期の8000年前頃まで続いた湿潤期には, 現在の砂漠地帯に広く人類が居住し, 漁労と狩猟, とくに漁労に依存した上部旧石器文化が栄えた (門村, 2005).

降水量は赤道地域でも増大し, そこでは現在よりも熱帯雨林がずっと広くおおっていた. 東アフリカでは, 湿潤の証拠として, 湖水位の上昇があげられる. 10000年前にはヴィクトリア湖, ナイ

バシャ湖，アルバート湖，ナクル湖，ルクワ湖，マニャラ湖，タンガニーカ湖のすべてで現在よりも湖水位が上昇しており，現在よりも100 m以上高かった例もみられる．エチオピアのダナキル（Danakil）砂漠ではこのとき深さ50 m程度の湖があった．ケニア北部乾燥地帯のトゥルカナ湖は今日より約80 m水位上昇し，ソバト（Sobat）の方やロティキビ（Lotigipi）湿原を経由してナイル川上流の方に北西に向かって氾濫していた．西アフリカではガーナのボスムトゥイ（Bosumtwi）湖が今日より40 m上昇していた（Buckle, 1996）．

南部アフリカでは6000年前頃には多くの降水量を記録し，気温はいまよりかなり高かった．東アフリカでは，6500年前以降降水量が増大して多くの湖が5000年前まで高水位のままであったものの，気候は7000年前以前のころに比べて乾燥した（Buckle, 1996）．

4500年前には，地球規模で冷涼化が始まり，アフリカの赤道以北では亜熱帯高気圧の勢力が南に張り出し，南から雨をもたらす夏のモンスーンの北上を妨げて，急速に乾燥化していった（Buckle, 1996）．

現在，カメルーン以南の熱帯アフリカに広く分布するバントゥー語を話す農耕民族のグループは，言語地理学的分析に基づいて，3000年前頃にそれまでのホームランドとしてきたカメルーン，ナイジェリア国境の高原地帯から，東方と南方に向かって爆発的な移動を始めたと推定されている（Phillipson, 1977）．彼らの移動は，サハラの乾燥化に起因する牧畜民の南下にともなったいくつかの民族グループの南北への玉突き的な集団移動に触発されて始まった可能性があり，また赤道地帯の乾燥化が森林地帯への移動を促したことが考えられる（門村，1991）．

4500年前頃からふたたび乾燥期を迎え，森林の後退とサハラの砂漠化が進行した．この乾燥化とともにサハラ住民の南下が始まり，そうした人口移動と森林や疎開林のサバンナ化によって，多くのものがサハラ以南のアフリカにもたらされた．このような気候変動は，降水量の少ない（200〜800 mmぐらい）サヘル地域ではとりわけ影響

が大きかった．わずかな降雨量の変化が，耕作可能限界やウシ牧畜の成否を決めるツェツェバエの分布限界を南北500 km以上も移動させたのである．そして，それらが広範囲の人口移動や民族間の接触・衝突をもたらすことになった．

2.2.3　アフリカの過去の気候変動
（過去1000年間）

AD900年頃は多くの地域で暖かく，雨の多かったAD700年と1200年の間には，古ガーナ王国が南東モーリタニアの現在は乾燥している地域に繁栄した（Buckle, 1996）．サヘルでは，16〜18世紀は，二つの大きな乾燥期（最初が1680年代，2番目が1740年代と1750年代）を除けば，降水量の多い時代であった．この湿潤期は，ナイジェリア北部のハウサ王国群やマリ北部のソンガイ帝国など，サヘル地帯に強大な国家が存続した時期とほぼ対応する（門村，1991）．チャド湖では，そのころ，現在よりも4〜7 m高い水位で，1780年代や1790年代にはいまの乾燥したバフル・エル・ガザル（Bahr el-Ghazal）に沿って十分な流水があり，船が上流にボルク（Borkou）地域まで行ったということが報告されている．さらに西の南部モーリタニアでは，今は乾燥しているウッドランドに十分な降水があった．

少なくとも1850年代までの19世紀前半には，赤道地帯やギニア湾沿岸は湿潤であったものの，エチオピア，チャドからアンゴラ，南アフリカ共和国，ザンビア，ジンバブエまで大部分の地域で何回かの厳しい干ばつがあり，乾燥していた．この乾燥期は1860年代まで続き，その後，湿潤な状況が1900年頃まで大陸に広がった．1880年代には，ナイル，ニジェール，セネガル川のすべてが流出量を増大させ，とくに，ニジェール川の内陸デルタには大きな洪水があった．南のウガミ（Ugami）湖（ボツワナ）から北のチャド湖まで多くの湖で水位が上昇した（Buckle, 1996）．

サヘルの南縁地帯では20世紀初頭，降水量は急激に減少し，1910〜1916年は全般的に降水量が少なく，とくに1913〜1914年には厳しい干ばつがあった．

ナイジェリア北部では，1913年のボルヌ（Bornu）の降水量は平年の50％以下で，等雨量線は平均位置より150〜300 kmも南方に後退した（Grove, 1973）．カノ州（Kano Province）だけでも50000人もの死者が出，北部カツィナ（Katsina）では少なくとも4000人が死んだといわれ，ボルヌ（Bornu）西部の牧畜民ウォダーベ・フラニ（Wodaabe Fulani）は，1913年には10000の人口を擁し，88000頭のウシを保有していたが，1914年には人口5500人，ウシ36000頭まで減少した（Stenning, 1959）．

ニジェールでは1913年にミレットの栽培が大打撃を受け，ウシの1/3，ヤギ・ヒツジの1/2が死んだという（Bowden et al., 1981）．マリでは，トンブクトゥ（Tombouctou）において1913年の年降水量が平年の61％の141.7 mmで，ニジェール川河谷のクルサ（Kouroussa）とトンブクトゥとの間で栽培されているコメも，1914年の生産高はわずか31025 kgで，1910〜1913年の年平均生産高，1854575 kgの1.7％にすぎなかった．ニジェール川大湾曲部地帯最大の湖沼であるファギビン（Faguibine）湖は，1909〜1911年の間に湖岸線が25 kmも後退し，1914年には2 km四方を残して完全に干上がり，沿岸の集落は無人となり，グンダム（Goundam）地域の収穫は1914/15年にはほとんどゼロに落ち込んだ（Chudeau, 1918, 1921；Buckle, 1996）．

しかし，1920年代や1930年代には，チャド湖の水位が上昇した．このときにはシエラレオネでも高降水量を記録し，西アフリカでは著しく湿潤な状況が戻ってきた．1960年代初頭には異常に多い，そして広範囲な降水が熱帯アフリカにみられた．ケニア，タンザニア，ウガンダの1961年後半の降水量は平均値の3倍ほどで，1961年と1964年の間にヴィクトリア湖の水位は約3 m上昇し，船輸送が中断し，1964年のナイル川の洪水は1900年以降最も厳しいものであった（Buckle, 1996）．

2.2.4 近年の気候変動

サハラ砂漠南縁のサヘル地帯において，1960年代後半から1980年代にかけて深刻な干ばつが生じた．干ばつがとくにひどかった1972/73年と1983/84年には，1931〜1960年の30年間の平均値を平年値とすると，年降水量は多くの地点でその20〜40％まで落ち込んだ（門村，1991）．このサヘル地帯における小雨は，雨季のピークである7〜8月の降水量が著しく減少するとともに雨季の期間が短縮することによって生じている．熱帯収束帯（ITCZ）が最も北上してサハラ南部に到達し，大西洋からの湿ったモンスーンが大陸の奥深くまで侵入するときが，サヘル地帯の雨季の最盛期である．干ばつの原因として考えられるのは，①南西モンスーンが弱まったので水蒸気が大陸の奥深くまで運べなくなった，②熱帯内収束帯（ITCZ）が十分に北上しないので，モンスーンの雨が届かない，③上層の熱帯偏東風ジェット（150 mb）の風速が弱まった反面，下層のアフリカ偏東風ジェット（600 mb）の風速が増大したため，対流活動が不活発となり，雷雨が降りにくくなった（Dhonneur, 1981；Fontaine et al., 1986），④過放牧や過剰な伐採などで植生が破壊された結果，地表面アルベドが増大して土壌が乾燥化し，雨の降りにくい状態が助長された（Charney, 1975），などである（門村，1991）．

サヘルにおいて，天水農業で行われるミレットとソルガムの耕作限界は，それぞれ300 mmと500 mmで，サヘルにおける1951〜1980年の雨季の平均降水量は月150 mm程度であるので，サヘルはほぼソルガムの耕作限界に相当する．しかし，1970年代と1980年代の干ばつ期には，降水量はミレットの耕作限界まで下がり，食料不足が生じた．このミレットの耕作限界である年降水量300 mmの等値線は，「飢餓前線」とよばれ，1972年と1984年には，平年の位置より200〜400 kmも南方に後退し，1960年代半ばまでの湿潤期に比べれば400〜600 kmも南下し，深刻な食糧不足で多数の餓死者と難民を生み出したのである（門村，1991）．

サヘル周辺の南北方向の大気大循環では，「ハドレー循環」（熱帯の子午線方向の循環で，赤道付近で暖かい空気が上昇し，北緯（南緯）30°付近で比較的冷たい空気が下降するために起こる循環）がみられ，サヘルの干ばつはこのハドレー循環に

28　2. 自　　然

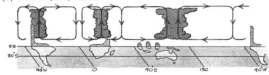
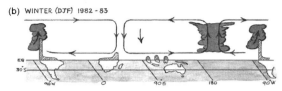

図 2.6 冬の赤道対流圏におけるウォーカー循環の平均状態とエルニーニョ発生時の模式図（WMO（1984），木村（2005））
(a) 12～2月の平均的な状態．(b) 1982年12月～1983年2月の平均的な状態．

強い影響を受けているという（図2.1，図2.2）．そのため，サヘルの南方にあるギニア湾の海面水温が高くなると，その上空で上昇気流が強くなり，それにともなって熱帯収束帯が南下し，サヘル付近は下降気流が卓越し，乾燥することになる（木村，2005）．

また，サヘル周辺の東西方向の大気循環では，「ウォーカー循環」という循環がみられる（図2.6）．熱帯太平洋の海水面温度の東西差により熱帯太平洋西岸（インドネシア付近）で上昇気流を，熱帯太平洋東岸（ペルー沖）で下降気流を生じさせる循環であり，図2.6(a)に示すように循環が地球を一周する際に，アフリカ付近では上昇気流を形成することが知られている．しかし，熱帯太平洋東部（ペルー沖）の海水面温度が上昇するエルニーニョ現象が生じると，この循環の配列が崩れ，図2.6(b)に示すように，アフリカ付近では上昇気流が弱くなる．このように，遠く離れた熱帯太平洋東部の海水面温度の上昇がサヘルでの干ばつをもたらす要因にもなっている（木村，2005）．

2.2.5 温暖化による環境の変化

近年になると人為的な影響による気候変化が問題になってきた．化石燃料消費の急増による二酸化炭素の増大やその二酸化炭素を吸収する森林の減少が，「温室効果」による近年の急速な温暖化をもたらすようになった．アフリカでは炊事や暖房に薪が使用されることが多く，それによる森林破壊が深刻化している．発展途上国の人口は近年急増しているため（発展途上国の人口は1970年26億人，1985年37億人とわずか15年で10億人増え，さらに2000年には50億人，2025年には70億人になると予想されている），その薪の使用量も急増し，植生破壊が急速に進行しているのである．アフリカの熱帯雨林，とくに西アフリカの熱帯雨林では，過去100年間に，コートジボワール，ガーナ，ナイジェリアの90％前後をはじめ，数十％以上の森林が消滅している．これらの森林破壊のほか，過放牧，過耕作などが"砂漠化"を進行させている．そして，砂漠化は大量の飢餓と環境難民を生み出すことになった．

温暖化は，現在着実に環境や植生を変化させている．高山のような環境の厳しいところでは，わずかな環境変化が目に見えるほどの大きな影響となって生じてくる．たとえば，キリマンジャロやケニア山の氷河はどれも今世紀に入って急速に縮小している．キリマンジャロの氷河は2002年には，1970年代の半分以下になっている（水野，2005a；2015；2016a）．ケニア山の第二の氷河，ティダル氷河は1958～1997年には約3 m/年で後退していたものが，1997～2016年には7～17 m/年と加速して後退している．氷河の後退にともなってそれを追うかのように高山植物が山を登っているが（水野，2005a；2015；2016a），近年は温暖化が高標高への分布拡大に直接影響を及ぼしている植物種もみられてきた（水野，2015；2016a；Mizuno and Fujita, 2014）．

1997年8月にはティダル氷河の末端の氷河の溶けた部分から，ヒョウの遺体が皮やヒゲなどがついたままの状態で発見された．そして，そのヒョウはいまから900～1000年前の平安時代末期のものであることが判明した（水野，1999；2015；2016a）．その頃は，いまより暖かい時代であって，またその暖かい時代から寒い時代に移行しつつあるころであった．おそらくクレバスにはまって氷のなかに閉ざされたヒョウが，その後20世紀初めまで長く続く寒い時代を氷のなかで眠っていたのであろう．そのヒョウの眠りを起こしたのは，ほかならぬ20世紀の急速な温暖化であった．

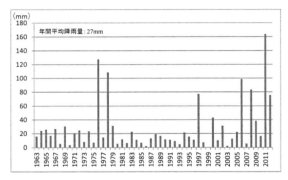

図 2.7 ナミブ砂漠の季節河川クイセブ川のゴバベブにおける年間降水量（mm）(Gobabeb Research and Training Centre の観測データを引用)（水野, 2016a）

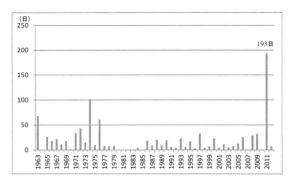

図 2.8 ナミブ砂漠の季節河川クイセブ川のゴバベブにおける洪水日数（日）(Gobabeb Research and Training Centre の観測データを引用)（水野, 2016a）

このまま温暖化が続けば，ティダル氷河は消滅し，その後を追う高山植物は山頂に登りつめ，背後から迫る低木帯に駆逐されてしまうだろう．独立峰であるケニア山から一度高山植物が消えてしまったら復活するのは困難である（水野, 2001）．

また，近年，温暖化が一要因といわれているが，雨の降る年と降らない年の差が顕著である．ナミブ砂漠では，砂漠を季節河川(涸れ川，ワジ)が流れているが，そのひとつであるクイセブ川のゴバベブで観測された降水量をみると年によって大きく変化していることがわかる（図2.7）．降水量の年による差が大きければ，季節河川に水が流れている日数，すなわち洪水の日数も年変動が大きい．クイセブ川の洪水日数は年間数日～数十日であるが，1970年代後半～1980年代はほとんどの年が0～10日であった（図2.8）．それ以降も，1970年代前半以前に比べると少なかった．この

近年の洪水減少により河川沿いの森林や自然植生のナラ（*Acanthosicyos horridus*）が大量に枯死し，そこに住む人々の生活に大きな影響を与えてきた（伊東, 2005；飛山・伊東・水野, 2016；水野, 2005b；2015；2016a, 2016b）．ナラの果実は主食として，ナラの種子は現金収入源として住民にとって重要であって，またアカシアなどの樹木の葉やさやは家畜のヤギのえさとなり，樹木の幹や枝は建築材や薪として不可欠で，とくに樹木は砂漠で日陰を提供する貴重な資源であった．しかし，その季節河川は2011年に記録史上最高の193日の洪水を示した．この洪水により家畜が流されたり，ナラの採集場所に変化がもたらされたりして，別の形で住民生活に影響が及んだ．しかし，洪水は樹木やナラ植生を再生させるために重要であり，被害を越える恩恵を住民にもたらした．このように，アフリカの自然は，近年の気候変化にきわめて敏感にかつ劇的に反応し，そして変化している．

[水野一晴]

引用文献

伊東正顕（2005）：ナミブ砂漠の自然植生ナラの大量枯死とトップナールの人々への影響．水野一晴編『アフリカ自然学』226-235. 古今書院．

沖津　進（2005）：植生からみたアフリカ．水野一晴編『アフリカ自然学』25-34. 古今書院．

小野有五（2014）：「地中海沿岸からアフリカ大陸を経てギニア湾にいたる断面模式図」『地理 A』東京書籍, 45.

門村　浩（1985）：中・南アフリカの自然．『世界の地理』2-3, 30-31, 58-59, 86-87, 114-115. 朝日新聞社．

門村　浩（1991）：熱帯アフリカにおける環境変動と砂漠化－ 3. 過去2万年間の環境変動, 4. サハラ南縁地帯における歴史時代の干ばつと砂漠化, 5. サハラ南縁地帯における最近の干ばつと砂漠化. 門村　浩・武内和彦・大森博雄・田村俊和編『環境変動と地球砂漠化』53-105. 朝倉書店．

門村　浩（1992）：アフリカの熱帯雨林．環境庁「熱帯雨林保護研究会」（編）『熱帯雨林を守る』pp.49-90, NHKブックス．

門村　浩（1999）：自然とその変動．川田順造編『アフリカ入門』15-34. 新書館．

門村　浩（2005）：環境変動からみたアフリカ．水野一晴編『アフリカ自然学』47-65. 古今書院．

木村圭司（2005）：気候からみたアフリカ．水野一晴編『アフリカ自然学』15-24. 古今書院．

篠田雅人（2002）：『砂漠と気候』成山堂書店．

飛山翔子・伊東正顕・水野一晴（2016）：砂漠で暮らす人々―ナラメロンの利用とその変容．水野一晴・永原陽子編『ナミビアを知るための53章』297-301，明石書店．

水野一晴（1999）：『高山植物と「お花畑」の科学』古今書院．

水野一晴（2001）：地球温暖化で，どのように植物は山を登るか？　水野一晴編『植生環境学』58-70．古今書院．

水野一晴（2005a）：温暖化によるケニア山・キリマンジャロの氷河の融解と植物分布の上昇．水野一晴編『アフリカ自然学』76-85．古今書院．

水野一晴（2005b）：近年の洪水減少でクイセブ川流域の森林が枯れていく理由．水野一晴編『アフリカ自然学』115-129．古今書院．

水野一晴（2015）：『自然のしくみがわかる地理学入門』ベレ出版．

水野一晴（2016a）：『気候変動で読む地球史―限界地帯の自然と植生から』NHKブックス．

水野一晴（2016b）：季節河川と洪水と森林―森林の動態に影響を与える洪水．水野一晴・永原陽子編『ナミビアを知るための53章』62-67，明石書店．

水野一晴（2016c）：ウェルウィッチア（奇想天外）と世界最大の隕石．水野一晴・永原陽子編『ナミビアを知るための53章』40-42．明石書店．

山縣耕太郎（2005）：地形からみたアフリカ．水野一晴編『アフリカ自然学』2-14．古今書院．

山極寿一（1998）：『ゴリラ雑学ノート』ダイアヤモンド社．

Archibold, O. W. (1995)：*Ecology of World Vegetation.* London：Chapman & Hall.

Bowden, M., Kates, R. W., Kay, P., Riebsame, W. E., Warrick, R. A., Johnson, D. L., Grould, H. A. and Weiner, D. (1981)：The effect of climatic fluctuations：Two hypotheses. In *Climate and History : Studies in Past Climates and their Impact on Man*, ed. T. M. L. Wigley, M. J. Ingram, and G. Farmer, Cambridge Univ. Press.

Buckle, C. (1996)：*Weather and Climate in Africa.* Essex：Addison Wesley Longman Limited.

Charney, J. G. (1975)：Dynamics of deserts and drought in the Sahel. *Quart. J. Roy. Met. Soc.*, **101**：193-202.

Chudeau, R. (1918)：La depression de Faguibine. *Ann. Géogr.*, **27**：43-60.

Chudeau, R. (1921)：La probléme du desséchement en Afrique Occidentale. *Bull. Com. Etud. Hist. et Sci. A. O. F.*, 353-369.

Dhonneur, G. (1981)：Sécheresse et/ou desertification au Sahel. *La Météologie*, Vie sér. **24**：119-123.

Fontaine, B. et Perard, J. (1986)：Irrégularitédes pluies et dynamique de l'atmosphére en Afrique de l'Ouest：comparison des périodes 1953-1963 et 1968-1975. In *Changements globaux en Afrique Durant le Quaternaire : passé-présent-futur.* INQUA/ASEQUA Symp. Intern., Dakar 21-28 avril 1986, Collection de l'ORSTOM, **197**：139-144.

France, G. T. (1977)：Floristic inventory of the tropics：where do we stand? *Annals of the Missouri Botanical Garden*, **64**：659-684.

Gentry, A. H. (1988)：Changes in plant community diversity and floristic composition on environmental and geographical gradients. *Annals of the Missouri Botanical Garden*, **75**：1034.

Goldblatt, P. (1978)：An analysis of the flora of southern Africa: its characteristics, relationships, and origins. *Annals of the Missouri Botanical Garden*, **65**：369-436.

Grove, A. T. (1973)：A note on the remarkably low rainfall of the Sudan Zone in 1013. *Savanna*, **2**：133-138.

Knapp, R. (1973)：*Die Vegetation von Afrika.* Stuttgart：Gustav Fischer.

Longman, K. A. and Jenik, J. (1987)：*Tropical Forest and its Environmental Forest and its Environment*, 2nd edn. Essex：Longman Scientific and Technical.

Mendelsohn, J., Jarvis, A., Roberts, C. and Robertson, T. (2002)：*Atral of Namibia. A portrait of the land and its people.* Cape Town：David Philip Publishers.

Mizuno, K. (1998)：Succession processes of alpine vegetation in response to glacial fluctuations of Tyndall Glacier, Mt. Kenya, Kenya. *Arctic and Alpine Research*, **30**：340-348.

Mizuno, K. (2005a)：Glacial fluctuation and vegetation succession on Tyndall Glacier, Mt. Kenya, *Mountain Research and Development*, **25**：68-75.

Mizuno, K. (2005b)：Vegetation succession in relation to glacial fluctuation in the high mountains of Africa, *African Study Monographs, Supplementary Issue*, **30**：195-212.

Mizuno, K. & Fujita, T. (2014)：Vegetation succession on Mt. Kenya in relation to glacial fluctuation and global warming. *Journal of Vegetation Science*, **25**：559-570.

Myers, N. (1991)：Tropical forests: Present status and future outlook, *Climatic Change*, **19**：3-32.

Phillipson, D. R. (1977)：*The Later Prehistory of Eastern and Southern Africa.* New York: African Pub.

Stenning, D. J. (1959)：*Savannah Nomads : A study of the Wodaabe Pastoral Fulani of Western Bornu Province*, Northern Region of Nigeria. Oxford Univ. Press.

Takhtajan, A. (Transl. by Crovello, T., ed. by Cronquist, A.) (1986)：*Floristic regions of the world.* Berkeley：University of California Press.

Wulf, E. V. (Transl. by Brissenden, E.) (1950)：*An introduction to historical plant geography.* Massachusetts：Chronica Botanica Company.

コラム2　西アフリカのプリント更紗「パーニュ」

通りで，同じ色柄の服を着た人が並んでいるのをみかけると，何かイベントがあるのかな，と，つい辺りを見回してしまう．実際に，近くに市役所があって，同じ色柄の服を着た一団が新郎新婦を祝福していたりする．西アフリカで暮らしていると，親しい人どうしがこうしたおそろいの服を着る機会によくである．

このおそろいの服によく使われるのが，プリント更紗「パーニュ」である．「パーニュ」とは，腰巻き布を指す仏語に由来するよび方であり，パーニュは文字どおり腰から巻いたり，あるいは衣服に仕立てたりして身に着けられる．

パーニュは，ジャワ更紗の模造品にその起源をもつ．インドを発祥の地とする更紗が広範な地域にいきわたる過程で，ジャワ更紗がつくられ，ジャワ更紗の製法を機械化してその模造品がつくられ，その模造品が19世紀終わりに西アフリカにもたらされた．起源は模造品でも，色，柄，サイズがアフリカ向けに改良され，落ち着いた印象のジャワ更紗とは異なり，あざやかな色と大胆な絵柄が特徴である．絵柄のなかでも，とりわけ，「キッチュ・デザイン」とよばれるもの，たとえば扇風機，鍋，パソコン，目や手などなど，身近な題材が力強い線で描かれる絵柄は，パーニュならではのものである．

パーニュの魅力は，これらの色や絵柄のほか，品質に幅があり手ごろな価格でも入手できること，現地の伝統衣装である手機織の布と同様に，体に巻いて着用できること，そして，現代衣服の主流である洋服のように，衣服に仕立てても着用できることなどがあげられる．男性は，パーニュをシャツや襟なしの上着に仕立てて洋服のズボンと合わせたり，ズボンもパーニュで仕立てて上下組にしたりする．女性は，同じ絵柄のパーニュで上着とスカート（または腰巻き布）を仕立てることが多い．とりわけ女性の上着はデザインが豊富である．

衣服をつくるのは，親方と徒弟数人で構成される小さな仕立屋である．ブルキナファソでの調査（遠藤，2013）によると，女性の上着にはいくつかの基本型があり，この型にさまざまなカットや装飾が組み合わされて，無数ともいえるデザインが実現される．さらに，デザインには流行があり，肩のあたりが膨らんだ袖が流行ったと思ったら，次の年には袖なしが流行し，また次の年には細長い袖が流行する，といった具合に移り変わる．この豊富なデザインもパーニュの魅力の一つであろう．

そして，冒頭の「おそろいで着る」という魅力である．人びとは，頻繁に，親しい人どうしでおそろいのパーニュを選ぶ．服のデザインまで揃えることもある．さらに，国際女性の日など，記念日用の絵柄のパーニュが発売されれば，不特定多数の人がそのパーニュの服を着て記念日を祝う．

先日，コートジボワールのある村の，世代交代の祭に参加する機会を得た．8年に一度のお祭で，誰も彼もが美しく着飾っていたが，会場の中心に近づくにつれ，彼らの着ている服の色柄が世代ごとに統一されていることに気がついた．ある世代は深い赤に円状の絵柄のパーニュ，ある世代は光沢のある薄紫色のパーニュ，またある世代は，黄，橙，茶色の地に金色がちりばめられたパーニュで揃えていた．

各世代がおそろいのパーニュの服をまとって，世代ごとに女性，男性と並んで列をなし，ゆるやかに踊りながら行進する姿は圧巻の一言であった．パーニュの色柄に加え，服のデザインもおおよそ共通していて一体感がある．とくに，女性の行列が目を引いた．同じ色柄，同じ型の服でも，襟元の刺繍や袖の形などのバラエティが豊富で，髪飾り，首飾りなどの小物も布と調和しつつも一人ひとり異なり，一体感の中で個性が主張していた．

行進に見入りながら，私も同じパーニュの服を着たい衝動にかられた．祭の雰囲気の荘厳さ，人びとの装いの美しさ，そして，装いに表れる，世代の，あるいは村全体の連帯に，飛び込みたい気持ちになった．

［遠藤聡子］

写真1　世代交代の祭でのひとこま
おそろいの服で統一しながら，髪飾り，首飾り，刺繍などに個性が光る．

引用文献

遠藤聡子（2013）:『パーニュの文化誌―現代西アフリカ女性のファッションが語る独自性』昭和堂．

3 自然と生業

アフリカでは自然を利用した多様な生業活動がみられる．農業をはじめ狩猟採集，牧畜が盛んである．農業は熱帯雨林帯から乾燥サバンナ帯まで広く行われ，そのほとんどは天水利用型の農業であり，焼畑耕作が多く行われている．狩猟採集は，熱帯雨林地帯のピグミーやカラハリ砂漠のサンが有名であることからもわかるように，自然環境の違いに適応した形で広く行われている．農耕民や牧畜民も日常的に狩猟採集を行っている．

牧畜はサバンナ帯で広くみられ，飼養家畜もウシ，ヒツジ，ラクダ，ヤギと多様である．アフリカでは牧畜を行う牧畜民と農耕を行う農耕民とが別れていることが多いといわれてきた．しかし多くの牧畜民はさまざまな程度で農耕も行ってきていることが明らかにされてきている．牧畜民と農耕民とは土地利用をめぐり対立することもあるが，生産物（乳や肉と農作物）の交換や，刈り跡放牧と家畜の糞との交換など共生関係も強く，農牧複合といえる関係がみられるという報告もある．

生業で忘れてはならないのは植民地時代の影響である．白人が入植した南部アフリカや東アフリカの「ホワイトハイランド」などでは西欧式の大規模穀物生産や牧畜業，さらにはコーヒー，紅茶などの換金栽培が盛んである．南部アフリカの地中海性気候や西岸海洋性気候地域では，ワイン用のブドウ栽培が盛んに行われ，そこで醸造されるワインは広く世界に輸出されている．もちろん大陸北部の地中海性気候帯のマグレブ地域は古くからのワイン生産地であり，アフリカ大陸は南北にワイン生産地をもっていることになる．

ところで換金作物生産に関していえば，白人が入植しなかった西アフリカでも，植民地時代にココアやヤシ油の生産が盛んになったが，この地域ではこれらの換金作物は，焼畑耕作を行っている小規模農民が同時に生産していることが多い．

本章では，アフリカにおけるこのような多様な生業の現状について述べる．

写真 3.1 主食ヤムイモの販売（2009 年 8 月）
南部ナイジェリアでは季節ともなれば収穫直後のイモが道路脇で直販される．

3.1 アフリカの焼畑

アフリカにおける焼畑といっても，熱帯雨林帯や湿潤サバンナ帯における焼畑と乾燥サバンナ帯におけるそれとは栽培作物も耕作形態（叢林伐採→耕地整理→火入れ→播種→栽培）も異なる．本章ではおもに湿潤熱帯における焼畑について述べるが，栽培作物や栽培方法で湿潤熱帯にはみられない特徴をもつ乾燥サバンナ帯とエチオピアの高地の焼畑について，最初に簡単に触れておく．

3.1.1 乾燥サバンナ帯における焼畑

赤道直下の熱帯雨林帯とそれを取り巻くように広がる湿潤サバンナ帯のさらに外側に広がるのが乾燥サバンナ帯である．乾燥サバンナ帯は最寒月が 18°C 以上で，年平均降水量が乾燥限界以上の地域である．明瞭な雨季と乾季があるのが特徴である．

a. 乾燥サバンナ帯の焼畑作物

おもな栽培作物は，トウモロコシ，トウジンビエ（ミレット：*Pennisetum glaucum*），シコクビエ（ミレット：*Eleusine coracana*），モロコシ（ソルガム：*Sorghum*），フォニオ（ハングリーライス），アフリカイネ（*Oryza glaberima*），それに豆類などである．このうちアフリカ原産とされるのはトウジンビエ，シコクビエ，モロコシ，フォニ

オ，アフリカイネである．モロコシとヒエは乾燥サバンナ帯で広く栽培されているが，アフリカイネの栽培はマリのニジェール川大湾曲部の氾濫原低地が中心になっている．なお，西アフリカの乾燥サバンナ帯の河川氾濫原（ファダマ：fadama）では，火入れを行わずにイネやタマネギの栽培が古くから行われてきた．

トウモロコシは16世紀に新大陸からアフリカにもたらされた外来種であるが，乾燥サバンナ帯で最も重要な主食作物の一つとなっている．アフリカ原産の作物であるヒエやモロコシは豆類と混栽されることが多いが，トウモロコシは単一栽培されることが多い．とくに白人入植者の多かった東アフリカや南部アフリカではトウモロコシが鉱山労働者や都市住民の食糧として重用され，大規模に栽培されるようになった．これらの地域ではモロコシやヒエをぬいていまや最も重要な主食作物となっている．湿潤サバンナ帯や熱帯雨林地帯の農業に比べ，根茎類のヤムイモやココヤム類の栽培は少ない．しかし乾燥に強い種茎（茎を植え付けて増やす）のキャッサバは急速に生産を伸ばしている．

b. エチオピアの高地での焼畑作物

エチオピアには他の地域にはあまりみられない伝統的な作物がある．乾燥地で栽培される穀物には，エチオピアの伝統的主食として有名なインジェラの原料であるテフ（Eragrostis tef）がある．粒が小さく脱粒しやすいため収量が少ない穀物であるが，いまも人びとの重要な作物となっている．また湿潤な高地ではエンセーテ（Ensete ventricosum）とよばれるバショウ科の作物がある．根茎を砕いて発酵させたものをパン状に焼いて食べるのが一般的である．エンセーテは後述する屋敷畑で栽培される作物であり，土地利用の上ではバナナやプランティンと似た位置にある作物である．いずれにしろ，エチオピアは栽培作物とそれを主食とする食文化の点では，サハラ以南アフリカの中では特殊な豊かさをもっている．

c. 乾燥サバンナ地帯における環境保全型の焼畑：チテメネ耕作

アフリカ中南部地域には，チテメネ（Chitemene

耕作といわれる環境保全型の焼畑が行われている地域がある．この焼畑がみられる地域は，マメ科のジャケツイバラ亜科の樹種が優先する乾生疎開林のミオンボ（miombo）林が広大に広がる地域である．この焼畑は，疎開林をそのまま焼き払うことはしない．まず男性が木に登り斧で枝を伐採する．幹はもちろん一部の枝を残す．伐採された枝は畑をつくる予定の場所に女性が運び積み上げる．これを乾燥させた後雨季の始まる直前に燃やし，そこに作物の種を播くというやり方が行われる．一般にサバンナ帯における植生回復は湿潤熱帯地域に比べ遅い．しかし，このような枝払いを行っただけの樹木の再生は速く，森の全面的焼き払いよりも環境保全的であるといえる．このミオンボ林ではおおよそ15〜20年の休閑の後，このような伐採と火入れが行われるという．

3.1.2 熱帯雨林・湿潤サバンナ帯における焼畑

ここでは，赤道直下の熱帯雨林帯とそれを取り巻くように広がる湿潤サバンナ帯における焼畑を取り上げる．西アフリカでは，沿岸部から内陸に向かって北上すると気候地帯も熱帯雨林帯から湿潤サバンナ帯に模式的に変化するので，ここでは主として西アフリカの焼畑を中心にみていく．

a. 湿潤熱帯における主要作物

熱帯雨林帯や湿潤サバンナ帯の焼畑でよくみられる作物は，根茎作物のヤム（ギニアヤム：Dioscorea cayensis），ダイジョ（ヤムイモ：D. alata），ココヤム（タロ：Colocasia esculenta），種茎作物のキャッサバ，そしてトウモロコシである．これにバナナやプランティン（料理用バナナ）が加わる（図3.1）．このうちギニアヤムがアフリカ原産，ダイジョ，ココヤム，バナナ，プランティンなどはアジア原産と考えられている．しかし，後者の作物もアフリカでの栽培は古く，奴隷貿易が始まる以前に行われているものが多いので，一般に「アフリカの伝統的農業」といったときにこれらの作物を含めることはめずらしくない．むしろ特定の研究目的以外では一般的に伝統的作物と考えられている．

これに対してキャッサバとトウモロコシは奴隷貿易時代の16世紀頃にアメリカ大陸から導入さ

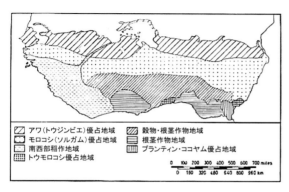

図3.1 西アフリカの食糧作物栽培地域 (Udo, p. 57)

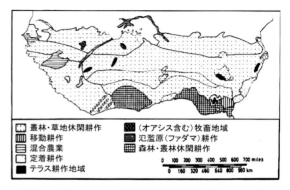

図3.2 西アフリカの耕作形態地域分布 (Udo, p. 59)

れたと考えられており，歴史は新しい．キャッサバは調理の前に毒抜きが必要で，その加工技術の普及には時間がかかったが，加工すればイモ類に比べ長期に保存が可能なので，今日では都市住民の間で重要な主食作物となっている．トウモロコシは乾燥サバンナ帯ほど卓越した主食作物とはなっていないが，湿潤熱帯地域でも生産は伸びている．

b. 湿潤熱帯における焼畑耕作

赤道直下の熱帯雨林帯とそれを取り巻くように広がる湿潤サバンナ帯でも，原生林の中を移動しつつ焼畑を行う移動耕作（shifting cultivation）は少なくなってきている．耕作と休閑を繰り返す休閑耕作が一般的となっている．数年間休閑した叢林を切り拓き火入れをすることから，焼畑とよばれることが多い．過去の調査によれば，居住地の移動をともなう焼畑耕作は人口密度が4～10人／平方マイル以下の地域でしかみられないという．このような低人口密度の湿潤熱帯雨林地帯は，現在ではカメルーンとコンゴ共和国との国境線地域やナイジェリアとの国境地域などにわずかに残っているにすぎない（図3.2）．

現在の焼畑はそのほとんどが居住地の移動をともなわず，耕作と休閑を繰り返す休閑耕作のことをさすと考えてよい．この休閑耕作に対しても時に移動耕作という言葉が使われることがあるが，この場合の移動（shift）とは，住居ではなく耕作地が移動することを意味する．耕作地の移動は，休閑耕作のもとでも毎年移動する．

c. 休閑耕作の多様性

西アフリカ沿岸部の熱帯雨林・湿潤サバンナ帯における小農の食糧生産は大部分が休閑耕作で行われている．しかし，休閑耕作と一口にいっても休閑地と耕作地の割合，さらに休閑期間の長さなどによってその形態は多様である．人口希薄な地域では長期休閑が行われ，人口稠密な地域では休閑期間が短いことが一般的である．

休閑耕作が行われている地域でも，家の周りに休閑を行わない屋敷畑（compound land）をもつ農家が多い．そのような場合は，屋敷畑以外の畑を外畑（outer field：一般畑とよぶこともある）とよび区別することがある．外畑が耕作と休閑を繰り返す畑であるのに対し，屋敷畑はバナナやプランティンが植えられ，ヤムやギニアヤムをはじめとしてさまざまな野菜が休閑なしで毎年栽培される無休閑の畑（常畑）となっている．この土地は，家から出る残滓物が日常的に投棄され鶏や豚などの小動物が這い回っている土地で，地味が肥えている．オレンジやマンゴーの木が育っていることが多いのもこの屋敷畑である．

外畑（outer land）は屋敷地の外側にあるのが一般的で，そこでは耕作と休閑が繰り返される．この畑では休閑期間に育った叢林を伐採しそれを焼き払ったあとに作付けを行う．休閑期間の違いや地味の状態によって叢林の繁茂状況は違うので，それに合わせて伐採・火入れの方法は変わりそれに必要な労力にも大きな差が出る．外畑での休閑地面積が50％以下（つまり耕作期間の方が休

閑期間より長いことを意味する）の地域の農業を，初期定着耕作とよぶ．人口密度の高い東部ナイジェリアではこのような農業が広く行われている．東部ナイジェリアの一部には，人口密度がきわめて高い（390人/km²）地域があり，この地域の農業は集約的定着耕作地域となっている（図3.2）．このような地域では屋敷畑でのヤム，ココヤム畑はもとより，家に近い外畑においても刈り敷，鶏糞，堆肥，緑肥などの施肥が行われている．ただしこのような人口稠密地域では成人男性の60～70％は村外に出稼ぎに出かけており，農外収入が不可欠になっている．焼畑耕作が出稼ぎを前提として成り立っている地域もあるということになる．

写真3.2 南部ナイジェリアでみられたヤムイモ，トウモロコシ，キャッサバの間植・混栽畑

3.1.3 焼畑耕作のメリット

アフリカの湿潤熱帯地域（熱帯雨林帯と湿潤サバンナ帯）における休閑耕作方法は，間植・混栽，無耕起，無施肥を特徴としており，これがアフリカの小農生産の低生産性の証とされてきた．これに土地の共同体的保有が加わり，それらがアフリカ農業の後進性の元凶とされてきた．

このため植民地政府の農業対策は，ヨーロッパ式農業の導入，換金作物生産の普及，土地制度の改革などに力を入れてきた．この傾向は独立後も引き継がれ，多くの国では伝統的な耕作方法の延長線上で農業改善がはかられることはなかった．

しかし，1967年にナイジェリアのイバダンに国際熱帯農業研究所（IITA）が設置され，熱帯アフリカ地域の耕作システムに関する研究が開始された．その結果，後進性の証とされた間植・混栽や無耕起といった伝統的耕作方法にもある種の「合理性」があることが理解されるようになってきた．

a. 間植・混栽のメリット

ナイジェリアの農業試験場で実施された間植・混栽の効果に関する実験で，ヤム，キャッサバ，トウモロコシの3種の作物を一つの畑に間植・混栽した場合，それぞれの作物を単作した場合に比べ各作物の収量が3割から4割減少することがわかった．しかし，間植・混栽畑の3作物の収穫量全体を加算すれば，どの作物を単作するよりも収量は若干多くなるという結果が出た．

降水量の変動が大きい低緯度熱帯地域では，複数の作物を間植・混栽する方が単作の場合より危険分散的で有利であることも指摘されている．多雨の年はトウモロコシの生産が減少するがヤムイモの生産増加がそれを補ってくれ，雨不足の年はトウモロコシとキャッサバの生産に期待することができるといった具合である（写真3.2）．気候の年変動が大きい低緯度地域では，この危険分散の考え方はきわめて重要であるという指摘がなされている．

b. 無耕起・無除草の意義

無耕起の効果についても調査がなされ，湿潤熱帯地域では耕起しないことが必ずしも収量の減少の原因となっていない結果が示された．雨季の雨は，雨滴の衝撃力が大きくかつスコール状の雨は表層土を容易に流失させる．表層土は不用意に攪乱しないことが重要で，もとより薄い表層土を雨の浸食で失うことは農業にとって致命的なことである．

写真3.3はブルキナファソで撮った写真である．表層土が流出し岩のような基盤岩が露出している．ヨーロッパで推奨される深耕が危険なことは当然であるが，ごく軽い耕起でも表層土の浸食をもたらす危険性がある．複数の作物が同一地片で異なる速度で生育する間植・混栽も，作物が地表面をおおう時間を長くし，根が表層土の流出を防ぐ効果を高めている．さらに雑草も表層土の流

写真3.3　ブルキナファソ北西部コルビラ村での土壌浸食

出を防ぐという点で一定の効果をもっている．雑草が奪う土壌養分より，表層土そのものが流出して失われる土壌養分を心配する必要があるということである．

c. 焼き入れの効果

切り払った叢林や大木の枝葉を乾燥させ，それを焼いて畑をつくることには，二つの効果があるといわれている．一つは施肥効果であり，もう一つは焼土効果である．施肥効果は，休閑期間に植物に蓄えられた窒素，リン酸，カリなどを土壌に還元することで発揮される．また焼土効果は，火入れにより土地が乾燥・殺菌される効果と吸収されやすい易分解性窒素が作られる効果の2点が指摘されている．地域により火入れの方法は異なるが，火入れが収量を高める効果をもっていることは経験的に広く知られているため，化学肥料の投入が困難な地域では，焼畑は簡単には止められない．

3.1.4　湿潤熱帯地域の農業再評価

a. 湿潤熱帯地域の高い土地生産性

前節で述べたように，熱帯雨林や湿潤サバンナ地方における焼畑耕作の諸特徴—間植・混栽，無耕起・無除草，火入れ—は，スコール状の降雨がある多雨地域の環境に適応している．アフリカ原産と思われるギニアヤムに加え，アジア起源といわれているココヤムやバナナやプランティン，さらには新大陸から持ち込まれたキャッサバやトウモロコシなどの生産が加わり，湿潤熱帯地域の焼畑地域は干魃被害や食糧難民といった自然災害に起因する食糧不足があまり起きない豊かな農業地帯となっている．

19世紀まで続いた奴隷貿易の最大の奴隷供給地がこの湿潤熱帯地域であったのは，この地域が高い生産性をもち人口密度が高かったことと無関係ではない．

b. 休閑耕作内での生産性増大

焼畑耕作の研究が進むにしたがい，一般的に粗放的で土地生産性が低いと考えられていた焼畑はその形態が多様で，中には土地生産性の高い叢林休閑耕作もあることが明らかになってきた．ボズラップ（ボーズラップともよぶ：Ester Boserup）は，ルーセンベルグ（Hans Ruthenberg）が定義した土地利用率（R＝耕作期間／土地利用の一サイクル＝耕作地面積／農地面積）に加え，間植・混栽にみられる集約的土地利用頻度をも加味して，休閑耕作方法内における土地生産性をより正確に計る視点を導入した．それにより焼畑耕作における生産性の幅がそれまで考えられた以上に大きいことを示した．この研究成果は，アフリカの伝統的（焼畑）耕作の枠内でも農業発展があったことを明らかにするものとなった．彼女が提案した二つの作付け頻度は以下のとおりである．

長期的作付け頻度　＝　耕作期間／（耕作＋休閑）期間

短期的作付け頻度　＝　同一地片で実施される間植・混作の割合，輪作の有無

ボズラップの研究は，アフリカの農業開発を考えるときに伝統的農業の延長線上で改良を加える可能性を指摘するものとなったが，実際にそのような開発は積極的に行われていない．それに比べ次節で述べる開発が進んでいる．

3.1.5　焼畑地域における新しい動き

焼畑が行われている西アフリカの湿潤熱帯地域は換金作物生産地としても有名である．白人が入植した東アフリカや南部アフリカが入植型植民地とよばれるのに対し，西アフリカ地域がヨーロッパへの輸出農産物生産を小農が担っていたという意味から小農生産型植民地とよばれたのはこのためである．白人は商人としてそれらの生産物の買い付けに従事するだけで，自ら生産に乗り出すこ

とは少なかった.

a. 換金作物生産

ヨーロッパの宗主国が西アフリカ植民地の沿岸部（湿潤地域）に求めたのは，ヤシ油，ココア，ゴムといった熱帯産農産物であった. 奴隷貿易が盛んな17世紀から19世紀初頭まで，奴隷船に必要な食糧，ヤムやキャッサバ（奴隷貿易時代に南米よりもたらされた）を沿岸部で調達したが，それらの作物は奴隷貿易が禁止された後に他地域に輸出されることはなかった. それに対し，ヤシ油は奴隷貿易にかわる重要な交易品となり，やがて20世紀になるとココアやゴム，棉花，落花生などの輸出が伸びてきた.

ヤシ油は地元の人が伝統的に料理に使う自家消費用の植物油であった. 当初は，自生のヤシの樹から採取されたヤシ油が輸出されたが，ヨーロッパの需要が増大するとやがて輸出用のヤシ油を生産するためにヤシの植樹が行われるようになった. 大規模な土地に植え付けられるいわゆるプランテーション型の農場もコートジボワールやガーナ，ナイジェリアの一部でできたが，西アフリカで生産が多かったのは小農による生産であった.

ココアのように地元民がまったく消費しない新作物も導入された. 西アフリカでのココアの生産は，20世紀に入りガーナやナイジェリアで急速に拡大してきた. プランテーション型ではなく小農による生産が多かった. 農民達はこれらの作物を売ることによって現金収入を得た. 換金作物といわれるゆえんである. これらの換金作物は，叢林休閑システムのなかで残っていた未利用地や低利用地を使って栽培されてきた.

ココアのように地元の人にはまったくの新しい作物が導入されるにあたり，小農たちに抵抗がなかったわけではない. 樹木作物であるココアの導入は，その樹を植えた人が土地の所有権を主張する危険性があるとして，導入初期には小農たちは怖れた. 小農たちは伝統的土地保有制度のもとで個人的には用益権しかもっていなかった. このため，樹木作物の栽植は，無主地，未利用地，休閑地などで行われることが多かった. ガーナやコートジボワール沿岸部のココア栽培地域では，内陸国（ブルキナファソやニジェール）から出稼ぎにきた人びとが未利用地や無主地でココア栽培を許可され，ついにはココア畑を所有する人が出るまでになってきた. ガーナやコートジボワールで選挙人資格をめぐり外国人排斥運動が起きることがあるが，そのときに排斥の対象にされやすいのがこれらの外国人やその子孫たちである.

b. 灌漑稲作

アフリカの焼畑地域で現在拡大してきているものに灌漑稲作がある. 灌漑方法は耕作と休閑を繰り返す焼畑耕作とは，土地利用方法の上で対極にある耕作方法であるといえる. 休閑と耕作を繰り返す焼畑地域では，土地の割り換えを前提とする共同体的土地保有制度が一般的である. このような地域に耕地の私有化を招きやすい，あるいはそれを前提とした灌漑制度を導入することはなかなか難しい.

しかし，1960年の「アフリカの年」以降，稲作面積はコメ需要の増大に支えられ，ゆるやかであるが拡大してきた. 1960年代に200トンだったサハラ以南アフリカのコメの消費は，2007年に910万トンに急増した. アジアでは1960年代以降品種改良や灌漑施設の改善，化学肥料の投入により1.3トン/haから3.4トン/haに上昇し，いわゆる「緑の革命」が起きた. しかしこの間，アフリカの稲作の反収は1.4トン/haの低い水準にとどまっていた. 増大する需要を満たすためアフリカ諸国はコメの輸入を増大させていたが，それを減少させるためいくつかの国で灌漑地の拡大や新品種の導入などが図られた.

3.1.1項でも述べたように，西アフリカの内陸部ニジェール川の大湾曲部では古くからアフリカイネが栽培されてきた. このイネは，河川の氾濫に合わせて生育し虫害にも強いという特性をもっている. しかし収量が低く脱粒しやすい欠点をもち，増大するコメの需要に応えるには量的にも安定性の面でも難点があった.

そうしたなかで西アフリカ稲開発協会（WARDA）で，1992年にアジアイネ（*Oriza sativa*）とアフリカイネを掛け合わせる種間雑種の育成に成功した. その後も改良品種開発が行われ，1996

年には実用品種候補の育成に成功した．ネリカ米（NERICA：New Rice for Africa）とよばれるこの新品種は陸稲品種であり，耐旱性もあり病害にも抵抗性を示した．肥料を与えない状況でも在来品種より50％ほど収量が高いといわれている．もちろん灌漑環境でも栽培が可能で肥料を与えるとさらに高い収量が得られるという．

この稲の開発には日本が深くかかわってきたことから，日本は対アフリカ援助でこのコメの普及を進めている．休閑耕作を原則とする焼畑地域のなかで灌漑施設をつくるときには，地元住民の十分な理解が不可欠である．

[島田周平]

写真3.4　サバンナの牧畜（タンザニア）

3.2　サバンナ帯における牧畜

タンザニアに暮らすマサイの男性が，100頭余りのウシを連れて放牧している写真がある（写真3.4）．周辺は低木や藪からなる自然におおわれていて，日本のような森は川沿いにわずかにある程度である．この景観は，私たちがイメージするアフリカをよく示しており，アフリカ地域を代表する自然・文化景観であるといってよいであろう．この光景こそが，本節のテーマであるアフリカのサバンナ帯の牧畜を示している．ただ，これはサバンナにおける一つの形を示しているにすぎない．アフリカのサバンナでは，どのような牧畜が地域的に展開しているのだろうか．サバンナ帯の牧畜の全体像をみてみよう．

3.2.1　サバンナ帯での多様な生業

アフリカ大陸は，世界的な視野からみてサバンナや砂漠などの乾燥地が卓越する大陸であるといわれる．なかでもサバンナは，アフリカの植生図のなかでは赤道をはさんで南北に広がる熱帯雨林に隣接しており，そこからステップ，そして砂漠へと推移していく．東アフリカの赤道付近では，高地であることも加わりサバンナが広くしめる点が特徴になっている．そこには，タンザニアのセレンゲティ国立公園やケニアのマサイマラ動物保護区のような自然保護区が広がり，豊かな野生動物が生息する地域になっている．

このようなサバンナ帯では，これまでさまざまな人間活動が展開されてきた．アフリカ全体をみると，そこには狩猟，採集，農耕，牧畜などの生業を組み合わせられた農村が点在する一方で，これらの生業で生まれた産物が集まる定期市が発達する都市がみられる．現在，アフリカのサバンナ帯では，他の地域と同様ではあるが，近代文明の影響を受けて農村から都市への人口移動が進行して，農村での伝統的な生業の変容，ボコハラムやアルシャバブのような過激なイスラーム集団による治安の悪化などが生じており，大きな変容の渦中にあるのが現状である．

本節では，以上のような状況をふまえて，アフリカのサバンナ帯における牧畜の実態とその変容を地理学の視点から紹介する．このため，本節では以下のような三つの空間スケールを設定する．まず，アフリカ大陸のレベルである．アフリカ全体でみられる家畜の種類や牧畜文化の特徴を紹介する．次に，東アフリカや西アフリカや南部アフリカのレベルである．アフリカの中央部には牧畜は発達していないが，アフリカの他地域では牧畜が展開している．最後は，各地の集落のレベルである．牧畜は，定住集落や遊動するキャンプなどでみられる活動である．地域住民は，どのように群居性をもつ家畜を管理するのか，どのようにして牧畜で得られたミルクや肉を販売しているのかなど，牧畜の具体的な内容を紹介する．

3.2.2　アフリカ全体の牧畜

まず，アフリカ大陸のなかでは，東部のソマリ地域でのロバを除いて野生動物が家畜化されるこ

とはほとんどなかった．つまり，現在のアフリカで飼育される家畜種は，ほとんどすべてがユーラシア大陸から移入された外来種なのである．たとえば，ウシは背中にコブのある牛が飼育されているが，これはもともとインドで生まれたものである．この牛がアフリカに入り，ウガンダでは角の長大なアンコーレの牛に発達している（口絵4参照）．西アフリカのサバンナ帯に広がるウシも同様である．サハラ砂漠では，タッシリ・ナジェールの岩絵のように複数の牛が描かれているが，これらももともとは北アフリカから運ばれたものである．ラクダの場合は，西アジアで家畜化されたヒトコブラクダがアフリカに移入されて，東から西にかけてのアフリカで広くみられることになる．

これまでのアフリカを対象にした民族学（文化地理学）的研究では，狩猟採集民，農耕民，牧畜民，漁撈民などの生業様式の違いによる民族集団の分類が行われてきた．この結果，牧畜に従事するのは牧畜民という認識は正しいのであるが，サバンナ帯ではすべての集団のなかの生業の一つに牧畜がみられることが多い．一見すると，これらの牧畜そのものは異なる集団間で類似している．しかし，それぞれの社会における牧畜の社会経済的な意味が異なっていることに注意する必要があろう．たとえば，カラハリ砂漠の狩猟採集民サン（ブッシュマン）のヤギの牧畜では，ヤギの乳をわずかに利用するが洗練された家畜管理が行われているわけではない（写真3.5）．彼らは，家畜囲いをつくること，母子を隔離すること，去勢のことも知ってはいるが，実際にそれを行うとは限らないのである．一方で農耕民の場合にも，生業複合の一つとして牧畜が行われている．

アフリカの牧畜というと，家畜種のなかではウシが中心であるといわれる．確かに，東，西，南部アフリカの牧畜において共通する家畜はウシである（池谷，2006）．一方で，ラクダの方は，サバンナ帯のみならず砂漠地帯を含めて東と西アフリカに限定されている．このほかにも，ヤギやヒツジなどは小型家畜ではあるが，アフリカ全体に広がっている．アフリカのウシは，乳や肉などの単なる経済的な意義のみならず結婚の際に男性から

写真3.5　カラハリ砂漠でのヤギ飼養（ボツワナ）

図3.3　アフリカの地域区分とおもな牧畜民の分布

女性に贈られる婚資になったりすることで，文化的な意味が大きいのである．しかも，これらはマサイやサンブールのような牧畜民のみならず，ズールー，ツワナ，ソトなどのバントゥー系の農牧民にみられる慣習である．ラクダの場合には，ソマリ，アファール，ベジャ，トゥアレグなどの民族に限定されて家畜の文化的な意味が強い．

3.2.3　アフリカ牧畜の地域性

アフリカのサバンナ帯の牧畜は，便宜的ではあるが東部・西部・南部に分けることができる（図3.3）．中部アフリカにおいては家畜飼育は行われているが，熱帯林を中心として湿潤気候であることもかかわり放牧の形ではない．以下，各地域の牧畜の特徴を記述する．

a.　東アフリカの牧畜

東アフリカの牧畜では，ラクダ，ウシ，ヤギ，

ヒツジなどの家畜が対象である（佐藤，1992）．ここでは，生業牧畜と商業牧畜の二つに分かれており，マサイ，サンブール，レンディーレ，トゥルカナ，カリモジョン，ソマリ，ダトーガ，ボディ，ヌエル，ディンカなどの文化的にユニークな牧畜民そのものが牧畜活動に従事しているのが地域的特徴である．それは，アラビア半島から北東アフリカに続くラクダ牧畜が広がる一方で，かつて民族学では「ウシ文化複合」といわれたように世界的にみても独特な牧畜世界のなかでウシ牧畜が展開している．

まず，生業牧畜では自給用に家畜を飼養するものであり，家畜の群れの頭数は大きくはない．このため，牧夫が付随せずに放し飼いにされることもある．しかし，朝夕に搾乳されるミルクは日常の食のなかの一部をしめる．家畜を屠畜して肉を食べることはめったにみられない．この場合，家畜が人びととの社会関係や世界観などと密接に複合している点を無視することはできないであろう．たとえば，エチオピアのボディでは，ウシの形や体色などからかなり多数の牛に対する語彙があることが明らかにされている（福井，1991）．

商業牧畜では，商品として家畜そのものやミルクを生産するものであり，ウシやヤギを中心にして，ラクダやヒツジにおいても牧畜が展開している．この場合，商業性を発揮するためには，ある程度の大きな群れが必要である．とくに，ミルク生産の場合，出産したばかりの母親が子どもに与えるミルクの一部を人が奪うものであるため，母子を分離する技術が不可欠である．同時に，1年間にわたりミルク生産を安定的なものにするには，つねに群れのなかのメスの家畜のどれかがミルクを出せる状態にする必要がある．

近年では，スーダン出身のアラブの商人が，ケニアに新しいオフィスをかまえることがあった（池谷，2006）．その商人は，この地域のラクダを購入して，陸路でモンバサまで運び，そこから船でエジプトに運搬しているという．彼は，月に1000頭のラクダを必要としていて，アラブでは，ラクダは食肉用として人気が高く，よく売れるのだという．このように，ラクダの場合は，中東を含

写真3.6　ソマリアからケニアに入ってきたウシ

めた地域経済・流通圏を構成している．ウシの場合には，ボツワナのウシはEUの諸国に輸出されることが知られているが，その他ではソマリアからケニア，ニジェールからナイジェリアなどのように2国間での流通がみられる（写真3.6）．

このように，東アフリカの牧畜は，人類が初めて家畜化に成功した西アジアに隣接していることから，牧畜が都市と結びつく商業牧畜が発達する一方で，牧畜文化といってよいほど家畜と人とが密接な自給牧畜の世界が発達したとまとめられる．

b. 西アフリカの牧畜

西アフリカの牧畜では，セネガルからギニア，マリ，ニジェール，そしてチャドにいたるまで西から東に横に伸びるサバンナ帯において，フルベとよばれる牧畜民が牧畜活動を展開してきた．このため，家畜の文化については等質な地域になっている．ただ，このフルベのなかには，現在でも移動を繰りかえすボロロ，ウシや羊牧畜に従事するが定住地での農耕に従事する人びととがいる（写真3.7）．この地域の牧畜民は，歴史的にみて

写真3.7　フルベの牧畜（ナイジェリア）

中世のマリ帝国，植民地以前のソコト帝国，アダマワ首長国などの形成と衰退のなかで暮らしてきたが，この歴史的文脈は東アフリカの牧畜地域とは大きく異なるところである．このため，王国時代においてウシは輸出品として重要な地位を占めていたといわれる．つまり，商業牧畜の歴史が古いことが地域的特徴としてあげられる．このような経緯を経ているので，都市に大規模な家畜所有者が暮らす場合もみられ，ガイナーコという牧夫を雇用してサバンナ帯にて牧畜を行っている．また，牧畜生産としてみても，生乳よりは加工したヨーグルトやバターが商品として販売されることが多い．

一方で，西アフリカのサバンナ帯では，農民の耕作した農地と牧畜の行われる牧地とのあいだで土地をめぐる紛争が生じているのが各地で指摘されている．たとえば，ナイジェリアのニジェール川の支流ベヌエ川流域では，近年，ボコハラムの活動の影響によってフィールドワークが困難であるために最新の情報は入手できないが，川沿いでの水田の拡大にともない，牧畜民による家畜の侵入によって農民とのあいだでの土地利用をめぐる紛争がみられる．これらは，西アフリカのサバンナ帯全体に広がっており，大きな地域の問題になっている．

c. 南部アフリカの牧畜

南部アフリカの牧畜は，世界の家畜化センターであった西アジア地域から最も離れていた点，サバンナ帯においてはカラハリ砂漠のサン（ブッシュマン）のような狩猟採集の文化伝統が強い地域であるという点から地域の特徴が生まれている．このため，この地域でのラクダ牧畜は皆無であるが，上述したように狩猟採集民による牧畜が現在でもみられる唯一の地域である．また，アンゴラからナミビアにかけての海岸部に近い乾燥地域において，ウシを中心とする独特な文化伝統が展開した．それらは，ムムエラ，ヒンバ，ヘレロなどの人々である．なかでもヒンバの場合，ウシを飼養するが，全身が鉄ビーズでおおわれた民族衣装は個性的である．ヒンバの女性が小学校に通うが，その衣装を変えない点をみると，牧畜によっ

写真 3.8 南アフリカのシスカイ地方の農村風景
元大統領のネルソン・マンデラのふるさとに近く，コーサの人びとが暮らす．

てつくられた文化伝統は，農耕や国家を前提にしたものに抵抗していることがうかがえる．これに加えて，サバンナ帯ではないが，南アフリカのケープタウン近郊ではコイコイ（ホッテントット）のような牧畜民の文化がみられた．

その一方で，東アフリカから南アフリカにかけて共通する牧畜がみられる．それは，民族言語学的にバントゥー語を話す人びとのくらしに対応している．ケニアのキクユ，南アフリカのズールーやコーサ，ボツワナのツワナなど，半農半牧の文化伝統の担い手として共通している（写真 3.8）．彼らは，ソマリやフルベのように遊牧する移動の文化ではなく，定住生活に従事している．しかし，ツワナの場合では「キャトルポスト」とよばれるキャンプがつくられていて，中心集落から離れたところでウシ飼養が行われてきた．また，これらの民族のあいだでは婚資としてウシを用いることも共通している．

3.2.4 牧畜活動の実際：ソマリの牧畜の事例

それでは，具体的な牧畜活動はどのようなものであろうか．筆者が現地に滞在したことのあるソマリに関して，ラクダ放牧の実際，キャンプの移動，牧畜の担い手という三つの点からみてみる．

a. ラクダ放牧の一日

ソマリの場合，家族が複数集まるキャンプが生活の基本単位である．彼らは，放牧地を求めて，またあるときは市場の近くを求めて移動していく．私が滞在したキャンプは，早朝，ラクダ群がいてにぎやかである．ラクダは，背の高さが180〜215

写真 3.9　搾乳の風景（ケニア）

写真 3.10　ミルクの販売（ケニア）

cm（コブの部分はさらに高くて 230 cm）にも及ぶ大きな家畜である．ラクダは，ドーム状の家屋の周囲につくられた，自然木の間にアカシアの木を倒した囲いに入れられている．当初，筆者が写真撮影のためにラクダに近づいていくと，ラクダが機敏に反応した．おとなしく背中に荷物をおいてすわっていたラクダが，突然立ち上がったときもある．そのたびに，彼らは不満をいうが，とくに女性の口調はきびしい．しだいに，筆者は，ラクダに慣れてラクダが反応しない距離をつかめていくようになる．

早朝，ソマリの動きはきびきびしている．女性と男性がペアーになって，ミルクしぼりを始める（写真 3.9）．彼らは，夜通し別の囲いに入れていたコラクダを囲いの外に導くと，コラクダは小走りに母親の乳を飲みにいく．少したつと，人が，コラクダの乳飲みをやめさせて，残った乳をしぼることになる．1 人が膝のうえにミルク容器をおき，2 人で乳をしぼる．四つの乳首から出たミルクは泡が立っている．

その後，2〜3 人の若者が，キャンプで軽い食事（トウモロコシの粉をゆでたものにミルクを混ぜたもの）をすませたあとに，ラクダの放牧に出かける．放牧中の彼らは，いつでもしぼることのできるラクダの乳に依存している．

成人男性たちは，日中はゆっくりしており，他のキャンプや村に行ったりキャンプでぶらぶらすることが多い．しかし，女性は働きものである．彼女らは，1 日おきに交代して，最寄りの村までミルク売りに出かける（写真 3.10）．そのお金で，主食であるトウモロコシの粉や砂糖や紅茶などを購入するわけである．さもなければ，女性たちは，運搬用のオスラクダを使って，道路沿いの人工池に水くみに出かけることになっている．

こうして午前 9 時頃には，誰か 1 人はキャンプに残るにしても，キャンプは静まりかえる．ラクダが帰ってくるのは夜 9 時頃なので，筆者はそこでゆっくり休むことになる．

午後 8 時半すぎ，ラクダの首についたベルの音で，キャンプの近くにラクダが来ていることを察知できた．ラクダは無事にキャンプに戻る．

b. キャンプの移動と運搬ラクダ

ソマリは，1 年間で 10 回以上の家の移動をする．その際には，男性たちが事前に，移動予定地に近い放牧地の状況，近隣キャンプ地の様子，水場やミルク販売先までの距離などを調べておくのが普通である．今回は，キャンプからミルク販売先までが遠く女性たちの不満があり，そこにあった雑貨屋が他へ移動してしまったことなどから，わずか 2 週間の滞在で男たちは新しいキャンプ地への移動を決めた．

移動の日，女性たちが中心になって，ドーム状の小屋を解体する．部屋に使用されている草で編んだマットを取り除き，骨組の細木を束にして，家財道具をコンパクトにまとめる．

女性たちは，慣れた手つきで，運搬用ラクダをすわらせて，その背中に荷物を載せるのである．最初にマットや細木で整えたあとに，ミルク容器や食器などの小物をしばりつける．そして最後

に，細木を弓状にしてかごをつくり，そのなかに幼児を入れるのである．ラクダは立ち上がる際には，後ろ足をたててから前足をたてるので，ガクガクと立ち上がる．その振動に驚いて幼児は泣きつづけるが，だれもかまってはいない．

彼らは，1列になって移動する．アブド氏が自分のラクダをひきつれて先頭を歩き，妻が続く．ラクダとラクダはロープで結ばれている．

途中，舗装道路に面する人工池とそれに隣接する集落を通過する．彼らは，そこでラクダ群に給水する．人工池では，多数の知り合いのソマリが集まり情報交換が行われる．それと同時に見知らぬ人もいて，水場の場所をめぐってトラブルが生まれるような緊張感に満ちた場でもある．

ようやく昼すぎに，彼らは予定していたキャンプ地に着いた．そのあと，お茶を飲んだりしてかなりの時間休み，夕方になって女たちは家づくりを開始する．

c. 牧畜の担い手

これまで，だれが牧畜に従事するのであるのかという点をまとめて記述してこなかった．

すでに述べたように，カラハリ砂漠のサンのヤギ飼養には牧夫は追随することはなかった．ボツワナではツワナの農牧社会においてもウシ飼養で牧夫が関与することはほとんどみられない．しかし，牧畜民の社会では牧夫が追随する．それは，男性の子供から未婚の青年などに集中している（口絵5参照）．女性は，ラクダやウシのような大型家畜の放牧には従事しないがヤギやヒツジの放牧に出かけることはある．ただ，その場合，放牧地はキャンプの周辺であって遠方に行くことはない．放牧の時間も，午前10時ごろから始まり，午後2～3時頃には終了するものである．

3.2.5 近代化と牧畜：干ばつ，開発，土地

本節では，アフリカのサバンナ帯の牧畜を総合的に紹介したが，最後に，現代アフリカのなかでの牧畜にかかわる諸問題をまとめておく．それは，干ばつのような自然変動の影響，開発政策のような政治経済状況，放牧地利用をめぐる土地問題などの近代化と牧畜にかかわる問題の3点に整理できる．

写真 3.11 干ばつのため，池の水が不足しがちになる（ケニア）

まず，干ばつの問題にふれる（伊谷，1982）．もともとの乾燥気候下では，降水量の年変動が大きいものであった．しかし近年の環境変動の影響を受けて，各地で干ばつが生じている（写真3.11）．たとえば，ケニアの北東部では，干ばつによって所有していた家畜をすべて失い，遊動していた人々は定住集落の近くにドーム型の家屋をつくって住むようになる．その後，なんらかの収益を得てからヤギやヒツジのような小型家畜を購入して，再び，原野にて放牧を再開することもある．

次は，開発政策と牧畜とのかかわりに関する問題である．アフリカの諸国において農耕を中心にすえて国の経済発展をしてきていることが多く，牧畜に対する偏見もみられる．とくに学校教育の普及にともない，牧夫になる少年や青年は学校に行く場合には牧畜に従事することができなくなる．しかし，ナイジェリアでは政府が遊牧的教育（nomadic education）を行っていて，年に2回にすぎないが学校が移動することになる．また，各国では定住化政策が浸透しているが，それによって牧畜が定住地の周辺に集中すると砂漠化の問題につながっていく．

第3は，放牧地をめぐる諸問題である（池谷，2006，ほか多数）．アフリカの各地では経済発展にともなう農耕地の拡大によって放牧地の面積が減少している点がみられる．移動利用が中心である放牧地ではこれまで利用権が重視されるが，所有権を問題にすることは多くはなかった．しか

し，農地の場合は，焼畑農耕を除いて土地の所有権が問題になる．このため，農地がつくられると牧畜を排除する傾向が強い．ナイジェリアでは，放牧地保護区が指定されている点でユニークである（池谷，2006）．この保護区内での農耕が禁止されている．また，ケニアのマサイの場合には政府によって集団ランチが形成されておのおのの集団の放牧地の範囲が限定されてきた（目黒，2014）．それによって，牧畜が維持されてはいるが，近代的な畜産の方向への意図が読み取れる．

最後に，アフリカのサバンナ帯における牧畜の将来について考えてみる．とくに遊牧を軸にする遊牧文化に注目する．世界的にみれば，遊牧民はますますその数が減少しているといわれる．遊牧は，21世紀にはもはや消えゆく生活様式であるという．しかし，アフリカの牧畜民のなかには，遊牧を生業の中心にすえ，遊牧に誇りをもちプライドが高い人びとがみられる．彼らは，遊牧しかできないのではなくて，職業として遊牧を選択しているようにもみえる．このため筆者は，遊牧ソマリの暮らす地域を「真の遊牧文化の生きている地域」として，無形文化遺産に指定する価値があるとみている．

筆者は，これまで遊牧ソマリや遊牧フルベやヒンバの人びとに会っていて，彼らの伝統文化の強さを感じずにはいられなかった．彼らの自信をもった生き方はどこからくるのであろうかと考え続けてきた．その答えはまだ出ていないが，イスラームやラクダやウシなどをめぐる文化を理解することが，そのための手がかりを与えてくれると思っている．彼らは，ラクダやウシを売却すれば車を購入できることを知っているが，決してラクダを売却することはない．彼らは，息子を小学校には行かせず，牧夫としての仕事に励ませる．彼らの生き方は，われわれと大きく異なっていて，理解しがたいことが多い．今後は，アフリカの牧畜は経済活動の一部としてのみならず，地域の文化活動の一環として理解することが求められている．

［池谷和信］

3.3 地中海性気候地域におけるブドウ栽培とワイン産業

3.3.1 地中海性気候と民族居住史

南部アフリカ地域のケッペン気候区分図をみると，アフリカ南西端のケープタウン（Cape Town）周辺地域のみ，冬雨を特徴とする地中海性（Cs）気候区に属する（図3.4）．実際，南アフリカ共和国（以下南アフリカと略記）の五つの港湾都市の降水グラフを比較すると，西端のケープタウンのみは5～8月の冬期に雨が多い山型，ジョージとポートエリザベスは明瞭な雨期なし，東部のイーストロンドンとダーバンは夏季に雨が多い谷型である（図3.5）．また，内陸地点の降水パターンにおいても，西部のスプリングボッグを除く他の地点は基本的に夏雨気候の谷型を呈する．年降水量

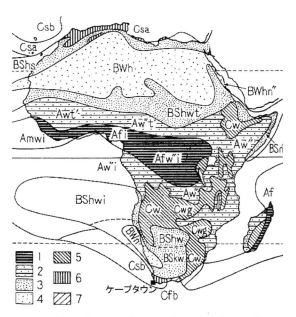

図3.4 アフリカ大陸のケッペン気候区分（土屋（1972，p.16）の原図を一部改変）
1：熱帯雨林気候（Af），2：サバナ気候（Aw），3：ステップ気候（BS），4：砂漠気候（BW），5：温帯夏雨気候（Cw），6：地中海性気候（Cs），7：温暖湿潤気候（Cf）．右側小文字記号の意味は，a：最暖月平均気温が22℃以上，b：最暖月平均気温が22℃未満で10℃以上が5カ月以上，f：1年中多雨，g：最暖月が夏至または雨期の前，h：年平均気温18℃以上，i：最寒月と最暖月の平均気温差5℃以上，n′：夏でも24℃未満，n″：夏には24～28℃，s：夏に乾期，t′：最暖月が秋，w：冬やや乾燥，w″：長めの弱い冬乾期と短い夏乾期．

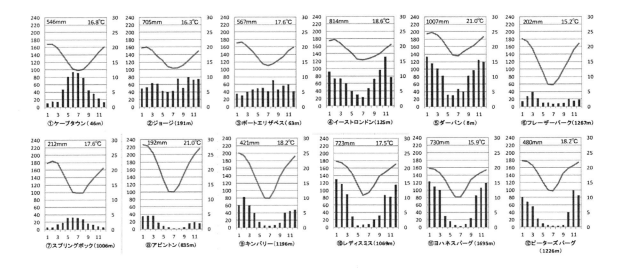

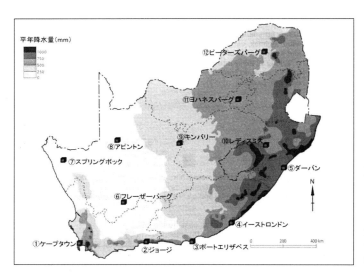

図 3.5 南アフリカ共和国各地の月平均気温と月降水量（Dilley, Earle, Euston-Brown, Keats and Ravenscroft（2005, p.169）の平年降水量図を一部改変）
地点別データは気象庁の「世界の地点別平年値」（1981～2010年観測平均値）により，標高，年降水量，年平均気温を示す．

については，ダーバンを除く地点では1000 mm未満であり，とりわけ西部内陸地域は200 mm未満と砂漠気候区に属する．このように，南アフリカの気候特性の要点は，東部が夏雨多雨，西部が冬雨少雨であり，ケープタウン周辺地域のみが地中海性気候となる．なお，ケープタウン東方数十km付近の南北に広がる多雨地域は，オバーバーグ（Overberg，山を越えたの意）地方など，標高が高く地形性降雨域とみなせる（図3.5）．

こうした気候の違いが当該地域における民族の移住・居住史そして現在の産業景観に決定的な影響を与えたことは，もっと強調されてよい．南アフリカの先住民はバントゥー系黒人ではなく，サン・コイ人（前者の旧称はブッシュマン，後者はホッテントット）である．現在国民の8割を占めるバントゥー系黒人は，10世紀以降に中部および東アフリカ地域から南下してきたが，彼らが居住できたのはフィッシュ川以東地域までであった（図3.6）．ここより西の地域では，夏雨気候に順応した雑穀やイモ類の農作物が育たなかったからである（ダイヤモンド，2000）．白人は1652年にオランダ人がケープタウンにやってきて，アジア東方貿易の中継拠点としてケープ植民地を建設した．オランダ人は，高い人口密度を誇り武装したバントゥー系黒人ではなく，人口が疎らな牧畜民サン・コイ人を相手にするだけで容易に入植でき

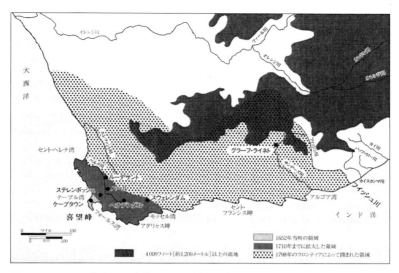

図 3.6 オランダ東インド会社のケープ植民地（1652〜1795 年）（トンプソン（2009, p. 90）の原図を一部改変）

表 3.1 ケープタウンと松山の月平均気温（上段, ℃）と月降水量（下段, mm）

地 点	緯度・経度	標高	1月	2月	3月	4月	5月	6月	7月	8月	9月	10月	11月	12月	全年
ケープタウン	南緯 33.97° 東経 18.60°	46 m	21.0 10.1	21.1 15.0	19.8 13.5	17.3 47.4	15.0 80.7	12.8 93.4	12.2 91.5	12.7 78.2	14.4 44.6	16.3 35.3	18.3 23.1	20.1 13.0	16.8 545.8
松 山	北緯 33.51° 東経 132.47°	32 m	6.0 51.9	6.5 65.6	9.5 102.3	14.6 107.8	19.0 141.5	22.7 223.6	26.9 191.6	27.8 89.6	24.3 130.3	18.7 96.7	13.3 68.0	8.4 46.0	16.5 1314.9

資料：気象庁による 1981〜2010 年の平年値より作成

たのである．白人が東に拡散し，1702 年にフィッシュ川河畔で黒人農耕民のコーサ人に遭遇してからは，両者で激戦が繰り返された．

　ケープタウンの気温は，年平均 16.8 ℃，最寒月の 7 月でも平均 12.2 ℃ と，年間を通じて温暖である（表 3.1）．この点は，北半球と南半球の違いはあるが同緯度であり，年平均気温がほぼ 17 ℃ と等しい松山市の月別平均気温と比較するとより明確となる．すなわち，最寒月気温は松山が 6.0 ℃（1 月）に対してケープタウンは 12.2 ℃（7 月）と暖かく，最暖月気温は松山が 27.8 ℃（8 月）に対してケープタウンは 21.1 ℃（2 月）と涼しい．ケープタウンは，夏涼しく冬暖かく，快適な 10 ℃ 台後半の気温が年中卓越しているのである．

　ケープタウン都心から東方の郊外に向かって，国道 1 号線や 2 号線沿いに 25〜30 km くらい車で走ると，市街地が途切れてブドウ畑が始まる．そこはパール（Paarl）やステレンボシュ（Stellenbosch）地域であり，背景となる岩山以外の斜面地・平地一帯にはブドウ畑とワイナリーが点在するワイン産地景観が広がる（口絵 6 参照）．この「アフリカらしからぬ」自然・産業景観は，白人が最初に入植したケープタウン周辺地域が，偶然にも先住民が少なく，しかも持ち込まれた小麦，大麦，ブドウ，オリーブなどの生育に適した冬雨の地中海性気候だったことによるのである（写真 3.12）．

3.3.2　南アフリカのワイン産業の変遷と現況

　ケープタウンでは，オランダ東インド会社のリューベック（Jan van Riebeeck）隊長によって早くも 1659 年にミュスカデル（Muscadel，ミュスカ・ブランの南アフリカ名称）種ブドウからワインがつくられた．第 2 代総督のサイモン・ファン・デル・スティル（Simon van der Stel）は，自

3.3　地中海性気候地域におけるブドウ栽培とワイン産業　　47

写真3.12 ステレンボシュ産地トカラ・ワイナリーの畑
手前は整枝されたブドウ樹，斜面上部はオリーブ樹であり，地中海性気候地域の典型景観といえる．

写真3.13 上空からみたケープタウン（出典：Hoberman Publishing 社製絵はがき）
正面のテーブルマウンテン，右手のシグナル・ヒル，左手のデビルス・ピークの三方を山で囲まれた手前の地域がケープタウン都心地区．向こうにケープ半島が連なり，南端が喜望峰，最手前にワールドカップのために建設されたスタジアムがみえる．

分の頭文字を付してステレンボシュと命名した内陸入植地でブドウ栽培を重視した．彼はさらに1685年に，テーブル・マウンテン（Table Mountain，写真3.13）の裏側にブドウ農園を整備し，これが18世紀にポートワインで世界的名声を得たコンスタンシア（Constantia）産地の始まりである（口絵7参照）．その後，フランスからのユグノー移民やイギリス植民地時代の保護政策によって発展したブドウ栽培は，フィロキセラ（ブドウ樹害虫）禍による農園の荒廃，20世紀に入ると過剰生産によるワイン価格の低迷などに苦しんだ．これらの事態を打破するため，1918年にブドウ生産者は全国組織の「南アフリカワイン醸造業者協同連盟(Ko-operative Wijnb-ouwers Vereniging van Zuid-Afrika Beperkt：KWV）を結成した．KVWは，ブドウの用途（ワイン，ブランデー，濃縮ジュース用）別割合，ブドウ買入価格，ワイン販売価格の管理・統制を行い，南アフリカのワイン産業を支えた（寺谷，1997）．

南アフリカのワイン生産の主要地域はケープタウン周辺地域であるため，南アフリカ・ワインはケープワインとよばれる．ケープワイン産業の現況（2015年）をみると，3232のブドウ栽培者が総面積9.9万haのブドウ畑で148万トンのブドウを生産している（表3.2）．566場のワイナリーがこのブドウを使用して115万kℓのワインを生産し，南アフリカは国別ワイン生産量で世界第7～8位の地位にある．このように，ケープワイン産地は，生産量の多さと生産地域の集中性からみて世界有数のワイン産地の一つである．ワイン産業関係生産者の販売額合計は，ブドウ栽培者のブド

表3.2 南アフリカ共和国のワイン産業関連統計（1996～2015年）

年 次	1996	2000	2005	2010	2015
ブドウ畑面積（ha）	85176	93656	101607	101016	98597
赤ワイン用ブドウ作付け比率（％）	20	36	46	44	45
搾汁ブドウ重量（万t）	115	110	117	126	148
ワイナリー数	298	355	581	573	566
ワイン生産量（千kℓ）	899	837	905	985	1154
ワイン国内販売量（千kℓ）	406	389	334	346	425
人口1人当りワイン消費量（ℓ）	9.4	8.3	7.1	6.9	7.7
ワイン輸出量（千kℓ）	100	141	281	378	420
ワイン輸出割合（％）	11	17	31	38	36

資料：van Zyl（各年版）『Platter's South African Wine Guide』，SAWIS（2015）「SA Wine Industry Statistics NR39」より作成

ウ販売 3.9 億ランド，ワイナリーのワイン販売 40.8 億ランド，ブランデー・ブドウジュース生産者の販売 3.2 億ランドを併せた 47.9 億ランド（1 ランド＝9 円とすると 431.1 億円）に達する（SAWIS, 2016）．

1994 年の民主化以降におけるワイン産業の大きな変化としては，①ワイナリー数，②輸出量，③赤ワイン比率の三つの増加を指摘できる（表 3.2）．まず，ワイナリー数の推移をみると，1996 年の 298 場から 2000 年 355 場，2005 年 581 場へと増加し，2009 年には 604 場と史上最多数を記録した．新設されたワイナリーの多くは，ブティック（マイクロ）・ワイナリーとよばれる小規模ワイナリーである．実際，2015 年の 566 場のうち，半数近い 244 場は，搾汁ブドウ重量が 100 トン以下の零細ワイナリーである．搾汁ブドウ重量 100 トンは，製品ボトル数で約 10 万本，1 本 500 円で販売すれば販売額は 5000 万円となる．このため，これら零細規模ワイナリーのワイン生産数はボトル数万本，販売額は数千万円規模にすぎない．

第二のワイン輸出量が増加した背景としては，マンデラ政権の樹立によって各国からの経済制裁が解除され，ケープワインが世界的に歓迎されたことが大きい．ワイン輸出量は，1996 年の 10 万 kℓ（ワイン総生産量に占める輸出量比率 11.1 ％）から 2015 年には 42 万 kℓ（同 36.4 ％）へと増加した（表 3.2）．ケープワインの輸出上位相手先国（2015 年）はイギリス（輸出シェア 25.5 ％），ドイツ（同 18.9 ％），フランス（同 6.6 ％），スウェーデン（同 6.1 ％），オランダ（同 5.4 ％）の順で西欧諸国が多く，日本（同 1.2 ％）はアジアでは中国についで第 14 位である．

第三の赤ワイン比率の増加は，1990 年代以降の世界的な赤ワインブームの影響とともに，不合理な検疫制度が改良され，優良な赤ワイン用ブドウ品種苗木が輸入され，栽培が増加したことによる．白ワイン用対赤ワイン用品種別栽培比率（白赤比）をみると，1996 年は 80：20 であったが，2000 年 64：36，2014 年では 55：45 となった（表 3.3）．栽培ブドウ品種は，1990 年代では，白ワイ

表 3.3　南アフリカ共和国のワイン用ブドウ品種別栽培割合（1999〜2014 年，％）

	ブドウ品種名	1999	2002	2005	2008	2011	2014
白ワイン品種	シュナン・ブラン	26.8	20.6	18.8	18.6	18.2	18.0
	コロンバール	12.6	11.4	11.3	11.7	11.8	12.0
	ソーヴィニヨン・ブラン	5.7	6.7	7.5	9.0	9.6	9.3
	シャルドネ	6.4	6.4	7.8	8.2	8.1	7.4
	マスカット・オブ・アレキサンドリア	4.8	3.4	2.6	2.3	2.1	2.0
	セミヨン	1.1	1.0	1.1	1.1	1.2	1.2
	ヴィオニエ	N. A.	N. A.	0.6	0.9	0.9	0.9
	クルーシャン	3.0	1.6	1.1	0.9	N. A.	N. A.
	他の白ワイン品種	10.2	5.1	3.6	3.4	3.8	3.9
	計	70.7	56.2	54.3	56.1	55.6	54.6
赤ワイン品種	カベルネ・ソーヴィニヨン	7.5	12.4	13.4	12.5	12.0	11.5
	シラーズ	3.7	8.4	9.6	9.8	10.3	10.5
	ピノタージュ	6.2	7.2	6.4	6.0	6.5	7.4
	メルロー	4.1	6.6	6.8	6.5	6.4	6.1
	ルビー・カベルネ	1.7	2.5	2.6	2.4	2.2	2.4
	サンソー	4.1	3.3	2.8	2.2	2.0	1.9
	ピノ・ノワール	0.5	0.6	0.5	0.7	1.0	1.1
	カベルネ・フラン	0.3	0.8	1.0	1.0	0.9	0.9
	他の赤ワイン品種	1.5	2.0	2.6	2.8	3.1	3.6
	計	29.5	43.7	45.7	43.9	44.4	45.4
合　計		100.0	100.0	100.0	100.0	100.0	100.0
ブドウ栽培面積（ha）		92601	96233	101607	101312	100569	99463

注）N. A. はシェア極少のため数値なし．
資料：SAWIS（各年）「SA Wine Industry Statistics」より作成

ン品種のシュナン・ブラン（Chenin Blanc）が全体のほぼ3分の1を占め，超辛口から甘口のワインのほか，酒精強化ワイン，スパークリングワイン，ブランデー用ワインまでつくられた．同種の構成比は現在18％まで減少したが，依然として最卓越品種である．他の白ワイン品種では，元来はブランデー用であったコロンバール（Colombard）が多く，最もシェアが増加したのはより良質ワインが期待できるソーヴィニヨン・ブラン（Sauvignon Blanc）とシャルドネ（Chardonnay）である．一方，赤ワイン品種としては，1990年代までは，おもにブレンド用ワインとして使われるサンソー（Cinsau）が最も多かった．現在では，本格的赤ワイン品種として名高いカベルネ・ソーヴィニヨン（Cabernet Sauvignon）とシラーズ（Shiraz）が上位2品種となり，赤ワインブームを物語る．第3位のピノタージュ（Pinotage）は，1925年にサンソーとピノ・ノワール（Pinot Noir）を交配させて開発した南アフリカの独自品種である．このように，栽培ブドウ品種は，白ワイン品種から赤ワイン品種へ，高収量品種から高付加価値品種へと大きく変化してきた．

3.3.3 南アフリカのワイン産地

南アフリカのワイン産地は，1973年制定の「ワイン原産地（Wine of Origin，以下WOと略記）呼称制度」により，地方（Region），地区（District），小区域（Ward）の順により狭域となる地理的単位が設定され，1991年当時のWOは旧ケープ州内のみの5地方—10地区—35小区域を数えた（寺谷，1997）．その後，地区や小区域は細分化や新設によって数を増すとともに，1993年の改定でより広域な州域（Geographical Unit）単位が導入された．2014年の最新改定による現在のWOは5州域—5地方—26地区—67小区域である（図3.7）．ただし，西ケープ（Western Cape）州以外の4州のWO数はきわめて少なく，クワズール・ナタール（KwaZulu-Natal）州とリンポポ（Limpopo）州は指定WOなし，東ケープ（East-

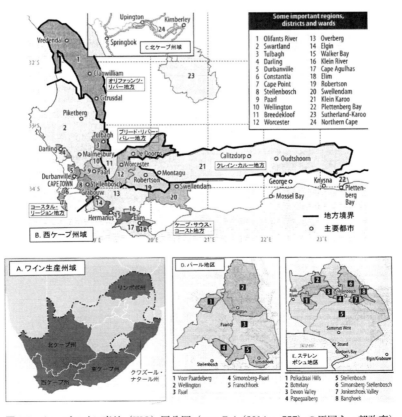

図3.7 ケープワイン産地（WO）区分図（van Zyl（2014, p.557）の原図を一部改変）

表 3.4　ケープワイン主要産地の品種別ワイン用ブドウ畑面積 (2012 年, 単位：ha)

州域 (Geographical Unit)	地方 (Region)	地区 (District)	小区域 (Ward)	白ワイン品種					赤ワイン品種				
				シュナン・ブラン	コロンバール	ソーヴィニヨン・ブラン	シャルドネ	マスカット・オブ・アレキサンドリア	カベルネ・ソーヴィニヨン	シラーズ	ピノタージュ	メルロー	ピノ・ノワール
北ケープ	—	—	Central Orange River	②980	①2384			155					
西ケープ	ブリード・リバー・ヴァレー	Breedekloof (B11)		①2805	②1861	992	994				872		
		Robertson (B19)		1680	①2180	1532	②2117		1469				
		Worcester (B12)		①1875	②1087	370	556			410			
	ケープ・サウス・コースト	Elgin (B14)				①334	99		62	82			②108
		Walker Bay (B15)				①269	105		79	②129			125
	コースタル・リージョン	ケープポイント (B7)				①19	1		②5	4			
		ダーリング (B4)		207		307			①472	②346	188		
		パール (B9)		①1476					②983	917	564	120	
			Simonsberg-Paarl (D4)			183	②216		①320	178		204	
			Voor Paardeberg (D1)	225					①374	②323		117	
		フランシュフック (D5)	Banghoek (E8)			①190	182		②188	171		30	
		ステレンボッシュ (E8)	Bottelary (E2)	①459		30	22		75	44	②253		
			Devon Valley (E3)			②316			①363	274	68		
			ヨンカースフック・ヴァレー (E7)			119			②135	79		①143	
			Papegaaiberg (E4)	21		15	②24		①62	19		②24	
			Polkadraai Hills (E1)	75		22	28		①155	②130		92	
			Simonberg-Stellenbosch (E6)			②190	121		①332	153		169	
		Swartland (B2)		①1878			386		778	②848	734		
			Malmesbury	472		318			①715	②565	488		
			Riebeekberg	①213			132		103	②180	179		
		Tulbagh (B3)		①234			81		119	②133			
		Tygerberg (B5)				①413	93		②240	213		235	
			Philadelphia		②182	139	37		①225	65			
		ウェリントン (B10)		①952			312		②759	609	408	44	
			コンスタンシア (B6)			①180	25		②40	23			
	クレイン・カルー	Calitzdorp		30	②66		15		23	17			
			Tradouw		10			①82		10		②11	
	オリファンツ・リバー	Citrusdal Mountain	Piekenierskloof	②51		38					①68		
		Lutzville Valley	Koekenaap	①295	②213	167		37	69			44	
		Cederberg		9		②11	8		7	①14			

注)　本文中での言及産地はカタカナで表記. 産地名の後の ( )：産地番号は図 3.7 の産地番号と一致. ①②は各産地の第 1 位と第 2 位の栽培ブドウ品種.

資料：van Zyl (2014)：『Platter's South African Wine Guide 2014』より作成

ern Caape）州に1小区域，北ケープ（Northern Cape）州に2地区・2小区域があるにすぎない．このため，南アフリカのほとんどのWOは依然として西ケープ州に属し，同州は5地方—24地区—64小区域を数える（図3.7）．なお，当該WOシステムは，必ずしも小区域が上位の地区，地区が下位の小区域をもたず，独立した地区や小区域もかなりあり，わかりづらい．例をあげると，ケープ半島に位置しコースタル・リージョン（Coastal Region）地方に属するコンスタンシアとケープポイント（Cape Point）をみると，前者は独立した小区域，後者は地区の位置づけにある（表3.4）．

　西ケープ州産地の5地方を概観しよう．まずコースタル・リージョン地方は，ケープ半島を中心とした内陸山地に囲まれた沿岸地域であるため，大西洋からの涼風と適度な降水によって，最良のブドウ産地となる．コンスタンシア小区域，ステレンボシュ地区，パール地区など最も名高い産地を含み，後2者はさらに多くの小区域に細分され，栽培ブドウ品種は高級赤ワイン品種のカベルネ・ソーヴィニヨンが卓越する（表3.4）．一方，同地方の海岸により近いケープポイント地区，コンスタンシア小区域，ダーバンヴィル（Durbanville）小区域およびケープ・サウス・コースト（Cape South Coast）地方は，寒流の影響により気温が低いため，ソーヴィニヨン・ブラン種が中心となり，優良な白ワインがつくられる（表3.4）．ブリード・リバー・ヴァレー（Breede River Valley），クレイン・カルー（Clein Karoo），オリファンツ・リバー（Olifants River）の内陸3地方は，気候が高温・乾燥のため，灌漑施設が原則として必要となり，ブドウ品種は安価な白ワイン用のシュナン・ブランやコロンバールが多く，酒精強化ワインや蒸留用ワインがつくられる．以上のように，ケープワイン産地では，地域によって卓越ブドウ種が異なり，ケープタウンに近接する沿岸産地が良質ワインをつくる核心産地である．

3.3.4　南アフリカのワイナリー

　南アフリカにおいて，所有ブドウ園でとれたブドウを使って自らワインを醸造するワイナリーは

エステート（Estate）とよばれ，良質で名高いケープワインの多くはここでつくられる．筆者は，これまで2008年18場，2010年16場，2011年21場，2012年17場の計62場（再訪ワイナリー10場を除く）のワイナリーを訪問した．産地別では，ステレンボシュ30場，パール・ウェリントン（Wellington）9場，ダーバンヴィル（Durbanville）7場，コンスタンシア6場，フランシュフック（Franschhoek）4場，ダーリング（Darling）4場，ケープ・サウス・コースト2場であり，著名ワイナリーのほとんどを含んでいる．これら62ワイナリーの属性の平均値を算出すると，設立1886年，ブドウ畑面積140 ha，ワイン年生産量124万本，赤ワイン製造比率62％，輸出比率47％，試飲料金18ランドとなり，エステート・ワイナリーの平均的な姿がわかる．

　ワイナリーでは，5〜50ランドの試飲料金（tasting fee）を支払えば，試飲リストにある好きなワインを試飲できる．ケープワインは，単一ブドウ品種ボトルが多くわかりやすいが，同一品種ワインでも，原料ブドウや製品化過程の違いによって，2〜3段階の価格帯が設定されることが多い．いまニール・エリス（Neil Ellis）・ワイナリーの例を示せば，同一産地・畑のブドウを原料とするヴィンヤード・レンジと違う産地・畑のブドウを混醸するプレミアム・レンジに二分される（図3.8）．同じカベルネ・ソーヴィニヨン・ワインでも，前者（直売価格190ランド）は，ワイナリー背後のヨンカースフック（Yonkershoek）・ヴァレー（写真3.14）で1 ha当り4.8トン収穫した原料ブドウを使用し，フレンチオークの新樽で18カ月熟成させたものであるのに対し，後者（同110ランド）は，1 ha当り8トン収穫した違う産地のブドウを混醸し，一部は新樽でない樽での熟成期間は16カ月とされる．なお，上記62場の異なるレンジの直売ボトル平均価格を算出すれば，ピノタージュ70〜196ランド，ソーヴィニヨン・ブラン57〜95ランド，カベルネ・ソーヴィニヨン91〜165ランドなどとなる．

　南アフリカのワイナリーの多くは，アポなしに訪問が可能であり，親切な説明つき試飲のほか，

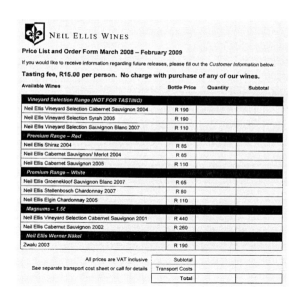

図3.8 ニール・エリス・ワイナリーのワインリストと直売ワイン価格（出典：同ワイナリー資料）

写真3.14 ニール・エリス・ワイナリーの位置するステレンボシュ産地ヨンカースフック・ヴァレー（ブドウ畑と背後の岩山）

図3.9 ドロップレス・ディスク

ワイナリーは，La Motte（フランシュフック産地），Saxenburg（ステレンボシュ），Durbanville Hills（ダーバンヴィル），Dunstone（ウェリントン），Klein Contantia（コンスタンシア）．

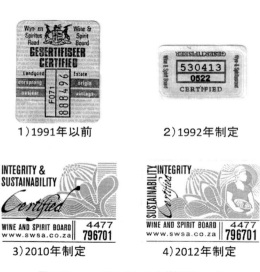

図3.10 ケープワインの品質保証シール

レストランやカフェの併設（上記62場中では42場），ホテルや民宿経営，オリーブオイルやチーズなど飲食品の製造販売，動物飼育，動物園やイベント会場併設，場内でのピクニックOKなど，多彩な付加サービスを有する．ワイナリー名などが記載された丸いアルミ製のドロップレス・ディスク（ワイン注ぎ口に丸めて差し込むと酒垂れ防止となる，図3.9）は，1枚5〜10ランドで，安価な訪問記念品として優れている．

2003年から本格化した政府のBEE（黒人の経済力強化）政策を受け，黒人経営ワイナリー（最初は1988年の「New Beginnig」），黒人組織の経営参画ワイナリー（「Thandi」など），黒人労働者組合員の時間外労働によるブランド発売（「Fairvalley」など）をはじめ，黒人企業・労働者の参入も目立ってきた．ケープワインは，ボトルの首に灰色の品質保証シールが貼られているのでよく目立つ．既存のものは横3cmの灰色シールだが，2010年からは減農薬や生物多様性の保護を基準とした「自然環境保護シール」（南アフリカ国花のプロテアがロゴマーク），さらに2012年から

は労働者環境に配慮した新シール（労働者デザインを付加）が登場している（図3.10）．

［寺谷亮司］

引用文献

池谷和信（2006）：『現代の牧畜民―乾燥地域の暮らし』古今書院．

石川博樹・小松かおり・藤本 武編著（2016）：『食と農のアフリカ史―現代の基層に迫る―』昭和堂

伊谷純一郎（1982）：『大旱魃―トゥルカナ日記』新潮社．

湖中真哉（2006）：『牧畜二重経済の人類学―ケニア・サンブルの民族誌的研究』世界思想社．

佐藤 俊（1992）：『レンディーレ―北ケニアのラクダ遊牧民』弘文堂．

土屋 巌（1972）：総論．土屋 巌編『アフリカの気候』3-29. 古今書院．

寺谷亮司（1997）：南アフリカ共和国のワイン産業．愛媛大学法文学部論集 人文学科編, 2: 175-210.

トンプソン, L., 宮本正興・吉國恒雄・峯 陽一・鶴見直城訳（2009）：『南アフリカの歴史 最新版』明石書店．Thompson, L. (2000): *A history of South Africa* (third edition). London: Yale University Press.

目黒紀夫（2014）：『さまよえる「共存」とマサイ―ケニアの野生動物保全の現場から』新泉社．

Bolling, M., M. Schnegg and H.-P. Wotzka (eds) (2013): *Pastoralism in Africa: past, present and future.* New York: Berghahn Books.

Boserup, E. (1965): *The condition of agricultural growth.* Aldine, Chicago: George Allen & Unwin. ボズラップ, E., 安澤秀一・安澤みね訳（1991）：『農業成長の諸条件』ミネルヴァ書房．

Diamond, J. (1997): *Guns, germs, and steel.* New York: W. W. Norton & Company. ダイヤモンド, J., 倉骨 彰訳（2000）：『銃・病原菌・鉄 下巻』草思社．

Dilley, L., Earle, J., Euston-Brown, K., Keats, G. and Ravenscroft, G. (2005): *Focus on geography grade 12.* Cape Town: Maskew Miller Longman.

Smith, A. B. (2005): *African Herders: Emergence of Pastoral Traditions* (African Archaeology Series). Walnut Creek: AltaMira Press.

SAWIS（各年版）: SA Wine Industry Statistics.

Udo, R. K. (1978): *A comprehensive geography of West Africa,* Heinemann Educational Books (Nigeria), Ibadan.

van Zyl, P. (各年版): *Platter's South African Wine Guide.* Hermanus (South Africa): John Platter SA Wine Guide (Pty).

=== コラム3 個人を起点に捉える戦いと平和―東アフリカ牧畜社会の事例から ===

家畜とともに遊動的な生活を営む牧畜集団が多く分布する東アフリカの乾燥地域では，集団間の紛争が頻発してきた．紛争の原因としてよくあげられるのは，家畜の放牧地をめぐる争い，敵集団への暴力行使を称揚する文化の存在，国家や資本が集団間関係に与えてきた負の影響などである．エチオピアとケニアの国境付近にくらす6万人ほどの集団ダサネッチも，近隣の4集団と戦いを重ねてきた（佐川，2011）．

ダサネッチはよく「戦いは神が与えた」と述べて，自分たちを戦うことが運命づけられた存在として語る．ダサネッチの青年から，「今度来るときにおまえの国から高性能の銃を持ってきてくれ．家畜と子供を守るために必要なのだ」と頼まれたことがある．「私の国では祖父の世代から戦争はしていないから銃はないよ」と答えると，彼は「嘘をつくな…戦いがないとはどういうことか…」と絶句した．彼には，数十年にわたり戦いが途絶えた社会の姿が想像し難いようであった．この地域の牧畜民にとって，戦いは日常から逸脱した異常な現象ではなく，近隣集団との関係を形づくる通常のコミュニケーション形式の一つなのである．

だが，牧畜民は戦ってばかりいるわけではない．この地域の集団間関係の特徴は，戦いが続く時期と平和的な関係が持続する時期が，数カ月から数年という短いサイクルで入れ替わることだ．この特徴は，ダサネッチが個人の決定や人間関係を何よりも重視する点と関連づけて理解する必要がある．

ダサネッチには，戦いへ行き戦果をあげるよう若い男性を鼓舞する文化装置が存在しており，実際に戦いで敵を殺害したり家畜を略奪した経験をもつ人は多い．その一方で，戦いに行くことをためらう人も少なくない．体調が優れない，弾薬がない，放牧をかわっ

写真1 「敵」集団であるニャンガトムの成員（写真左）と友人関係を築く儀礼
小家畜の脂肪をたがいの肩にかけあっている．

てくれる人がいない，といったシンプルなものから，戦いは悲惨で熾烈なものだと知った，人を殺してもなにも得られないことがわかった，といった過去の戦争体験に依拠したものまで，戦いに行きたくない理由は人それぞれである．

注目すべきは，「戦いに行かない」という行為選択を他の成員が受け入れることである．ダサネッチによれば，同じダサネッチの成員でも各人の「胃はちがう」．胃とはその人の考えや感情を醸成する身体部位である．ある人物がなにを考え，どのように行動するのかは「その人の胃だけが決める」のであり，その決定を認めあうことで多様な人びととがともに暮らしていくことができるのだという．そのため，戦いに行くことを望まない人が戦いに行くよう強制されることはない．これは私たちが想起する「戦時の動員体制」と根本的に異なる点だ．結果として，この地域の戦いは「A集団全体 vs. B集団全体」という全体戦争になだれ込むことはない．

戦いが長引くと社会に厭戦気分が広がり，関係改善を望む声が高まる．もっとも，ダサネッチには私たちの社会における「外交官」のような，集団の意思を代表して相手集団との和平交渉に臨む役職者は存在しない．関係改善の動きを主導するのは，相手集団との間に個人的な友好関係を有する人たちである．この地域の人びとは，放牧地での出会いなどを契機に集団境界を越えて友人関係を結ぶ．遭遇した相手を「敵」集団の一員としてではなく，ダサネッチと同じように「ちがう胃」を有した一人の個人として捉えているから，気が合いそうな人物とは妙なこだわりをもたずに関係を築くことができる．戦いが一段落したあと，親しい友人たちが個人的な事情で互いの家を訪問し始めると，ほかの成員もそれに追随して友好的な往来を重ねる．集団レベルでの平和の回復だ．だが，相互の往来が活発になると諍いが起きる場面も多くなり，集団間には再び敵対的な関係が前景化してくる．

この地域の集団間関係の実態をつかむためには，個人が戦いに対して抱く思いや，個人が集団境界を越えてつくる人間関係を検討することが不可欠である．そもそもこの地域にかぎらず，紛争とは社会を構成する各人の行為選択とその相互作用の結果として生起したりしなかったりするものであり，平和もまた同様である．紛争をより深く理解するためには，紛争を取り巻くマクロな政治・経済状況を知ることに加えて，その状況下を生きる一人ひとりのことばやふるまいにも注目する必要があることを，ダサネッチの事例は強調した形で示しているのである．　　　　[佐川　徹]

引用文献

佐川　徹（2011）：『暴力と歓待の民族誌―東アフリカ牧畜社会の戦争と平和』昭和堂.

4 生業と環境利用

アフリカにおける生業は自然環境の利用方法と密接な関係をもっている．このため自然環境の多様さを反映して生業も多様であり，それがアフリカ社会の豊饒さを維持している．しかし最近，このような伝統的な自然環境利用にくさびを打ち込むような動き，とりわけ人びとと土地利用の関係を切り裂くような動きがアフリカ各地でみられるようになってきている．それはマクロにみれば経済的グローバル化の現象の一つといえよう．このような変化は，アフリカの人びとが培ってきた社会や制度，知識を打ち壊す可能性をもっており，社会問題にとどまらず環境破壊を引き起こす恐れもある．本章では伝統的生業の環境との密接なかかわり，とくに樹木，農耕，牧畜，養蜂など複数の生計要素を複合させて生活する人びとの姿を紹介するとともに，それらが定住化政策や市場経済化によって変化する様子や，ランドグラブ（土地収奪・強奪）ともよばれる海外からの土地への投資について述べる．

写真 4.1 ケニア・ヴィクトリア湖岸の漁業活動（ホマベイ地域）（2007 年 9 月）
日本製の船外機をもつ小舟を使い沖合でとらえたナイル・パーチ（現地名ムブタ（Mbuta））は，キャピタル・フィッシュ・ケニア社（www.capitalfish.co.ke）の氷を積んだトラックで加工場へと運ばれ，切り身はインド洋に面するモンバサ港から日本を含む各国に輸出される．

4.1 生業と土地利用の変化

広大な土地に対して比較的少ない人口規模を保ってきたアフリカ大陸．その生業活動は，現在，大きな変化にさらされている．本節では，アフリカの人びとが営んできた伝統的な生業の特徴を振り返ったうえで，農民や牧畜民などが利用してきた土地が国際的な商品市場に取り込まれつつある状況について説明する．この動きは，地元民だけが生活の基盤としてきた「土地」が遠く離れた国の経済とも直結するようになった現代世界のグローバル化を反映している．

4.1.1 アフリカの生業と土地利用

アフリカ大陸には，極度に乾燥した砂漠から湿潤な熱帯雨林まできわめて多様な自然環境がある．この多様な気候や植生に適応するかたちで，狩猟，採集，漁撈，農耕，牧畜といったあらゆる生業形態が営まれてきた．とくに人口密度が比較的低い地域が多く，休閑期間の長い農業や長距離移動をともなう家畜放牧など，広大な土地を背景とした生業形態が続けられてきた（ボーズラップ，1991）．まず，アフリカにみられる狩猟採集，牧畜，農耕といった伝統的な生業が，それぞれどのような特徴をもっていたのか，おもに土地利用の違いに着目しながら説明する．

a. 狩猟採集

人類史のなかで，農耕と家畜飼育の発明は，生態系における人類の地位を変える画期的なできごとであり，「第一の革命」あるいは「新石器革命」とよばれる（大塚ほか，2002）．アフリカ大陸では，前 5000 年ごろにサバンナ農耕文化が成立したと推定されている．

ところがアフリカ各地には，この「革命」を受け入れず，狩猟採集の生業を続けてきた人びとがいる．カラハリ砂漠のブッシュマン（サン），コンゴ盆地の熱帯多雨林のピグミー（ムブティやアカなど），タンザニアのエヤシ湖畔の叢林に住むハッザ，ザイール東部のサバンナ・ウッドランドに住むバンボテ，ケニア中南部の山岳地帯に住むドロボーといった人びとである（田中，1993）．さら

写真 4.2 エチオピア南部の牧畜民が居住する地域の家畜市．商人に買い取られたラクダは，ときに国境をこえる国際的な「商品」となる．

写真 4.3 エチオピア南部の牧畜民ボラナの牛群．毎日，牧童が深堀の井戸に水を飲ませるために連れていく．

に農耕民や牧畜民にとっても，狩猟，採集，漁撈がタンパク源や栄養素の確保という意味で，重要な副次的生業であった．

一般に，狩猟採集民は遊動的で，離合集散をともなう小規模な集団に分かれており，階層や分業といった社会的分化が未発達といった特徴を共有している．その一方，自然条件の違いから，遊動域の大きさや移動頻度，集団の編成などに差異がみられる．

ここでは，乾燥草原に住むガナ・ブッシュマン（Gana Bushmen）と湿潤森林に住むムブティ・ピグミー（Mbuti Pygmies）とを比較する（田中，1977）．ブッシュマンの暮らす草原では，大型動物は生息密度自体が高くないため，基本的に男性が単独で弓矢による猟を行い，できるだけ広い範囲をカバーしようとする．その遊動域は 4000 km² にも及ぶ．一方，ピグミーの生活する森林は見通しが悪いため，弓矢や槍を使った猟法には不向きで，おもに中型・小型のカモシカ類を対象に網を使ったネット・ハンティングが中心である．勢子が追い立てた獲物を，網をもって待ち構えてとりおさえるため，キャンプのほとんど全員が協力して猟を行う．こうした動植物相や狩猟形態の違いから，ピグミーが比較的安定した居住集団を維持し，明確な狩猟テリトリー（境界に区切られた 150〜300 km² の領域）をもつのに対して，草原に住むブッシュマンは頻繁に離合集散をするため集団の流動性も高く，テリトリー意識があい

まいだと指摘されている．たとえ同じ狩猟採集であっても，自然環境の違いが土地利用や社会組織のあり方にまで影響を与えていたことがわかる．

b．牧畜

アフリカ大陸のなかで最大の面積を占めているのが，降雨量の少ないサバンナ・ウッドランドである．この自然環境に適応するかたちで，家畜飼養をともなう農耕が最も一般的な生活様式としてみられる（田中，1993）．このサバンナ・ウッドランド帯は，一方で雨の多い多雨林帯へとつながり，他方で極度に乾燥した砂漠帯へとつながっている．農耕には一定の雨量が必要なため，乾燥した砂漠に近い地域ほど，耐乾性の強い野生植物を利用する牧畜の重要度が高まる．

ここでは例として，極度に乾燥したケニア北部に住むレンディーレ（Rendille）の事例をみる（佐藤，1986，1993）．レンディーレ・ランドの 90 ％は標高 300〜1200 m の低地帯にあり，ブッシュランドや半砂漠が広がる．平均年間降雨量は，低地部で 250 mm 以下，山岳部で 250〜500 mm である．雨の降り方は局地的で年間の変動も激しい．この極度な乾燥に耐えるために太く長い棘を発達させたアカシアやコミフォラといった有棘林が局地的に群生し，細長い根を発達させただけの低い灌木が散在している．イネ科の草本類はわずかにパッチ状に生育しているにすぎない．

レンディーレは，こうした植物を摂取することで畜産物（乳・血・肉）をもたらすラクダ，ウシ，ヤギ，ヒツジの家畜飼養を専業とし，その家畜を

売却することで主食のトウモロコシを入手している．ラクダは，低地部に生育する有棘林の枝葉を食物として摂取でき，脱水への強い抵抗力を備えているため，年中，低地部で放牧される．一方，草本類を主食とするウシや小型家畜（ヤギとヒツジ）は，雨季中だけ低地部で放牧され，乾季には山岳部に移される．いずれも早朝に囲いから放牧地に連れ出し，夜に囲いに戻す日帰り放牧を行い，牧草地や水場が日帰り放牧できないほど遠くなると，家畜キャンプを牧草地や水場の近くに移す．この家畜キャンプは未婚の男女によって構成され，通常，生活拠点である集落から100〜200 km離れている．集落には40人から300人が居住し，3〜4カ月ごとに移動を繰り返す．移動のたびに異なる集落間で居住者の入れ替えも行われ，家畜も定期的にキャンプと集落の間を移動する．牧畜という生業も，狩猟採集と同じく，広大な土地でのきわめて移動性の高い生活形態である．

c. 農 耕

レンディーレのように牧畜だけを専業とする民族は限られている．年間におよそ500 mm前後の雨量が見込まれる地域では，牧畜とともに天水や河川の氾濫原を利用した農耕が行われてきた（田中，1993）．雨季には農耕をするために定住的な生活を送り，そこから日帰り放牧をして牧畜管理をする．乾季に農作物の収穫が終わって牧草が乏しくなると，牧草を求めて移動する．ただし，遊動域が数百kmに及ぶレンディーレなどに比べると，こうした農牧民の移動距離は限られている．

たとえば，南スーダンのパリ（ロコロ）（Pari/Lokoro）の住む村では，不安定ながらも年間降水量が600〜900 mmあり，雨季には村から半径10 kmほどの範囲にある畑で天水に頼ったモロコシの耕作が行われている（栗本，1981，1994）．乾季に近くの水場の水が枯渇すると，約20 km離れた川辺の放牧キャンプに牛を移動させて牧畜し，さらに狩猟や漁撈によって蛋白源を確保するなど，複合的な生業が営まれている．定住地である集落は，共通の祖先をもつ父系の出自集団（リニージ）が占有する領域に分かれ，集落外の生業活動に利用される土地も出自集団ごとに分割されている．農耕への依存度が高まると，移動距離が短くなり，定住集落を拠点とした占有的な土地利用になるのがわかる．

アフリカで最も典型的なサバンナ・ウッドランドで古くから行われてきた焼畑農耕についてもみていこう．年間降水量800〜1200 mmに分布するサバンナ・ウッドランドは，木と木の間が3〜5 mあり，樹高が20 m未満のミオンボ林といわれる疎開林を特徴とする．タンザニア西部に住むトングウェ（Tongwe）の集落は，広大なミオンボ林のなかに1 km²あたり1人未満という希薄な人口密度で散在している（掛谷，1986，1991）．彼らは，このミオンボ林ではなく，山地林や河辺林など木の密度の高い森を焼畑にしてきた．焼畑以外にも狩猟や漁撈も行う．トングウェ社会は，親族関係をもとにした集団のゆるやかな連合体であり，始祖の伝承を共有する氏族（クラン）によって構成される．利用する土地に明確な境界はないものの，おおまかに氏族ごとに住み分けてきた．かつては土地をめぐる氏族間の抗争もあったが，集権的な政治体制がつくられることはなく，分散した平準的社会を維持してきた．

ザンビア北部に居住するベンバ（Bemba）は，トングウェとは異なり，ミオンボ林自体を焼畑とするチテメネ耕作という農法を発達させてきた（掛谷，1994，大山，2009）．耕地の約6倍の伐採域から枝を集めて木の生息密度の低さを補い，木を根元から切り倒さずにミオンボ林の更新を可能にしながら火入れをし，シコクビエ，キャッサバ，ササゲなどを混作する．4〜5年間，混作と輪作を組み合わせて作付けしたあと，15〜20年間は休閑させる．1930年代から1980年代まで，1世帯あたりの平均的なチテメネの規模は約4000 m²だった．焼畑の耕地は，村の近辺部に求められ，適地が少なくなれば，村から約6 kmの範囲内に出作り小屋を建て，半年間はそこに移り住んでチテメネ耕作を行う．村の構成員であれば，周辺の土地を自由に開墾できる．人口密度は1 km²あたり7人前後で，村どうしの耕作地の境界が決められている場合もあれば，曖昧な場合もある．

19世紀にはアラブ商人との長距離交易を背景に，最高首長を頂点とする強大なベンバ王国が形成され，いまでも原則的に土地は王国とチーフに帰属すると考えられている．

タンザニア西南部のマテンゴ（Matengo）社会もミオンボ林を伐採して焼畑とし，1〜2年はシコクビエを耕作するものの，そのあとの草地を放棄せずに利用し続けるピット（堀穴）耕作とよばれる集約的農法を発達させた（掛谷，1993）．1 km² あたり20〜40人という，より高い人口密度に適応した農耕の集約化と集権的な社会編成をとっている．サバンナ・ウッドランドの焼畑農耕にも，植生や人口密度の違いに応じて，農法や土地利用，そして社会の組織化などに幅広い多様性がある．

4.1.2 国家政策や市場経済化による生業の変化

こうしたアフリカの伝統的生業は大きな変化を経験してきた．ここでは，とくに移動を制限する国家の定住化政策と現金経済と連動した商業化の進展に注目しよう．

a. 定住化と商業化の進展

アフリカでは，植民地期から広域を移動して遊動生活を送る人びとの定住化が促されてきた．1960年代の独立以降，定住化を進める具体的な国家政策が実施され，自然環境に適応した多様な生業形態は，近代国家の管理体制や市場経済に組み込まれ始めた．

1966年にイギリスから独立したボツワナは，1970年代に入り，ブッシュマンを含む遠隔地の開発計画を進めた（大崎，1991）．この計画は，学校，医療機関，水利などの施設を整備することで国民の生活向上をめざすものである．カデ地域では，1979年に井戸と貯水タンクが整備され，飲料水が利用できるようになった．開発事業を進めた遠隔地開発局は，ブッシュマンの狩猟採集に依存する遊動的な生活を改め，井戸の周囲で定住生活を送りながら，農耕，牧畜，換金用の民芸品作りをするよう指導した．1982年にはカデの井戸の周囲の人口は500人を超え，1987年は744人に達した．定住地には，農業指導員が常駐し，トウモロコシ，モロコシ，ササゲなどの種子を無料

写真4.4 ザンビア南部の半乾燥地帯で小学校に通う学童 ユニセフなどの支援で学校給食が配給されている．

で配布した．人びとは定住地から数 km 離れた場所に耕作地をもつようになり，ヤギやロバ，ウマなどの家畜を保有する者も出てきた．ただし，降雨量が400 mm前後で変動も激しいため，安定的な農業は難しく，開発局はトウモロコシの配給をはじめた．狩猟は，1979年以降に年間捕獲頭数を明記したライセンス制が導入されたものの，弓矢猟にかわって確実性の高い槍を用いた騎馬猟が主流となって継続された．一方，急速な人口増加によって定住地周囲の植物資源が減少し，採集活動は減退した．民芸品の買い上げによる現金収入のほかにも，水道工事や道路工事などの公共事業に雇われる賃労働者も増え，酒や家畜の売買も行われるようになった．

ピグミーの暮らす旧ザイール東北部では，急激な人口増加と換金作物の農業生産が拡大して土地不足が深刻化し，多くの農耕民がピグミーの暮らす熱帯多雨林に移り住むようになった（市川，1994）．伐採の進行や農地の拡大にともなって，狩猟や採集の場となる森が遠くなる一方で，農業生産のための労働力需要が高まり，伝統的な狩猟生活を放棄して，商業プランテーションなどで働く賃金労働者も増えた．以前からピグミーの狩猟するダイカー類などの獣肉は都市住民の蛋白源として交易の対象となってきたが，1981年に砂金採集が自由化されると，移住者が急増して肉に対する需要がふくれあがり，農耕民の住む集落に近い地域では捕獲される動物の数が減少している．

定住化と商業化の進展は，牧畜民の地域でもみられる．ケニア北部のレンディーレの地域では，

1976年から大規模な総合開発計画が開始された（佐藤, 1996). キリスト教会が小学校と診療所を付設した伝道所をつくり, 多くの井戸を掘って, レンディーレの人びとを定住させようとしてきた. 伝道所のまわりには都市化の萌芽的な状況が生じ, 定住した人びとは遊牧よりも賃金労働に依存する生活を送り始めている. さらに遊牧民を市場経済に組み込む政策が推進され, 家畜の市場取引も増加してきた.

同じケニア北部の乾燥地帯の牧畜民サンブル (Samburu) の地域でも, ケニア政府や開発援助団体が農耕やランチング方式（大規模牧場施設で市場向け畜産物を効率的に生産）の導入を進め, 賃金労働や学校教育の奨励を進めてきた（湖中, 1996). ただし, これらの政策はすぐに受容されたわけではない. 農耕を奨励するために無償で配布されたトウモロコシや豆類の種子も, サンブルは耕作に使わず, 食用に供した. 政府がランチング方式を導入するために土地の個人所有を促しても, 人びとは従来からの共同所有を変えようとしなかった. 一方で, 学校に通う子どもが増加し, 日帰り放牧を担っていた牧童の役割に変化が生じたり, 学校を卒業してそのまま賃金労働につく若者が増えたりするなどの変化も起きている.

アフリカで広くみられる定住化や商業化の動きは, あらゆる場所で一気に伝統的生業を崩壊させたわけではない. 人びとはそれまでの生業形態にねざした価値観をなんとか維持しながら, 大きな環境の変化をどう受容していくか, 対応を迫られている.

b. 伝統的生業と近代農業のはざまで

焼畑農耕社会にも, 換金作物を栽培する商業農業が浸透してきた. 先に紹介したザンビア北部のベンバの地域では, 1980年代以降, 樹木を根から除去して整地した畑に化学肥料を投入し, 換金作物であるハイブリッド種のトウモロコシを単作栽培する「ファーム耕作」が始められた（掛谷, 1994).

この半常畑のファーム耕作を継続するには, 化学肥料の使用が欠かせない. ところが, 1990年代にザンビア政府が国際通貨基金 (IMF) の主導

写真 4.5 ザンビア南部の牛肉ファーム内の農園
巨大なスプリンクラーで散水し, 牛の飼料用のトウモロコシを栽培している.

する構造調整政策を受け入れ, 農業への補助金を減らして市場の自由化を進めると, 化学肥料の供給が不安定化した（大山, 2002). なかには, ファーム耕作に見切りをつけて, チテメネに回帰する動きもみられ, チテメネ耕作で栽培したシコクビエやキャッサバを市場で販売し始めている. ただし, 道路沿いへの集住化や人口稠密地帯からの再入植が進んで人口密度が増大し, 広大なミオンボ林が減少したため, 以前のように長期休閑をともない, 残るミオンボ林を持続的に利用するチテメネ耕作が困難になりつつある. また, 早くからファーム耕作に転換し, 現金収入を得るために木炭生産を続けてきた村では, ミオンボ林が荒廃し, チテメネ耕作に戻ることもできなくなっている.

ザンビアでは, 従来, 慣習に基づいて各民族のチーフが管理する共同保有の土地と行政の発行する土地保有証明書に基づく私有地との二つの土地制度が並存してきた（大山, 2009). ところが, 1995年に新土地法が成立したのを契機に, 慣習地のなかの土地を私有化する動きが出始めている. なかには, 都市の居住者が行政機関から土地保有証明書を取得して広大な土地を囲い込む例や, 外資系企業がチーフから土地を取得してプランテーション開発を進めようとする例も出てきた（写真4.5). ベンバ社会内部の人口圧だけでなく, 周辺地域からの人口流入, そして外部からの土地取得などが重なることで, チテメネ耕作という生

業を支えてきたミオンボ林へのアクセスがますます制限されている．

このように，さまざまな場所で人口密度の高まりと土地不足がアフリカの生業が直面する深刻な課題となっている．さらに2000年代に入り，外国の政府や企業による広大な土地の取得が伝統的な生業空間への新たな脅威となり始めた．

4.1.3　グローバル化する「土地」のゆくえ

21世紀に入ったアフリカ諸国は，それまで20年以上にわたる停滞期をへて，急速な経済成長をなしとげた．その背景には，2003年に始まる世界的な資源価格の高騰と，海外からアフリカへの直接投資の増加がある(平野，2013)．サブ・サハラアフリカの一人あたりのGDPは，2000年代初頭には500ドルまで下落していたものの，2007年には1000ドルの水準を回復した．アフリカへの海外直接投資（FDI）の年増加率は，2003年以降，30％を超え，世界全体やアジアの伸び率を上回った．このような経済環境の変化は，アフリカの土地とそこで暮らす人びとの生業にどのような影響を及ぼしているのだろうか．

a.　「ランドグラブ」—商品化される土地

2008年の世界的な穀物価格の急騰は，アフリカの「土地」への投資を加速させた．おもにアジアや中近東の政府やアグリビジネス企業などが農地を取得する動きがさまざまな地域で顕在化し，「ランドグラブ（土地収奪・強奪）」として国際的にも問題視されるようになった．先進国の食料生産への危機感の高まりに加え，バイオ燃料生産の拡大によって広大なアフリカ大陸の潜在的な農業生産力に注目が集まっている．

世界銀行の報告書によると，2008年以前は，毎年400万ha未満だった世界における農地の供給が，2009年は5600万haに急増し，そのうちの70％をアフリカが占めた（Deininger et al., 2010）．この動きは，対外投資による経済成長，先進国からの資本や技術の移転，住民の所得機会の増加といった点が期待される一方，人びとが生活基盤とする土地へのアクセスを失うことが懸念されている（Cotula et al., 2009）．また，取得された農地がバイオ燃料生産や輸出用農産物の農地に

写真4.6　エチオピア南部の幹線道路沿いに建設された大規模なビニールハウスのプランテーション
おもにヨーロッパに輸出するためのバラなどの花卉が栽培されている．

転用されることで，すでに慢性的な食糧不足に陥っているアフリカ諸国の食糧事情がさらに悪化する可能性も指摘されている．

どんな国でだれが何のために土地取得を進めているのか．いくつか報告されている事例を紹介しよう（Matondi et al., 2011）．中国は，コンゴ民主共和国でアブラヤシのプランテーションをつくるために280万haの土地を取得した．スーダンでは，韓国が小麦生産のために69万haを取得し，アラブ首長国連邦がトウモロコシなど穀物栽培のために40万haを取得，エジプトも同程度の土地を小麦生産のために確保した．マダガスカルでは，韓国企業がトウモロコシやアブラヤシの栽培のために130万haの土地を99年間貸借する交渉を進めていたが，政権交代で失敗した．ほかにもマダガスカルでは，インドにコメを輸出するためにインド企業が46.5万haの土地を貸借した．タンザニアでは，サウジアラビアが50万haの土地を貸借し，そのうち40万haでスウェーデンのエタノール企業の子会社がバイオ燃料生産を行う計画を進めている．

広大な領域を移動しながら牧畜や焼畑が行われてきた土地は未利用の無主地とされることが多い．そうした土地が外国の政府や企業に取得されることで，人びとの生活はさらなる変化の渦に巻き込まれている．エチオピアの事例を述べる．

b.　エチオピアの農園開発とその影響

エチオピア政府は，近年，国内外の投資家への土地の提供を積極的に進めてきた（写真4.6）．エ

チオピアの「ランドグラブ」について監視を続けるNGOは，2008年から2011年までのあいだに，エチオピア政府が少なくとも360万haの土地を国内外の投資家に貸与してきたと指摘している（Oakland Institute, 2011）．エチオピアでは，土地は「公有」とされ，私的所有は認められていない．しかし，そのことは，むしろ政府の意向しだいで，人びとが利用する土地が自由に外部の投資家に貸与されてしまうことを意味する．エチオピア政府が2010年に発表した5カ年計画（2011〜2015年）では，5年間で660万haの土地を投資家に貸与する方針が明記されている．

筆者が現地調査を続けてきたエチオピア西南部のコーヒー栽培地帯では，2012年，複数の国営コーヒー農園が，エチオピア最大の企業連合傘下のアグリビジネス企業によって買収された（写真4.7）．この企業連合は，世界的な富豪として知られるエチオピア生まれのサウジアラビア人が経営している．この買収によって，同社は2万2千haを超える世界最大のコーヒー農園を保有することになった．コーヒーだけでなく，穀物や果樹，野菜などを栽培する複数のプランテーションも保有している．

同じ企業連合に属する別のアグリビジネス企業は，サウジアラビア政府の出資を受け，2008年からガンベラ（Gambella）州に1万haの米栽培農園の建設を進めてきた．土地1haあたり年158ブル（2008年のレートで約1700円）で60年間貸借する契約で，さらに29万haの土地を取得予定だった．ところが2012年には，現地の農牧民であるアニュワ（Anywaa）と思われる集団から農園事務所が襲撃を受ける事件が発生した．パキスタン技術者に死者も出た．2013年には農園開設の準備を進めてきたパキスタンのコンサル会社が撤退し，開発も停滞する．政府から改善命令が出るなど，当初の計画通りの開発は進んでいない．大規模な農園開発によって現地住民の土地利用が制限され，衝突やトラブルが起きる例は他にも報告されている．

ケニアや南スーダンとの国境であるトゥルカナ湖に近い地域に居住する牧畜民ダサネッチ（Daas-

写真4.7　エチオピア西南部で民間企業に買収されたコーヒー農園
門番は企業のロゴ入りの新しい制服を支給され，古い国営農園時代の看板の前に新たな看板が立てられた．

anach）は，オモ川の豊かな氾濫原を放牧や農耕に利用してきた（佐川，2014）．このオモ川上流部に，2006年，大規模なダムの建設が開始された．ダム建設によって川の水量が減ると，肥沃な土壌をもたらす氾濫が起こらなくなり，下流域に暮らす人びとの生業に大打撃を与えると懸念されている．さらに複数の農園開発が進行中である．2007年にイタリア企業が3万haを取得してゴムなどの栽培を始め，2011年にはインド企業は1万haを取得して農場開設の準備を進めた．2009年からは国内資本も参入し，2012年時点で六つの農場の契約が終わり，うち二つですでにトウモロコシや綿花の栽培がはじまった．政府による1.5万ヘクタールの国営サトウキビ農場も計画され，多国籍企業による原油採掘で対象地域への立ち入りが禁止され始めている．

こうした大規模開発への住民の態度は一枚岩ではない（佐川，2014）．地方行政府で働くエリートたちは開発の進展を「避けられないこと」として肯定的に受け止め，家畜を失って貧困化した若者のなかには，現金獲得の手段として積極的にその機会を利用する者もいる．一方，企業への土地移譲に同意した長老たちに反発し，農場周辺から若者たちが集団移転する事件も起きた．ただし，ダサネッチの人びとは，これまでもたびたび開発事業が成果をあげないまま撤退する経験をしており，熱狂的な賛同や過剰な反発でコミュニティが分断されないよう，慎重に静観しているという．

アフリカ各地で進められる大規模開発は，人口

密度の希薄な土地で発達してきた伝統的生業に変化を迫っている．この現在進行中の動きには，モザンビークやマダガスカルで進められる鉱物資源開発など，日本の政府機関や企業がかかわるケースも少なくない．2013年，モザンビークで日本の国際協力機構（JICA）が進める大型農業開発に対し，現地の全国農民連盟が事業の即時停止を求める声明を出した．アフリカの人びとの暮らしを支える生業とその土地利用のゆくえは，日本で暮らすわれわれの営みともけっして無縁ではない．

［松村圭一郎］

4.2　焼畑・狩猟採集活動と環境利用

　焼畑は，アフリカにおける最も基本的かつ伝統的な農耕様式の一つである（写真4.8）．アフリカで焼畑が盛んに行われてきたのはなぜだろうか．焼畑は，熱帯湿潤林や湿潤サバンナという自然環境に適合した農法であり，これらの気候・植生区が広く分布するアフリカ大陸で焼畑が広くみられるのは自然なことである．一方，アフリカで焼畑をして暮らす人びとの多くは，焼畑という生業のみに依存するのではなく，彼らの居住環境である森林やサバンナから，狩猟・採集活動を通じて多様な資源を採取する．本節では，まず環境利用からみた焼畑の特徴について述べ，続いてエチオピア低地の熱帯林で焼畑・狩猟・採集を生業として暮らす人びとを事例に，その多様な環境利用について紹介する．そして，彼らの生業活動が環境，とりわけ森林にどのような影響を与えているのかを，森林と焼畑との過去数十年の動態的関係を題材に考察する．以上を通じて，これらの生業活動が人びとにとって合理的かつ持続的な環境利用によって支えられていることを理解する．

4.2.1　環境利用からみた焼畑の特徴

　焼畑は，世界の湿潤熱帯地域で広く行われる農法だが，湿潤熱帯林だけでなくサバンナでもみられるし，日本の山間地のような温帯地域でもかつては広く行われていた．焼畑が行われる地域に共通する特徴を一つあげるとすれば，夏に十分な降水があり植物の繁殖が旺盛なことである．

　これは，焼畑という農法の最も重要な要素である休閑がなぜ行われるかを考えれば理解できる．端的にいえば，焼畑休閑はイネ科雑草の繁茂を防ぐ効果があり，休閑によって除草の負担を軽減することができる．農耕を行う人びとの視点で考えた場合，温暖で夏に多量の降雨がある地域で農耕を行う際に最も問題となるのは耕地における雑草の除去である．畑のなかで作物と競合し，作物よりも早く高く成長する雑草は作物の生育を阻害する要因であり，収穫量に大きな影響を与える．夏に多量の降雨があるアジアモンスーン地域では，農耕は雑草，とくにイネ科の多年生雑草との闘いであるといえる．これに対して，たとえば地中海沿岸地域では，気温の低い冬期に耕作を行うため，雑草の除去にかける手間ははるかに少なくてすむ．このような地域で世界に先駆けてムギ類を中心とする穀物農耕が成立したことは十分にうなづける．

　焼畑の場合，森を伐採した初年度にはイネ科雑草は侵入しにくい．しかし2年，3年と耕作を続けると，しだいにイネ科雑草が根をはり，作物よりも早く成長するため，収穫までの間たび重なる除草が必須となる．除草労働が過剰な負担になる前にいったん耕作をやめて耕地を休ませ，植生遷移によってイネ科雑草を死滅させる．こうして，除草労働の必要を最低限に抑えることができる．このため，機械化以前の水稲耕作や畑作と焼畑の労働生産性を比較すると，焼畑が最も単位労働量当たりの生産性が高いという結果になる．アジア

写真4.8　エチオピア南西部の焼畑と森

モンスーン地域と同様に夏雨型気候が大部分を占める熱帯湿潤アフリカで古くから焼畑が行われてきたのはこのような利点があるためであり，熱帯アフリカの環境に適応した結果なのである．

焼畑が行われる環境に共通するもう一つの特徴は，人口が希薄なことである．夏雨型気候であっても，たとえば人口稠密なアジアモンスーン地域の平野部では，焼畑はみられない．これらの地域では土地に稀少性があるため，労働生産性よりも土地生産性を上げる，つまり労働負担を大きくしても土地当たりの収量を上げる必要があるからである．多量の労働投下が耕地の稀少性を増加させるため，水田稲作では古くから土地所有システムが発達した．これに対して焼畑の場合，土地は共有地であることが多い．休閑林は過去に焼畑を行った人（個人あるいは世帯・親族）のものとみなされることも多いが，十分な時間が経過して休閑林が成熟林に戻るにつれて，次第に所有意識も曖昧になっていく．焼畑にこのような慣習が広くみられるのは，焼畑は土地よりも労働力が制約される環境で行われるからだと考えられる．通常，休閑林は成熟林よりも伐採が容易である．したがって，休閑林はもとの利用者によって土地の権利が主張されるが，成熟林になれば他の場所と何も価値が変わらなくなるのである．

こうした焼畑の環境利用上の特徴を理解すれば，しばしばいわれる「焼畑は環境破壊を引き起こす」という言説が誤りであることがわかる．実際に，20世紀から現在にいたる熱帯林減少は，無秩序な木材の商業伐採やプランテーション開発，そして人口稠密な地域から熱帯林地域への（多くは政策に促された）移民による開拓がおもな原因であって，焼畑が直接の原因となることはほとんどなかった．移民が開拓の初期に焼畑的な農法を採用することはあっても，それは「焼畑が環境破壊的な農法である」ことを意味しない．にもかかわらず，経験的なデータによる検証を経ることのない単純な仮定によって「地域の人口増加にともない，焼畑は農地の劣化や森林破壊を引き起こす」という言説が生まれ，それが森林の囲い込みや縁辺地域の人びとの掌握を望む行政の思惑と

も結びついて，焼畑悪玉論が蔓延したのである．

以上から，焼畑が夏雨型で温暖な人口希薄地域という限定的な環境において合理的な農法であることが理解されたであろう．このような環境では一方で，一つの生業に活動を集中させるよりも，さまざまな生業を組み合わせて身の回りの資源を有効に利用する生計戦略をとる．次項では，一つの典型的な事例として，エチオピア南西部低地の熱帯林に住み，森林とその周辺のサバンナ帯で焼畑，狩猟，採集を組み合わせた生業を行う人びと（マジャンギル；Majangir）を取り上げ，生業と環境の認知・利用との関係について述べる．

4.2.2 森林・サバンナの複合的な環境利用

エチオピアの南西部は，エチオピア高原と低地サバンナとの境界にあたり，エチオピアで最も降雨量の多い地域であり，標高500 mから1300 mにかけての地域では林冠が高さ40 m以上に達する常緑・落葉混交林の分布がみられる．マジャンギルはこの地域でもっぱら森を開拓して小規模な集落を形成し，集落を頻繁に移動させながら焼畑を行うとともに，集落と耕地をとりまく森やサバンナで狩猟・採集を行ってきた．核家族を基本とする世帯によって造成される焼畑は，年に2回つくられ，それぞれ1～3月と7～9月に伐採される．焼畑でつくられるおもな作物は，穀類（トウモロコシ，モロコシ）やイモ類（タロイモ，ヤムイモ，キャッサバ）などで，いずれも自給用につくられる．畑には主食となる穀類・イモ類のほか，カボチャなどの副食作物が混作され，ほかに集落周辺では野草類などが採集される（佐藤，1995）．

マジャンギルの生業を，彼らの食生活，とりわけ摂取カロリーからみると，その大半は焼畑作物に依存している．季節によってメニューは異なるものの，穀物の練り粥やパン，あるいはイモ類を主食として，カボチャの実・葉や野草類などを煮込んだおかずを添えるパターンが1年を通して繰り返され，肉や魚が食卓に登場することは平均して週に一度あるかないかといった状況である．ところが，彼らが生業に費やす時間に注目すると，異なった見方ができる．女性は年間を通じて農耕

活動（作物の加工・調理時間も含む）に大半の時間を費やすのに対し，男性は農耕よりもむしろ採集や狩猟などの農外活動に時間をかけているのである．焼畑にかかわる労働は，伐採から火入れまでは男性によって行われ，それ以降（播種から収穫まで，および加工と調理）の活動はほぼ女性にゆだねられている．焼畑に作物が植え付け（播種）されて以降は，主に男性は森で女性は焼畑や集落周辺で生業活動に従事する．

狩猟のおもな対象はブッシュバックなどのレイヨウ類やイノシシ類で，罠猟や犬を使った追い込み猟を行う（写真4.9）．とくに雨季の間には集落近隣の森の中に罠を仕掛け，頻繁に見回りを行い，獲物がかかった場合にはその場で解体し，表面を火であぶって集落に持ち帰り，世帯内で消費したり親族・隣人に分配する．これら野生動物の肉とニワトリの肉・卵がマジャンギルの日常の主要なタンパク源となる．乾季にはサバンナに出かけ狩猟・漁撈も盛んに行われる．

男性の採集活動できわめて重要なのが，樹上に巣箱を仕かけて行うハチミツ採集である（写真4.10）．コルディア（*Cordia abyssinica*）の木の樹幹を1m前後の長さに切断し，芯材をくりぬいて筒状の巣箱をつくり，これを集落，森林，サバンナの蜜源となる木の枝に固定し，野生のアフリカミツバチが営巣するのを待つ．森の林冠を形成する樹木は，樹高30〜50mにも達するもので，しかも採集は日没後の暗闇のなかで行われるため，きわめて危険で熟練を要する仕事である．焼畑や狩猟が自給のための食料獲得活動であるのに対して，ハチミツは今日マジャンギルの人びとにとって主要な現金獲得源となっている．マジャンギル男性にとってハチミツ採集で現金を稼ぐことは焼畑を伐採することとともに一人前であることの証しとみなされ，結婚するための条件として数十のハチミツ巣箱を所有することが必要であるともいわれる．

図4.1を見ながら，ハチミツ採集の環境利用としての特徴を考えてみよう．この図はハチミツの蜜源となる樹種の，開花時期と，その樹種がみられる植生（成熟林，成熟二次林，短期休閑林・サバンナ）との関係を表したものである．季節ごとに，森林からサバンナまで，開花する樹種の種数には大きな変動があることがわかる．乾季から雨季のはじめにかけての時期は，サバンナでいくつかの樹種がいっせいに開花し，この時期にしばしばマジャンギル男性はサバンナに狩猟採集旅行に出かける．雨季の間は集落周辺や森での採集が中

写真4.9 森で捕獲したブッシュバックを処理するマジャンギル男性

写真4.10 ハチミツ採集

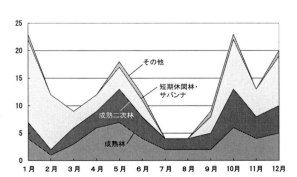

図4.1 植生帯別にみた蜜源植物の開花期
現地調査に基づいて作成．縦軸は当該月に開花する植物種の数を表す．

心となるが，とくに成熟林の林内には1年を通して開花する蜜源植物が豊富に存在する．このため，多くのマジャンギル男性は巣箱を1カ所に集中させるのではなく，いくつかの植生の異なる採集テリトリーをもち，仕かけ場所を空間的に分散させている．

このようなハチミツ採集における環境利用の特徴から，マジャンギルが植生帯ごとにみられる多様な樹種を詳細に認識し，それを生業に利用していることがうかがえる．彼らの生息環境にみられる植物を採集し，腊葉標本を作製して人びとに植物名と利用法を尋ねたところ，野生植物269種のうち，65.4％にあたる176種をなんらかの形で利用していることがわかった（佐藤，2014）．表4.1は，それを用途別に分けたものである（複数の用途に使われている多用途利用植物も多く含まれている）．生業・生活道具や燃料（薪），建材，ハチミツ採集の蜜源，食料・飲料としての利用が主である．以下にそれらの一部を紹介する．

かつてのマジャンギルは，生業や生活に使用する道具の大半を身の回りの動植物からつくりだしていた．工業製品の衣服を身につけるようになったのは1980年代以降であり，それ以前にはクワ科の樹木の樹皮をはいでつくる樹皮布を身にまとっていた（写真4.11）．これらは現在でもベッドの敷き布などに使われている．マジャンギルが森に出かける際には，腰に2本の火おこし棒をつけ，ナイフや山刀だけを携帯し，さまざまな必要は森の動植物で満たした（写真4.12）．ナイフや斧，山刀などの刃先は外部購入品だが，柄はカキノキ科の硬い樹木を使って自作され，ナイフの鞘はブッシュバックの皮でつくられる．

焼畑で用いられる道具はいたってシンプルである．低木の伐採は山刀で，高木の伐採は斧で行われ，火入れの際の点火には，細い灌木を束ねたものが，また播種は掘り棒が使われる．掘り棒は灌木の先端を山刀で削ったもので，作業の前に即席でつくられる．播種用の種子や種イモを入れる道具や収穫物を運ぶカゴは特定の木の樹皮をはいで編んだものである．ハチミツ採集の道具類（巣箱，樹上と地上で荷の受け渡しをするためのロープ，採集時にハチをいぶすたいまつなど）もすべて植物原料を用いて自作される．

腊葉標本をもとにした聞き取りをした際に，個々の植物が「どの植生帯に多くみられるか」という情報を聞き取り，これに基づいて植生帯別に有用植物の割合を調べたところ，成熟林87.5％，長期休閑林86.8％，短期休閑林76.6％という結果を得た．集落周辺にみられる植生よりも成熟林に有用植物が多くみられるという結果は，マジャンギルの人びとにとって森林が生業の場として重要であることを示しているといえるのかもしれない．とりわけ集落から離れてしばしば単独で森に

表4.1 野生植物の用途別分類と有用植物種数

用途	利用種数	用途	利用種数
食料・飲料	38	楽器・遊具	9
建材・囲い	61	燃料	107
衣料・装飾	10	生業・生活道具	109
儀礼	2	蜜源	51
薬	13	その他（間接利用）	2

現地調査に基づいて作成．

写真4.11 樹皮布の製作

写真4.12 採集キャンプで火を起こす男性

入り，何泊もしながら水や食料，火や寝具などを調達して狩猟や採集，漁撈を行うマジャンギルの男性たちにとって，森の植物の有用性に関する知識は自らの生存に深くかかわるものである．

このような環境利用にかかわる広範な知識は，長い時間をかけた学習によって獲得される．マジャンギルの男の子は，6歳前後になると父親に連れられて森に出かけるようになる．ハチミツ採集には，たいてい大人だけでなく子供がついて行き，水汲みや焚き火の番などの手伝いをする．森の仕事が一人前にできるようになるのはずっと先のことだが，子どもは大人について森に出かけ，そこで遊びながら動植物に親しみ，知識を少しずつ蓄えるのである．

4.2.3　環境利用と森林動態

焼畑，狩猟，採集という生業活動によって，環境はどのような影響を受けるのだろうか．マジャンギルは従来，1カ所の集落に定着せず，移住を繰り返して生活を営んできた．そのような彼らの生活スタイルは，長期的に森林にどのような影響を与えてきたのだろうか．繰り返される移住と開拓によって，森林は蚕食され劣化していくのだろうか．本項では，マジャンギルの集落や焼畑の立地特性を考察することに加え，過去の森や焼畑の状態を復元することによって，この問いに答えてみたい．

この地域には，アメリカ軍によって1967年に撮影された空中写真が残っており，当時の地表環境を詳細に復元することが可能である．これらの空中写真を正射影図に変換してGISに格納するとともに，写真を実体視判読することによって成熟林，二次林，集落・焼畑地を識別し，土地分類を行った．加えて，1980年代以降については人工衛星データを用いて集落・焼畑地の変化をみた．これらの作業と同時に，現地で集落移動の歴史を聞き取りによって調べ，1930年代から現在にいたる過去の集落の場所をすべて復元し，GIS上にプロットした．

図4.2は，これらの結果の一部を表したものである．色の濃い面は1967年の空中写真から復元された成熟林，薄い面は二次林を示している．さ

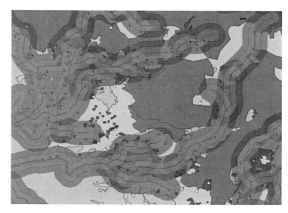

図4.2　マジャンギルの焼畑立地と森林分布
おもに北東側に分布する色の濃い面は成熟林を，南西側に分布する色の薄い面は二次林を示す．川から500 m，1 kmをバッファで表している．バッファや二次林の中に断片上に分布しているのが1967年の焼畑・集落である．

らに，ドットで表されているのは1930年代から現在までに開拓されたことのある集落跡（中心点）を示し，そして濃い色で細かいパッチ状に分布しているのが，1967年当時の集落および焼畑地である．さらに，地形図をトレースすることによって，森林内を流れる川（ほとんどは水量の少ない水流である）と，川から500 m以内と1 km以内の範囲をバッファで表している．

まず，集落および焼畑の立地特性に注目して図4.2を読み取ってみよう．図4.2における1967年の集落・焼畑のうち，58％は川から500 m以内の場所に立地し，83％は川から1 km圏内におさまっている．つまり，この時点にマジャンギルが開拓した焼畑や集落は，その大半が川から歩いて20分程度までの場所に位置しているのである．過去の集落跡のドットをみると，そのほとんどは同様に1 kmバッファのなかにあることからも，少なくとも20世紀以降，彼らが川から一定の距離にある場所だけを開拓・伐採してきたことがわかる．

成熟林および二次林と川との位置関係も，この推定を裏づけるものである．図4.2の二次林のうち，77％は川から1 km以内の範囲にある．これに対し，成熟林は川から1 km以内にあるものは全体の34％にすぎず，66％は川から離れた場所に残されている．

写真 4.13 板根の発達した大木

写真 4.14 定期市

　つまり，マジャンギルは森林全体を無秩序に開拓しているのではなく，限られた場所を一定の時間的間隔（休閑）をおいて繰り返し利用してきたのである．マジャンギルは水場だけでなく，焼畑が住居から離れていることを嫌い，住居に近接する領域を伐採して焼畑を造成してきた．現在でも住居から徒歩 30 分以上離れた場所に焼畑を造成することがほとんどない．この結果，図 4.2 に見られる成熟林は，ハチミツ採集や狩猟の場としては利用されながらも，焼畑として伐採されることなく成熟林のまま維持されているのである．このような成熟林内に入ると巨木が数多くみられる（写真 4.13）．以上の結果は，森林における焼畑農耕が長期的にも持続可能な生業であることを示している．

4.2.4 変容する生業社会と環境利用

　焼畑・狩猟・採集を核とした環境利用も，外部からの力を受けて持続的な状態から非持続的な状態へ変化することもある．最後に，そのような変化がどのようにして起こるのかを，同様にマジャンギルの事例から考えてみる．

　頻繁に集落を移動する生活を行ってきたマジャンギルの人びとは，1970 年代末から当時のエチオピア社会主義政権による定住化政策の影響を受け，1980 年代を通じて定住集落を形成した．それ以前には森林内に小さな集落を構えて分散していた人びとは，初めて国家の傘の下に入ることになった．しかし，定住化後も自給的な人びとの生業は変わらず続いた．急激な変化が訪れたのは，それからしばらく後の 1990 年代末からだった．そのきっかけとなったのは，エチオピア高原から移民がマジャンギルの村に流入したことと，村における定期市の開設だった（佐藤，2010）．

　人口稠密なエチオピア北部高原農村から人口密度が低く土地の生産性豊かな南部への移民は，社会主義政権時代からのエチオピア中央政府の一貫した政策である．マジャンギルの定住村へは，地方政府を通じてまず 1999 年に 1 村当たり数十人が再定住し，移民各世帯に農地を貸与された．その後，地縁・血縁による連鎖的移住（chain migration）によって，移民の流入が続いている．

　一方，ほぼ時を同じくして，週一度の定期市が村に開設された（写真 4.14）．市の日には，村外から商人がやってきて洋服や文房具などの商品を並べ，マジャンギルの女性たちもやがて自作の土器や採集した野生のトウガラシ，ニワトリや農作物などを売るようになった．こうして村内における現金取引が一般化すると，移民の一部が雑貨店などを開店し，マジャンギルの人びとは油やスパイス類などの調味料を毎日のように購入するようになった．エチオピア高原の食文化の要素がマジャンギルの食生活に入り，毎日の食べものが大きく変わった．それまで集落内でのマジャンギルどうしの現金のやりとりはまったくみられなかったが，移民の流入と定期市の開設をきっかけとして急速に現金経済が浸透した．2000 年代後半に入

って道路が改善され，車が村に入れるようになると，町との結びつきはいっそう急速に強化された．

現金の必要性が増すと，マジャンギルの男性たちは換金作物としてのコーヒー栽培に力を入れるようになった．マジャンギルは従来，森に自生する野生コーヒーを採集して町で換金するなどの生業を行っていたが，コーヒー栽培は1995年にエチオピア農業省によって村に導入されていた．コーヒー栽培の拡大によって，定住村周辺の成熟林の多くでは，下生えが伐採されてコーヒーが植えられることになった．

焼畑に関しては，2000年代後半から根本的な変化が起こりつつある．初期の移民は地方政府の要請を通じて土地を貸与されたが，後続の移民たちのほとんどは同様の手続きで農地を得ることができなかった．そこで彼らは個別に交渉してマジャンギルの畑の耕作を請け負い，収穫物を折半した．移民たちの農耕は焼畑ではなく，ウシを用いた犂耕作である（写真4.15）．こうして，マジャンギルの畑であっても，移民による請負耕作地では犂農耕がみられるようになってきている．

さらに，マジャンギルのなかには，現金を受け取って自らの焼畑休閑地を移民に貸与したり，譲渡したりする者も現れている．現金獲得の手段が限られているマジャンギルからすれば，休閑地の一部を譲りさえすれば労せずして現金が得られる．移民からみると破格の安値で自らの農地を手に入れることができる．こうして得たお金で移民

の営む酒場に入り，それまで飲んでいなかったビールの味を覚えた男性もいる．

このようにして，10年余りの間に村の暮らしは大きく変わるとともに，村の景観も一変した．人口集中による土地の稀少化にともなって焼畑の休閑期間は短縮化し，かつて必要のなかった除草労働が必須となった．このまま土地の稀少化が進行すれば，マジャンギルの人びと自身も焼畑をやめて常畑耕作者になると予想される．1990年代には，住居をとりまく空間はさまざまな遷移段階の休閑林におおわれていたが，現在では見渡す限りの畑地景観となった．定住化とは，森に薄く広く分散していた集落が少数の拠点に集中することである．したがって，定住集落周辺では土地利用が集約化する一方で，かつて小規模な集落が立地していた森の大部分は無人化して森林化が進んだ．つまり，定住化によって全体として森林面積の減少が生じることはなかったが，そのかわり一部の場所では森林は消滅した．

以上に述べたマジャンギルの生業と環境の変容プロセスから，どんな状況において焼畑が消滅していくのかをみることができる．最も重要なのは，人口分布が拠点化し少数の村に人が集中することである．人口集中は，単純に人口が増加していくことよりも，学校，診療所，教会，商業施設など，中心地機能をもつ施設がもたらされることによって引き起こされることが多い．いずれにせよ，人口密度が高まると土地の稀少性も上昇し，焼畑を行うメリットが減少し，焼畑は犂を使った常畑農耕など集約的な土地利用におきかわる．焼畑が土地を劣化させるのではなく，土地の劣化によって焼畑が消滅するのである．

定住村落の周囲にまだ広大に残されている森林が将来減少あるいは劣化することがあるとすれば，それはまた別のプロセスであろう．木材伐採にせよ農園開発にせよ，まず生産物の搬出可能な道路ができる．エチオピアでは，1990年代前半まで内戦の影響で縁辺地域の開発は停滞していたが，2000年代に入り，空前の好景気とともに幹線道路が整備され，縁辺地域の道路も急速に改善されている．それは人びとに豊かさを与えるもの

写真4.15 犂耕作によって森を開拓する高地移民

である一方，資源の流出を引き起こすリスクもともなうものであり，人びとの持続的な生活を守るためには適切な資源管理制度が整備されなければならないだろう．　　　　　　　　　　［佐藤廉也］

4.3　乾燥地域における牧畜，昆虫食，マルーラ酒

アフリカで生業を営む人びとは，単一の生業のみに特化したスペシャリスト（specialist）ではなく，複数の生業を組み合わせるジェネラリスト（generalist）であるといわれる．農耕や牧畜など，生計の基盤となる生業に力を注ぎつつも，身近な自然環境に生育する野草や食用昆虫を採集したり，雨季に魚を捕ったりと多様な自然資源を利用する．それぞれの生業は，独立して営まれるというよりも，さまざまな点で結びつきがみられ，お互いに関連した総体として彼らの生活を支えている．本節では，人びとの多様な自然資源利用の形態に注目し，ナミビア北部のオヴァンボ社会を事例に生業間の結びつきについて紹介する．

4.3.1　複合生業システムと非木材林産物の利用

生業とは，人びとの日常生活を支えるなりわいのことである．アフリカでは，農耕や牧畜，狩猟採集や漁労などが営まれ，栽培化された作物や家畜，野生の動植物が日々の食糧や現金稼得源として利用されている．また，都市部での出稼ぎや就労も活発で，近年ではなんらかの形で現金を稼ぐ仕事に従事する人の数が増えている．アフリカの各地に暮らす人びとの集団は，主とする生業の種類から，"農耕民"や"牧畜民"，"狩猟採集民"とよばれることがある．しかし，実際には複数の生業を営む場合の方が多いであろう．

複数の生業を組み合わせる生業形態は，複合生業とよばれる．生業の複合形態を研究した安室は，複合生業を外的複合と内的複合に区別した（安室，1997）．外的複合とは，それぞれの生業がお互いに結びつかず，別々に営まれている形態であり，内的複合とはお互いの生業が結びついて営まれるような形態を指す．たとえば，日本では水田で稲作が古くから営まれているが，同じ空間を鯉などの魚やカモなどの家禽を育てる場としても

利用し，畔では大豆栽培やイナゴの採集を行うなど，さまざまな生業で水田を活用する事例がみられる．こうした形態が内的複合とよばれる複合生業である．

アフリカでみられる複合生業においても，外的複合とともに，内的複合の事例が多々見受けられる．その典型的なものは，農耕と牧畜とを結びつけた農牧複合である．たとえば，穂を刈り取った後の作物の茎葉を家畜の餌として利用するために畑で放牧を行い，家畜の糞尿を肥料として利用する，というような農耕と牧畜との結びつきを各地でみることができる．また，樹木の利用を農耕や牧畜と結びつけて営まれる"アグロフォレストリ（agroforestry）"も盛んである．アグロフォレストリとは，農業（agriculture）と林業（forestry／silviculture）を組み合わせた言葉である．その組み合わせ方には多様な形態が含まれる．たとえば，畑のなかに樹木を意図的／非意図的に生育させ，一筆の畑から樹木の果実を採集しつつ，作物も収穫するという形態がある．また，それに牧畜（pasture）を組み合わせる"アグロ・シルボ・パストラル"とよばれる方法もある．

アグロフォレストリは，その多様な機能に注目が集められている．たとえば，畑地の土壌改良効果や果実などの販売による現金稼得源としての機能などが強調されてきた．このような，従来から指摘されていた点に加え，国際アグロフォレストリセンターの報告書では気候変動に対する緩衝効果（Mbow et al., 2014；Lasco et al., 2014）や途上国農村の栄養改善（Jamnadass et al., 2013）などの機能を強調している（World Agroforestry Centre, 2014）．また，同報告書では，人口が増加するなかで2050年までに食糧生産を60％増加する必要があると指摘し，そのために土地利用の持続的な集約化（sustainable intensification）をもたらす必要があると述べ，その際にアグロフォレストリなどの複合生業が鍵になるとしている（World Agroforestry Centre, 2014）．アグロフォレストリは，農村開発分野と結びつき，途上国の農村に外来の技術として新たに導入される場合も多い．他方，アフリカでは，昔から実践されてき

70　　4.　生業と環境利用

表 4.2　非木材林産物の地域別利用量（2011 年）

	食糧としての消費量 (千トン)		1 人当たり消費量 (kg)		収入の推定 (US$, 2011) (インフォーマル)	
	動物性	植物性	動物性	植物性	動物性	植物性
アフリカ	1292	3001	1.2	2.9	3165	2082
アジア・オセアニア	1158	60937	0.3	14.4	3549	63688
ヨーロッパ	505	2374	0.7	3.2	2130	5450
北アメリカ	351	888	1.0	2.6	1016	2627
南アメリカ・カリブ海	271	5360	0.5	9.0	646	2963
全世界	3578	72560	0.5	10.4	10506	76810

出典：FAO, 2014.

た在来技術としてアグロフォレストリが根づいている地域もみられる.

　植物の果実や茎葉, あるいは植物を通じて得られる食用昆虫などの資源は, "非木材林産物（non wood forest products：NWFPs, あるいは non timber forest products：NTFPs）" とよばれることがある. 非木材林産物とは, 木材などの林産物と対比させた言葉である. 木材林産物が樹木を伐採することで使用され, 利用に際して森林に負荷をかけることが問題視されることが多いが, 非木材林産物は再生可能な森林資源であり, 持続的に利用できるという利点がある. また, 果実などを加工したオイルや酒, ナッツなどはグローバル企業によって商品化されることも多く, 途上国農村に暮らす人びとの現金稼得源としても注目を集めている. さらには, 非木材林産物を現地の人が日常の食に組み込むことで, 栄養面でのバランスが改善されるなどの効果も指摘されている.

　このような非木材林産物の一種として, 食用昆虫も脚光を浴びている. 2013 年 5 月にローマで開催された FAO（国連食糧農業機関）の国際会議「食料安全保障・栄養のための森林に関する国際会議」では, 森林産物のひとつである昆虫の活用が議題となった. 2050 年には全世界で 90 億人に達すると試算される人口を養う潜在的な食料源として, これまで産業としての活用が「未発達」であった昆虫が注目されている. この会議に合わせて発表された FAO の報告書では, 昆虫の食料や飼料資源としての可能性について議論されている（Huis et al., 2013）.

　日本では, 昆虫食という言葉にあまりなじみが

ない人も多いかもしれない. しかし, 中山間地域を中心に, イナゴやハチノコをはじめ, ザザムシやカイコの幼虫, セミ, ゲンゴロウなど, 地域によって異なる昆虫が食材として用いられ, 現在でも一部の食用昆虫には根強い人気がある. 世界に目を向けると, アジアやアフリカをはじめ, きわめて広い範囲で昆虫が食糧資源として利用され（表 4.2, 図 4.3）, 重要なタンパク源となっている. アフリカでは熱帯雨林から砂漠まで, 多種多様な昆虫が利用されているが, なかでもシロアリ類とイモムシ類が広範囲で食されている.

4.3.2　オヴァンボの複合生業システム

　次に, 複合生業とそれにともなう非木材林産物利用の具体的な様子をナミビア共和国に暮らすオヴァンボ（Ovambo）農牧民の事例から紹介する. ナミビアは, アフリカ大陸南西部に位置する砂漠の国で, 海岸沿いにはナミブ砂漠, 内陸部にはカラハリ砂漠が広がる乾燥した国である. オヴァンボ人は年間降水量が 300〜500 mm 程度の北部地域に暮らしている. 彼らはトウジンビエという穀物を主作物とする農耕とウシや小家畜を飼養する牧畜をおもな生業としている. 同時に, 木の実や食用昆虫の採集, 季節河川での漁撈, 都市での就労など, 多様な生業を組み合わせた複合生業を実践している. そうしたなかで, 都市で給料の高い職に就く人のなかには高額の給与を得ている富裕者が現れ, そのような職に就けない人との間で経済的な格差が生じつつある（藤岡, 2008）.

　オヴァンボの農耕は天水に依存したもので, 基本的には自給のために行われる. 雨季が始まる 12 月, ロバにひかせる犂や 1980 年頃から導入し

図 4.3 国別にみた食用昆虫の種数（Huis et al. (2013) をもとに筆者作成）

表 4.3 ナミビア北部でみられる栽培／半栽培草本植物

日本名	学名	現地語名	食用方法
トウジンビエ	Pennisetum glaucum	mahangu	主食（固粥），微発酵飲料
モロコシ	Sorghum bicolor	omushokolo	微発酵飲料
トウモロコシ	Zea mays	epungu	茹で
ササゲ	Vigna unguiculata	ekunde	茹で
バンバラマメ	Vigna subterranea	eefukuwa	茹で
スイカ	Citrullus lanatus	etanga	生食
ウリ科作物	?	enuwa	生食
カボチャ	Cucurbita sp.	enyanguwa	茹で
野草 （半栽培）	Cleome gynandra Amalanthus thunbergii Sesuvium sesuvioides	omboga ekwakwa omdjulu	茹で

始めたトラクターで畑を耕起し，一家総出で播種を行う．おもな栽培作物はトウジンビエであり，モロコシやトウモロコシ，ササゲ，バンバラマメ，スイカなどを組み合わせる（表4.3）．これらの多くはアフリカ起源の作物であり，アフリカのサバンナで典型的にみられる組み合わせである．人びとは畝上にトウジンビエを植え，畝間にササゲやスイカなどを植えるというように，一筆の畑に数種類の作物を間作あるいは混作状態で栽培する．発芽してしばらくすると雑草が増えるため，人びとは涼しい朝のうちに手鍬を用いて毎日除草作業を行う．除草作業は世帯内労働が基本であるが，ときには共同労働で数人〜数十人が一斉に除草作業に従事する．3月頃からササゲの収穫が始まり，乾季が始まる5月頃にトウジンビエやモロコシが収穫される．

オヴァンボは農耕とともに牧畜を営み，おもに男性が家畜の世話をする．飼養される家畜はウシと小家畜（ヤギとヒツジ）であり，役畜としてロバを飼う世帯も多い．家畜は木の柵で囲まれた家畜囲いで夜を過ごし，日中は放牧に出される．オヴァンボの牧畜の特徴は，村から数十km離れた場所に放牧キャンプを設け，季節に応じて家畜を移動させる点にある（藤岡，2006a）．住居を移動せず，放牧キャンプのみを移動する放牧形態は移牧とよばれる．彼らの移牧はここ数十年のあいだに大きく変化し，放牧キャンプ周辺にキャトルポスト（cattle post）とよばれる柵で囲まれた放牧地をもつ世帯が現れている．かつての放牧キャンプが乾季の一時期のみ使われていたのに対し，キ

表 4.4　オヴァンボの食用昆虫

目名	学名	現地語名	和名	食用成長段階	発生場所	発生時期	発生状況
甲虫目	Sternocera orissa	engo	タマムシ	成虫	アカシア群落・モパネ群落（数種の樹木）	12〜4月	継続的
	Orictes boas	endangali	コガネムシ	幼虫	家畜囲いの土中	12〜3月	継続的
半翅目	Coridius viduatus	enkili	ノコギリカメムシ	成虫	畑（カボチャ・スイカの葉）	1〜4月	継続的
	Coridius sp.	uutandapuka	ノコギリカメムシ	ニンフ（若虫）	畑（カボチャ・スイカの葉）	12〜2月	継続的
	Platypleura liadiana	enblunyenye	セミ	成虫	アカシア群落・モパネ群落（数種の樹木）	9〜12月	継続的
シロアリ目	Macrotermes sp.	eethakulatha	シロアリ	成虫	シロアリ塚	11〜12月	散発的
鱗翅目	Celerio liaeata	enampalo	スズメガ	幼虫	季節河川の河床（草本）	12〜2月	集中的
	Imbrasia belina	egungu	ヤママユガ	幼虫	モパネ群落（モパネの木）	12月,2〜3月	集中的
	Gynanisa maja	ehonkowe	ヤママユガ	幼虫	モパネ群落（モパネの木）	12月,2〜3月	集中的
	Heniocha sp.	okatalashe	ヤママユガ	幼虫	灌木帯	1〜2月	集中的
	Coenobasis amoena	okanangole	ドクガ	幼虫	アカシア群落（Acacia arenariaの木）	12〜4月	集中的

　ャトルポストは1年中利用される点が特徴である．キャトルポストの多くには柵が設けられ，そのなかに雇用された牧夫が滞在する小屋や家畜囲いが設置されている．キャトルポストは1980年代から設置が盛んになり，その数はしだいに増加している．キャトルポストを設置できるのは，都市で就労し，高額の給与を得られるようになった人である．キャトルポストでは，雇用された牧夫が滞在して家畜の世話をし，所有者は週末を中心に車で状況を確認しにくる．

　家畜の乳製品や肉はオヴァンボにとっての重要な副食（おかず）である．また，彼らの副食は，飼育されているものからだけでなく，野生の植物や昆虫，魚など，多様な資源から構成される．そのなかで重要なのは，イモムシやカメムシなどの食用昆虫である．オヴァンボは，シロアリや5種類のイモムシ，コガネムシ（幼虫），カメムシ（成虫と若虫），タマムシを食用とする（表4.4）（藤岡，2006b）．ある村に住んでいる人たちに，「おいしいおかずは何？」と尋ねると，鶏肉やヤギ肉，魚があげられたが，イラガの幼虫の"オカナンゴレ"が，それらを抑えて一番おいしいという回答が半数以上から得られた．昆虫は日々の「おいしいおかず」の代表格なのである．これらの昆虫を食べる際は，採集をした後に下処理を行い，種ごとに異なる調理がされる．たとえば，モパネワームとよばれるヤママユガ（の一種）の幼虫（写真4.16）は，内臓を取り出したのち，沸騰した少量のお湯のなかに塩とともに入れて水が蒸発するまで火を通し，その後乾燥させる．そして，ふたた

写真 4.16　食用とされるイモムシ（モパネワーム）

びお湯にスープの素などと一緒にいれて煮込み，"イモムシスープ"にする．一方，先に紹介した"オカナンゴレ"は，内臓を取り出さずに沸騰した少量のお湯に塩とともに入れ，乾燥した状態で食べる．コガネムシの幼虫は少量の油とともに炒めて食べる．それぞれ，昆虫ごとに最もおいしい食べ方があり，調理方法は各家々によっても少しずつ異なっている．こうして集めたイモムシは，先に紹介したような下処理を行い，乾季の食糧として備蓄される．

　野生の植物も副食食材や酒・油の原料として用いられる．副食とされるのは，おもに野草の葉や茎である．とくに，畑に生えてくる3種の野草は副食食材として重要であり，雨季には頻繁に採集が行われ，食用にされる．これらも雨季の間に大量に採集しておき，乾燥させて備蓄し，乾季にも食べる．酒や油の原料として用いられるのは，畑を中心に生育している樹木の果実である．畑のなかには，大きな木がポツポツと点在し，その多くがマルーラの木とヤシ科のドゥームヤシの木である．これらの木の大部分は人びとが意図的に植え

たものではなく，「自然に」生えてきた半栽培植物である．樹木は，葉や枝が作物の養分となり，また家畜の餌にもなり，農耕や牧畜との結びつきがみられる．マルーラ（marula）は，半乾燥地域を中心にアフリカ大陸に広く分布するウルシ科の落葉広葉樹である．樹高は20mほどに達し，雨季の間に梅の実くらいの大きさの黄色い果実を多量につける．果実は大部分を種子が占めるが，薄い果肉の部分にみずみずしい多量の果汁が含まれている．マルーラが熟す3月はオヴァンボの人びとにとって特別な季節であり，彼らの言葉で"マルーラ酒の季節"とよばれる．

オヴァンボは，マルーラの果汁を発酵させた醸造酒（マルーラ酒）をつくる．マルーラ酒は透明感のある白色をした美酒であり，現地の多くの人びとが好んで飲む．彼らはマルーラ酒以外にもモロコシの醸造酒やヤシの蒸留酒などをつくるが，これらの酒が世帯ごとに個別につくられるのに対し，マルーラ酒の場合は異なる世帯の女性が複数集まり，共同で作業が行われるという点で他の酒と異なっている．酒づくりの方法は次のとおりである．まず，果実が熟した木を保有する世帯の女性が果実を1カ所に集め，果汁を搾る準備をする．そして，その女性が他世帯の女性たちに日を決めて果汁搾りの手伝いを依頼する．その日になると，マルーラを保有する世帯の女性と手伝いの女性が山積みの果実の横に集まり，その場で果汁を搾る（口絵9参照）．2月から3月にかけて，女性たちは村のなかで数カ所に別れて果汁を搾り，毎日場所を移動する．果汁を一緒に搾るメンバーは固定されたものではなく，日によって入れ替わる．女性たちはその場で搾ったばかりの若干発酵した果汁を飲みつつ，村人のうわさ話などに花を咲かせる．そして，果汁搾りを手伝ってもらった女性は，お返しとして，手伝ってもらった女性の作業を後日手伝うのである．興味深いことに，こうして搾られた果汁はすべてその木の保有世帯のものとなり，手伝った女性は搾った果汁を得ることができない．しかし，酒が発酵すると，酒の所有者は手伝ってもらった女性や友人，親戚などをよび集めてその酒を共飲し，また他世帯に贈与す

る．そのため，マルーラの木の所有者以外の世帯にも酒を飲む機会が提供されるのである．

4.3.3　生業間の結びつき

このように，オヴァンボは農耕と牧畜を中心に複数の生業を営み，それらの資源によって生計を維持しているが，それぞれの生業はさまざまな点で結びついて実践され，総体として一つのシステムができあがっている．たとえば，畑での家畜の刈り跡放牧や畑内に生育する果樹を家畜の餌資源あるいは作物の養分源として活用する方法がその例である．刈り跡放牧は，畑内の作物の穂を刈り取ったのちにウシやヤギなどの家畜を畑のなかに入れ，作物の茎葉を餌として食べさせる放牧形態である（写真4.17）．人びとは，家畜にとっては栄養価の高い餌を十分に食べられることで利点があり，また畑に投入された家畜の糞尿が作物にとっての養分となり，さらには次の雨季に畑を耕す前に家畜が畑をきれいにしてくれるので掃除の手間が省ける"一石三鳥"の方法であると説明する．また，畑内に生育する樹木の葉は家畜の食料となり，家畜が木の周りに集まって糞をするとそれが畑の栄養源となり，さらには葉や枝が畑に入るとそれも作物の養分になるという．すなわち，畑という空間が多様な生業によって利用され，それぞれに結びつきがある（図4.4）．

オヴァンボの生業は，これまでみてきたような生産過程での結びつきとともに，消費の過程での結びつきもみられる．基本的に，農作物や畜産物などは各家庭で自家消費され，一部は市場で販売される．それとともに現地の人びとが重要視して

写真4.17　刈り跡放牧

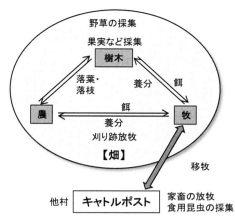

図 4.4 オヴァンボのアグロ・シルボ・パストラル

写真 4.18 キャトルポストの風景と周辺で採集されたイモムシ（天日で乾燥させている）

いるのが贈与や物々交換としての利用である．オヴァンボの社会には，"首の骨"と現地語でよばれる相互扶助の規範がある．この言葉には，①家畜を屠殺した際には首の部分の肉を近所の世帯に贈与しなければならないという意味とともに，②隣近所の世帯は首の骨のようにつながっていなければならない，という意味があるといわれる．この規範のもと，彼らは日常的に家畜のミルクや屠殺後の肉を隣近所に贈与するのである．こうした副食食材の贈与において重要であるのは，多数の家畜を所有し，キャトルポストを設置する富裕世帯である．彼らはミルクや家畜の肉を他世帯に頻繁に贈与する．さらに，村から遠方に位置するキャトルポストでは，イモムシ（モパネワーム）などの食用昆虫を多数採集することができる（写真4.18）．富裕世帯は，それらをキャトルポストから村に持ち帰り，村の他世帯に贈与する．贈与された世帯のなかでもとりわけ非富裕世帯では，これらの食材が日々の副食の材料として重要なのである．

一方，"首の骨"の関係は，富裕世帯から一方的に物が贈与される関係ではない．人びとは，返礼を通じて相互的に関係を維持する必要性を指摘する．家畜やキャトルポストをもたない非富裕世帯が返礼として贈るおもな贈答品は，マルーラ酒であった．酒をつくる女性や男性の家長は，村内あるいは他村の世帯とのあいだで酒を頻繁に贈与しあう．贈与の際には酒をコーラの空き瓶などに入れ，2〜5リットル単位で他世帯に贈るのが一般的であるが，ときには10〜25リットルほどを一度に贈る場合もある．2007年2月から3月にかけて，ある村の30世帯で調べたところ，22世帯がのべ525回，マルーラ酒を他世帯に贈与していた．マルーラ酒を頻繁に贈与する理由としては，ひとつには果汁搾りを手伝ってもらった女性へのお礼という意味がある．しかし他方で，村の人びとは，共同労働にまったく参加していない世帯にも，積極的に酒を贈与していた．その理由を尋ねてみると，彼らが日常的に行っている日々のおかずの食材をもらったお礼だと述べる人が多かった．マルーラ酒をつくる過程にまったく参加していない世帯は，女性が町に働きに出ていて，あまり家にいないことが多かった．彼らは現金収入が多く，家畜を多数所有しており，肉やミルクなどの副食食材を他世帯に贈与する傾向がみられた．しかし，世帯構成員に町で働く人がおらず，十分な収入のない世帯では，家畜をまったく所有していない場合も多い．そうした世帯は，相互扶助の関係を保つため，この季節に積極的にマルーラ酒を他世帯に贈与する．オヴァンボの人びとにとって，マルーラ酒は人と人との関係を取りもつ重要な酒なのである．

降雨が不安定な地域に暮らす人びとの多くは，降雨の不確実性をみこした事前の対処，干ばつなどの気象災害が発生した後の事後の対処を行っている．生業の複合は，不確実な降雨への対処シス

テムにもなりうる．彼らの社会には，トウジンビエを入手するための自給以外の手段として，現金を介した購入，他世帯からの贈与，オシャシャ（*oshasha*）とオクピンガカニシャ（*okupingakanitha*）とよばれる2種類の物々交換様式，の四つの手段がある．オシャシャとオクピンガカニシャはともに物々交換の様式であり，基本的には現金を介さない手段である．オシャシャは，肉や魚，バスケットなどの交換財とトウジンビエなどを直接的に交換する物々交換であるが，個人ごとに行う交換ではなく，日を決めて一対複数で交換するという点に特徴がある．一般的なオシャシャの順序としては，①トウジンビエ等の入手を希望する世帯が物々交換のために必要となる交換財を事前に準備し，②オシャシャを行う日を決め，多くの人にアナウンスを行う．そして，③オシャシャを行う当日，交換財を入手したい人びとが適当な量のトウジンビエを持ち寄り，その量に応じて物々交換が行われる．一方，オクピンガカニシャは，一対一の取引であり，典型的なものとしては，生きた家畜（とくにウシ）1頭と穀物庫1個分のトウジンビエとの交換のことを指す．2008年から2012年までの5年間のうち4年間に，ある村でトウジンビエをなんらかの方法で入手した世帯はのべ37世帯であった．手段の内訳を回数別にみると，購入が17回（32％），他世帯からの贈与が6回（12％），オシャシャによる入手が30回（57％），オクピンガカニシャによる入手が1回（2％）であり，回数でみるとオシャシャが最も多い傾向にあった．年による変動もみられ，大雨の被害が生じた2008/09年は取引回数が少なかったが，その2年後に再度大雨に見舞われた2010/11年の後はトウジンビエを入手した世帯が多い傾向がみられた．オシャシャに使用された交換財に注目すると，交換回数が最も多かったものは牛肉（17回）であり，次に淡水魚（ヒレナマズ）（7回），ヤギ肉（4回），購入した冷凍魚（2回）の順であった．2011年のS氏（61歳）の場合，「3月に家族総出で魚をとりに行き，段ボール箱2杯分のヒレナマズを準備した．近所の世帯に次の日にオシャシャをすることを事前に伝え，その日に希望者

がトウジンビエを持ち寄り，量に応じて魚と交換した．最終的に20リットルコンテナ五つ分（約83kg）のトウジンビエを入手した」と述べていた（藤岡，2016）．このように，農作物であるトウジンビエと家畜の肉などの畜産物，野生の魚は，物々交換で可換なものであり，このような点でも生業間の結びつきが存在しているのである．

4.3.4　複合生業システムの将来

このように，各生業は生産と消費の多様な側面での結びつきがみられ，総体として一つのシステムとして発達してきた．生業によって得られる資源は，単に自家消費のために利用されるだけでなく，贈与や物々交換を介しても入手され，世帯間の結びつきを強化し，資源への多様なアクセスチャンネルを維持するために活用されている．また，アフリカは気象災害に対して世界のなかで最も脆弱な地域であるといわれるが，地域住民は極端な気象の発生に備え食料を確保するための事前および事後対応の制度やネットワークを発達させてきた．そのようなシステムのなかに複合生業が組み込まれている．

他方，現代のアフリカ農村では，地方都市の発達や大型スーパーマーケットの進出など，食糧を購入する機会が増加し，現金によって食料不足を解決できる状況が整備されつつある．ナミビアでは，経済のグローバリゼーションが進むなかで，政策立案者やトレーダーは，作物や家畜を販売しない傾向が発展の阻害要因であると指摘することもある．市場への販売を指向する世帯もあり，作物を自給ではなく，市場からの購入によって賄う人の数も増加している．しかし，市場での食料価格は乱高下を繰り返すため，こうした対応が災害への脆弱性をむしろ高めていると指摘されることもある．また，世帯の孤立化や核家族化が進行し，社会的なネットワークが変化していることも報告されている．近年の社会経済的な変化が複合生業システムをどのように変化させ，食料確保に対する脆弱性を増大させているのか，あるいは緩和させているのか，注意深く見ていく必要があるだろう．

また，富裕世帯が，社会のなかでいかなる役割

を果たしているのかについても，注目していく必要がある．彼らは広い面積の土地を囲いこみ，農業機械の導入などを率先して実施するため，得られる作物の量も多く，貯蓄量も多い．こうした世帯が飢饉などの際に無償で食料を供出することはないが，物々交換や食料の購入先として他世帯がアテにする場合も多い．経済的な格差が拡大するなかで，富裕世帯と非富裕世帯との関係がどのようなものであり，また災害発生時などの非日常の際の機能などについても注目していく必要があるだろう．

[藤岡悠一郎]

引 用 文 献

市川光雄（1994）：森の民の生きる道．掛谷　誠編『地球に生きる2　環境の社会化』93-113．雄山閣．

大崎雅一（1991）：カラハリ狩猟採集民サンの定住化とその影響．田中二郎・掛谷　誠編『ヒトの自然誌』568-593．平凡社．

大塚柳太郎ほか（2002）：『人類生態学』東京大学出版会．

大山修一（2009）：ザンビアの農村における土地の共同保有にみる公共圏と土地法の改正．児玉由佳編『現代アフリカ農村と公共圏』147-183．アジア経済研究所．

大山修一（2002）：市場経済化と焼畑農耕社会の変容—ザンビア北部ベンバ社会の事例．掛谷　誠ほか編『アフリカ農耕民の世界—その在来性と変容』3-49．京都大学学術出版会．

掛谷　誠（1986）：伝統的農耕民の生活構造—トングウェを中心として—．伊谷純一郎・田中二郎編『自然社会の人類学：アフリカに生きる』217-248．アカデミア出版会．

掛谷　誠（1991）：平等性と不平等性のはざまで—トングウェ社会のムワミ制度．田中二郎・掛谷　誠編『ヒトの自然誌』59-88．平凡社．

掛谷　誠（1993）：ミオンボ林の農耕民—その生態と社会編成．赤坂　賢ほか編『アフリカ研究：人・ことば・文化』18-30．世界思想社．

掛谷　誠（1994）：焼畑農耕社会と平準化機構．大塚柳太郎編『地球に生きる3　資源への文化的適応』121-145．雄山閣．

栗本英世（1981）：牛の移籍と社会関係—南部スーダン・ロコロ族の場合—．季刊人類学，12（3）：210-255．

栗本英世（1994）：雨と紛争—ナイル系パリ社会における首長殺しの事例研究—．国立民族学博物館研究報告，11（1）：103-161．

湖中真哉（1996）：牧畜的世界に読み換えられた近代的世界—牧畜民サンブルの社会変化．田中二郎ほか編『続・自然社会の人類学—変貌するアフリカ』117-145．アカデミア出版会．

佐川　徹（2014）：エチオピア牧畜民に大規模開発は何をもたらすのか．内藤直樹・山北輝裕編『社会的包摂と排除の人類学—開発・難民・福祉』41-56．昭和堂．

佐藤廉也（1995）：焼畑農耕システムにおける労働の季節配分と多様化戦略．人文地理，47（6）：541-561．

佐藤廉也（2010）：定期市の開設にともなうマジャンギルの生業変化と現金経済への適応．比較社会文化，16：87-101．

佐藤廉也（2014）：エチオピア南西部の森林農耕民マジャンギルの植物利用と認知．地球社会統合科学，21：1-28．

佐藤　俊（1986）：レンディーレ族の遊牧生活．伊谷純一郎・田中二郎編『自然社会の人類学：アフリカに生きる』147-180．アカデミア出版会．

佐藤　俊（1993）：『レンディーレ：北ケニアのラクダ遊牧民』弘文堂．

佐藤　俊（1996）：遊牧民と仲買商人—北ケニアにおける遊牧的な地域経済．田中二郎ほか編『続・自然社会の人類学—変貌するアフリカ』147-173．アカデミア出版会．

田中二郎（1977）：採集狩猟民の比較生態学的考察．伊谷純一郎・原子令三編『人類の自然誌』3-27．雄山閣．

田中二郎（1993）：アフリカ乾燥帯における人と自然．赤坂賢ほか編『アフリカ研究：人・ことば・文化』2-17．世界思想社．

平野克己（2013）：『経済大陸アフリカ—資源，食糧問題から開発政策まで』中公新書．

藤岡悠一郎（2008）：ナミビア北部農村における社会変容と在来果樹マルーラ（*Sclerocarya birrea*）の利用変化—人為植生をめぐるポリティカル・エコロジー．人文地理，60（3）：1-20．

藤岡悠一郎（2006a）：ナミビア北部における食肉産業の展開とオヴァンボ農牧民の牧畜活動の変容—キャトルポストの設置に注目して．アジア・アフリカ地域研究，6（2）：332-351．

藤岡悠一郎（2006b）：ナミビア北部に暮らすオヴァンボ農牧民の昆虫食にみられる近年の変容．エコソフィア，18：95-109．

安室　知（1997）：複合生業論．野本寛一・香月洋一郎編『講座日本の民俗学5　生業の民俗』249-270．雄山閣．

Boserup, E. (1981): *Population and Technological Change: A Study of Long-Term Trends.* Chicago：The University of Chicago Press. エスター・ボーズラップ，尾崎忠二郎・鈴木敏央訳（1991）：『人口と技術移転』大明堂.

Cotula, L. et al. (2009): *Land grab or development opportunity? Agricultural investment and international land deals in Africa.* FAO, IIED and IFAD. (http://www.fao.org/3/a-ak241e.pdf)

Deininger, K. et al. (2010): Rising global interest in farmland：Can it yield sustainable and equitable benefits? Washington, D.C.：The World Bank. (http://siteresources. worldbank.org/DEC/Resources/Rising-Global-Interest-in-Farmland.pdf)

Huis, A., Van Itterbeeck, J., Klunder, H., Mertens, E., Halloran, A., Muir, G. and P. Vantomme (2013): *Edible Insects：Future Prospects for Food and Feed Security.*

Rome：FAO.
Jamnadass, R. et al. (2013)：Agroforestry for food and nutritional security. *Unasylva*, 64：23-29.
Lasco, R. D., Delfino, R. J. P., Catacutan, D. C., Simelton, E. S. and Wilson, D. M. (2014)：Climate risk adaptation by smallholder farmers：the roles of trees and agroforestry. *Current Opinion in Environmental Sustainability*, 6：83-88.
Matondi, P. B. et al. (2011)：*Biofuels, land grabbing and food security in Africa*. London/New York：Zed Books.
Mbow, C., Smith, P., Skole, D., Duguma, L. and Bustamante, M. (2014)：Achieving mitigation and adaptation to climate change through sustainable agroforestry practices in Africa. *Current Opinion in Environmental Sustainability*, 6：8-14.
World Agroforestry Centre (2014)：*Trees for Life：An annual report for the World Agroforestry Centre 2013-2014*. World Agroforestry Centre.

====== コラム4　狩猟採集民の移動と定住化 ======

「ほら，ごらん．私たちの故郷に雨が降っている．窪地には雨水がたまって，動物たちが集まってくるよ．木の実が色づいて，スイカが実りはじめたよ．」小さな孫娘をあやしていたジョナが突然，遠くの空を見つめた．彼女の指差す先で，厚い雨雲から灰色のカーテンのように雨が降っていた．さえぎるものがない，まったいらなカラハリの大地では，はるかかなたに降る雨の様子もよくみえる．

南部アフリカの乾燥地では，毎年，異なる場所に異なる量の雨が降る．若かかりし日のジョナは，雨季が近づくと，いつも空を見上げていたという．雨雲がやってくる気配のない年は，遠くにみえる雨雲に向かって歩き続けた．目指すのは，雨水が満ちた大きな水たまり．その周りに広がる原野はみずみずしく，そこかしこで野生の動物が跳ね，野生の植物の実りであふれる．その豊かな食べ物と水を求めて，人々が集まってくる．離れ離れに暮らしていた乾季が終わり，雨季はにぎやかな再会のときだ．しばらくのあいだ，そこに暮らし，そしてまた次の水たまりへと移動していく．

気まぐれな雨に翻弄され，自らの住まいを転々とさせる暮らしは，困難なものに思えるだろうか．身軽に移動するために最低限のものしかもたず，家といえば木と草ですぐに作れる簡素な小屋しかない暮らしは，貧しいものにもみえるかもしれない．実際，多くの国家は，移動を繰り返す人々を，なんとかひとつところに定住させようと躍起になってきた．それこそが「発展」や「近代化」や「貧困削減」への道であり，彼らのためになる「正しいこと」だと多くの人が信じてきたのだ．

ジョナたち，ブッシュマンとよばれる狩猟採集民に対しても，とくに過去半世紀のあいだにさまざまなかたちで定住化が進められてきた．彼女の暮らすボツワナでは，1970年代後半から，学校や病院や水場を備えた開発の拠点が全国各地に設けられた．移動をやめ，そこに定住することによって，恒常的に教育や医療や福祉にアクセスできる．それがこの国の少数民族であるブッシュマンを「主流社会に統合する」ためにも重要なことだと考えられたのである．その結果，大半のブッシュマンが，全国いずれかの開発拠点に住まいをもつようになった．

雨水を湛えた大きな水たまりのそばで狩りの得意な青年に口説かれたジョナも，いまでは開発拠点で井戸水を飲み，政府が支給する老齢年金をもらう歳になった．彼女の孫たちの多くは，病院で生まれ，学校に通うようになった．だけど，ジョナが歩きまわった広大なカラハリの大地に比べれば，その片隅につくられた開発拠点はあまりに小さく，そこに押し込められるように集められた人びとのあいだでは何かと諍いが起きる．そして，遠く雨の降る故郷は，いまや自然保護区として囲い込まれ，狩猟や採集はおろか，自由に立ち入ることさえできなくなった．

それでも，実のところ，移動はいまなお，彼らの日常の一部としてたしかに続いている．開発拠点の周囲には，狩猟採集を目的とした季節ごとの住まいがいくつも，原野にうずもれるようにつくられ，それらと開発拠点のあいだでは人びとがたえまなく行き来してい

写真1　原野をロバで行く少年たち

る．町や自然保護区で仕事を見つけ，そこに移ってい
った人びとも，頻繁に開発拠点に戻り，一方で，そん
な彼らを訪ねていく人びとも多い．さらには，自動車
や携帯電話といった最新の技術が，移動生活を支え，
ときに促しさえもする．そうして維持される移動性の
高さが，さまざまな機会を生み出し，硬直する社会関
係を解きほぐしていく．

　ジョナは遠い空をみつめ，むずかる孫娘に語り続け
ていた．「帰らなくっちゃ．あそこでは雨が降ってい
る．そうよ，私たちは明日にでもここを旅立つわよ．」
開発拠点で生まれ育つ孫たちが，彼女のように雨季が
来るたびに雨雲を追って移動することはもうないのか
もしれない．だけど，遠い空の下にある生活を思っ
て，身軽に出かけていくことをやめることはないだろ
う．そして，そのことがやがて，定住こそが「正しい」
とする考え方をしずかに覆していくはずだ．

[丸山淳子]

5　都　市

　サハラ以南のアフリカでは，多くの人びとが農村部に住み続けており，都市居住者は約3億7800万人，総人口の38％に留まっている（2015年，World Development Indicators）．しかし，この地域は世界で最も急速に，年率4.1％の勢いで都市人口を膨らませている．そして，都市のフォーマル経済は十分な雇用を生み出すことができず，住宅や上下水道をはじめとする基本的なインフラの供給も問題を抱えている．このため，都市住民は収入源を多様化させ，自助やインフォーマルな活動によって基本的ニーズを満たそうと試みている．さらに彼らは農村に及ぶ社会的ネットワークを維持して生活を支え，それが農村の人びとにとっても重要な生計要素となっている．他方で，経済の自由化とグローバル化が都市生活者の活動やネットワークを海外に広げ，また富裕層が欧米水準の居住環境を手に入れている場合もある．このように，アフリカ人の都市経験は多様性を増しているといえよう．
　本章では，アフリカにおける都市の歴史と特徴，農村と中規模都市（写真5.1）をつなげる人びとの具体的な姿，そしておもに大都市における住宅・雇用の問題，さらには生存戦略としての"都市農業"の実態を明らかにするとともに，1980年代に始まった各国経済の構造調整が都市とその住民に与えた影響について説明する．

写真5.1　拡大する地方都市シアボンガの居住区（ザンビア）

5.1　都市と農村

　アフリカにおける都市—農村関係は，その紐帯の強さに特徴づけられる．国家による社会保障機能が脆弱な都市では，都市住民の生活は，都市から供給される社会・経済的機能のみでは成立しえず，農村部との紐帯を保つなかで成り立っている．また，一方の農村も，自然環境変動や市場自由化と対峙するなかで，農業や農村という枠を飛び越え，非農業活動や都市とのかかわりのなかで生計を成り立たせるようになってきている．本節ではまず，アフリカ都市の特徴，植民地時代から独立期に形成された都市と農村の格差を概観する．そして，構造調整計画を契機とした都市—農村関係の変容，現在の複雑化した都市と農村のネットワークについて，農村の生計多様化や地方都市の動向に注目しながら紹介する．

5.1.1　アフリカにおける都市化と農村との格差

　アフリカ都市は，その形成プロセスから，ヨーロッパによる植民地支配以前からある交易都市や王都（Aタイプ）と，植民地支配の都合に合わせて上からつくられた行政都市や鉱山都市（Bタイプ）に大きく分類される（Southall, 1961）．この分類を基盤として，O'Connor（1983）や日野（1992）はさらに細分化した都市分類を提示している．オコナーは，Aタイプを土着都市，イスラーム都市に分け，日野は交易都市，部族王国の都市，都市連合国家の都市の三つに分けている．また，Bタイプについては，オコナーがアフリカ人都市居住の観点から植民地都市，ヨーロッパ都市に分けているのに対し，日野は都市機能の観点から植民地行政都市と鉱山都市の二つに分けている．
　図5.1はこれらの都市類型がどのように分布しているかを示したものである．Aタイプの都市は，西アフリカのサヘル南縁地域や東アフリカ沿

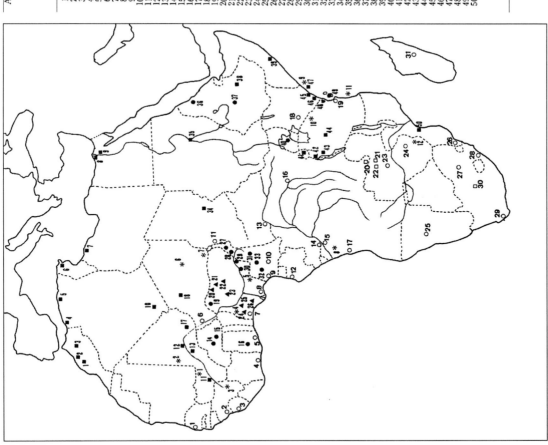

図5.1 アフリカの主要都市と都市類型（日野 (1992：226-227) より引用）

5.1 都市と農村

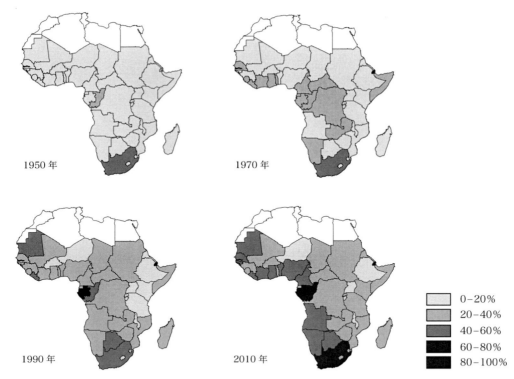

図 5.2　サハラ以南アフリカにおける都市人口比率の推移（United Nations（2014）より筆者作成）

岸部に多く発達してきた．これらの都市は古くから独自の都市文明を築いてきたが，西アフリカでは植民地化の過程で交易の中心が大西洋沿岸に移動し，現在では衰退した内陸都市もみられる（嶋田，2001）．一方，東アフリカ沿岸部では，インド洋交易の拠点として発達した都市に，近代的な港湾機能や植民地行政の中心としての役割が加わった．Bタイプの都市は，入植型の植民地支配が進んだ東南部アフリカに多く分布している．今日では，これらの都市構造を基盤としながらも，多くのアフリカ主要都市は上記の要素が融合した都市社会を形成していることが指摘されている（松田，2001）．

　アフリカにおける都市化は，アフリカ諸国の独立以降に急速に進展してきた．図5.2は，1950年から20年ごとにみた各国の都市人口比率を表したものである．1950年の時点で，都市人口比率が20％を超えていたのは，南アフリカ（42％），ジブチ（39％），コンゴ共和国（24％）の3カ国のみであった．しかし多くの国が独立した1960年代を経て，1970年に都市人口比率が20％を超える国は17カ国にまで増加している．都市人口比率が50％を超える国，すなわち人口の半分以上が都市に居住する国は1950年には存在しなかったが，1970年には1カ国，1990年には5カ国，2010年には10カ国にまで増加した．

　独立以降の都市化は政府の強い関与によって引き起こされてきた．独立後，多くのアフリカ諸国では，輸入代替工業化政策のもと，国営企業の設立による産業開発やインフラ投資を都市部に集中させた．この構造において，農村部は都市に立地する近代産業部門，あるいは輸出用作物生産のために，労働力と原材料を提供する役割を担わされてきたのである．

　西アフリカでは，内陸から沿岸部への人口移動が大規模に起こっており，沿岸部に人口が集中する傾向がみられる．これは各国内部における人口移動の特徴であると同時に，より広くは内陸国から沿岸国への国際人口移動の結果でもある（佐藤，1995）．Aタイプの伝統都市が衰退した西アフリカ内陸部のブルキナファソやマリは，コートジボワールやガーナなどのより発展した沿岸国への送

表 5.1 サハラ以南アフリカの都市・農村人口における貧困者比率（World Bank（2013）より筆者作成）

	地域	1990	1996	2002	2008
サハラ以南アフリカ	農村	55.0	56.8	52.3	47.1
	都市	41.5	40.6	41.4	33.6
世界平均	農村	52.5	43.0	39.5	29.4
	都市	20.5	17.0	15.1	11.6

注：ここでの貧困者とは1日1.25ドル以下で生活する場合を指す．

り出し地域になっている．図5.2をみると，これらの国々では都市人口比率が低く抑えられている．このような都市化の進展は，送り出し地域となる農村部や国の低開発を招く可能性がある．国境をも超えて展開する都市と農村の不均衡発展は，南北問題における従属論の登場とあいまって，1970年代に「都市偏重（urban bias）」として批判を受けてきた（Lipton, 1977）．

この都市と農村の格差は，今日でもさまざまな指標にみることができる．表5.1は，都市・農村人口における貧困者の割合を示したものである．アフリカの都市・農村居住者双方の生活においては，統計データに現れない所得（インフォーマル就労等の収入）や相互扶助が生計を支えている面も無視できないが，アフリカは依然として多くの貧困層を抱えている．世界平均でみると農村人口における貧困層の割合は，1990年から2008年の間に大きく低下してきている．しかしアフリカでは，とくに農村部に多くの貧困層が存在していることがわかる．また，教育へのアクセス，乳幼児死亡率や衛生設備へのアクセスといった福祉にかかわる指標を加えて都市と農村を比較しても，農村居住者の生活水準は都市に比べて低いことが指摘されている（Sahn and Stifel, 2003）．

5.1.2 都市と農村の社会・経済的紐帯

欧米諸国や日本が経験してきた経済発展のプロセスにおいては，1次産業から製造業，サービス業へと労働力が移転していく構造変化をともなっていた．そこでは，農村から産業が集積する都市への人口移動が必然的に発生し，都市化が進展するとともに都市定住者が増加していくことが想定されていた．しかし，アフリカの場合，都市住民が現在でも出稼ぎ労働者的な性格を備えていること，すなわち一定期間都市に滞在した後は農村部に帰っていく者が多いことが特徴としてあげられる．

植民地時代，Bタイプの入植型都市においては，都市で働くアフリカ人は家屋の所有や移動の自由に対する制約が課せられていた．そのため，アフリカ人労働者が都市に永続的に滞在することは制度上，困難であり，彼らはいずれ農村に帰る出稼ぎ労働者としての性格をもたざるをえない側面があった．しかし，これらの人種差別的な制限が撤廃された独立以降も，都市への永住化は進まなかった．たとえば，ザンビアでは独立以降，男子単身で都市に居住する形態から，徐々に家族をともなった移動が増加し，定住期間も長期化した．しかし，老後の社会保障機能はフォーマル部門で就労する一部の都市住民しか恩恵を受けられず，大多数の出稼ぎ労働者は退職後も都市に住み続けられる保障はない（小倉，1995）．また，後述するように都市住民の大部分はインフォーマル部門に就労しており，その収入は不安定である．そのため，都市滞在の長期化が進んでも，失業や退職を機により生活コストの低い農村部に戻っていく者が多い．

多くのアフリカ都市住民にとって，農村は「いずれ帰るかもしれない故郷」，「いざというときの社会保障」としての役割をもっている．そのため都市滞在中も出身農村でのメンバーシップを保つために帰省や送金によって関係を維持することや，同郷者組織による活動が重要であると考えられている．たとえば，カメルーンの首都ヤウンデに居住するバミレケというエスニックグループは，同郷会を数多く組織している．同郷会は，頼母子講や葬儀講として都市での生活を支えあう機能をもっている．また，同郷会は，メンバーの出資により農村部での小学校の建設や改修，診療所の設置などの村落開発にまで従事している（野元，2005）．カメルーン以外でも，国家やNGOによる開発プロジェクトを出身農村に呼びこむといった都市住民による農村への関与は多くの地域で報告されている（Geschiere and Gugler, 1998）．これらの活動は，上述したとおり，農村との関係を

維持する意味合いがあるだけでなく，異質な他者が集まる「都市」を生き抜いていくなかで，都市住民が築き上げた互助機能であり，アイデンティティを保持し，都市における自らの居場所を維持するための戦略としても理解することができる．

一方，農村の側からみると，都市との紐帯はどのような意味をもっているだろうか．最もわかりやすいのは，送金等によって経済的な支援が受けられることである．定期的な送金はもちろんのこと，干ばつや多雨によって農業生産が低下する困窮時に，都市で働く子どもや親戚から経済的な支援を受けることは，農村世帯にとってのセーフティネットとして機能する．近年では，携帯電話の普及により，これまでよりも都市に暮らす親戚や友人と連絡をとることは簡単になり，アフリカ都市・農村双方の住民はさまざまな形で携帯電話を活用している（羽渕ら編，2012）．

さらに，携帯電話を利用した送金サービスが発達してきたことは特筆すべき点である．従来は，都市居住者が帰省する際に現金を手渡すか，出身村やその近隣に帰省する人に託すことが一般的であった．携帯電話を持っていれば安い手数料で簡単に送金できるようになったことが（コラム1参照），今後の都市―農村間の互助関係にどのような影響を与えるのかが注目される（写真5.2）．

このように，都市―農村間の紐帯は国や地域，時代によって特徴が異なるものの，政治・経済変動や厳しい自然環境とともに生きるアフリカ都市・農村双方の住民にとって，重要なセーフティネットとして機能してきたのである．

5.1.3 構造調整計画による都市―農村関係の変容

ここでは，アフリカ各国の転機となった構造調整計画（Structural Adjustment Programmes：以下 SAPs，1.2.6 項参照）が，都市―農村関係に与えた影響について述べる．上述したように，独立以降の都市における雇用の優位性は，政府の強い関与のもとで形成されてきた．しかし，市場自由化を基盤とする SAPs が 1980 年代後半から 1990 年代に各国で実施されると，国営企業の民営化，政府部門の縮小といった政策が実施された．これにより，フォーマル部門での雇用機会の減少や賃金の低下が引き起こされた．たとえばザンビアでは，都市部の失業率は 1990 年の 16.1 % から，2000 年には 26.5 % へと上昇した（CSO, 2003）．

また，これまで農業補助金によって安く抑えられてきた食糧価格が，その撤廃を契機として高騰し，都市部の低所得者層の生活維持を困難なものとした．すでに述べたように，都市住民は農村との紐帯をさまざまな形で保ち続けてきた．この時期，その紐帯は都市住民の「生計維持」のために重要性を高めた．たとえば，食糧を確保するために都市近郊や農村部に土地をもち，農業を行う都市住民が増加したことや，出身農村から食糧を送ってもらう都市住民が増加したことがあげられる．

このような状況のなか，都市―農村間の移動に新たなパターンが現れ始めた．アフリカ都市におけるインフォーマル部門の存在は SAPs 以前から指摘されてきたが，都市経済が逼迫したこの時期，インフォーマル部門に参入する都市住民が急増した．これによりインフォーマル部門の競争が激化した．生計を立てることが困難になった者は，都市から撤退することを余儀なくされた．そのため一部の地域では，「反都市化」（Potts, 2005）と称される流出人口が流入人口を上回る現象が起こった．また，都市住民の移動先は農村部に限らず，出身農村に近い地方都市に J ターンする者も現れた（Peli, 1995）．

一方の農村部でも，農業補助金の削減や，農産

写真 5.2 「One Wallet」や「Eco Cash」は携帯電話プロバイダーが提供する送金サービスの看板（ジンバブエ）

物流通の自由化によって生計の多様化が進んできた（Ellis, 1995）。その特徴は，農業条件や集落の立地によって地域ごとに異なる様相を呈している．たとえばザンビアでは，SAPs 実施以前は農作物は固定価格制度のもと，公的機関が流通を一手に担っていた．しかし自由化以降，農民は変動する市場価格のもとで，自ら卸売商人や民間企業に販売しなければならなくなった．そのため都市消費市場へのアクセスがよい農村部では，その立地特性を活かし，主食トウモロコシや綿花といった従来の換金作物に加え，野菜や果物の都市市場向け作物の生産を拡大する地域が現れている．一方で，幹線道路へのアクセスが悪い遠隔地では，これまで政府の補助金によって支えられてきた農業経営が困難に直面したばかりか，価格交渉の面でも不利に立たされるようになった．そのため，このような地域では農業以外の経済活動を組み合わせることによって，生計を成り立たせている．

SAPs の実施は，近代産業部門を一手に担い，雇用の優位性を保ってきた都市の存在を大きく揺るがした．一方，自給的な農業を営みながら出稼ぎによって労働力を都市に提供してきた農村部も，地域ごとに異なる特徴を持ち始めている．以下では，上述のような都市・農村双方をめぐる変化のなかで，都市―農村間をつなぐチャンネルが複雑化してきていることを紹介する．

5.1.4　多チャンネル化する都市―農村関係

筆者が調査するルサカ州チルンド県に位置する調査村は，都市へのアクセスは悪くないものの，農業条件が厳しいため商品生産を拡大していく世帯はほとんどみられない．多くの世帯は，自給用農業生産以外に，日雇い労働や都市部への出稼ぎ，自営の商業などの非農業活動を取り入れている．

調査村で行われる経済活動のなかでも，雑貨店やバー（以下：商店）の経営は，経済自由化以降に都市との関係性のなかで発達してきたものである（写真 5.3）．商店の経営者は，他の農村住民よりも学歴が高く，土地所有面積も多いいわば「富裕層」である．彼らは，他世帯に農作業や建設作業などの日雇い労働の機会を提供している．この日雇い労働は，他世帯にとって農村内での重要な現金稼得手段となっている．

商店を経営する者たちは，商店経営や農業だけでなく，さまざまな経済活動を同時に営んでいる．また彼らの経済活動は，農村だけでなく近隣の中小都市にも及んでいる．成功した商店経営者は，近隣の町に土地を購入し，貸家や新たな商店を建設している（写真 5.4）．商店主たちは，自らも農村と近隣都市の間を頻繁に行き来し，その社会ネットワークを広げている．そして他方で，彼らが農村で営む商店には，農村住民だけでなく都市住民が訪れる．幹線道路沿いに位置した商店には，都市間を行き交うバスや自家用車が停車し，携帯電話のプリペイドカードや飲み物などを購入していく．また，近隣都市に居住する知人や友人が休日に顔を出し，上客として金を落としていく様子もみられる．このように，調査村で展開する商業・サービス業は，近隣の中小都市と密接なか

写真 5.3　調査地の中心部に連なる雑貨店やバー（ザンビア）

写真 5.4　調査村の商店主が地方都市チルンドに新たに建設しているバー（ザンビア）

表5.2 都市サイズ別にみたサハラ以南アフリカの都市人口の分布（United Nations（2014）より筆者作成）

	1950	1960	1970	1980	1990	2000	2010
1000万人以上	0	0	0	0	0	0	3.7
500万人以上～1000万人未満	0	0	0	0	0	9.7	5.9
100万人以上～500万人未満	8.6	6.5	12.4	19.0	25.4	22.8	25.2
50万人以上～100万人未満	3.2	10.2	11.3	11.6	13.0	10.0	10.2
30万人以上～50万人未満	8.6	4.9	8.1	11.3	8.5	6.1	5.3
30万人未満	79.6	78.3	68.2	58.1	53.1	51.4	49.7

注：都市人口全体における各サイズの都市に居住する人口の割合（％）を表す.

かわりをもって活性化してきたのである.

従来，農村にとっての中小都市については，地方の行政・教育・保健医療サービスの中心地，そして農産物市場でもあることが想定されてきた. しかし経済自由化が進み，調査村と近隣の中小都市の間には，農村における経済活動の資金源や，農村居住者が都市に投資するというかかわりがみられるようになっている.

この背景には，農村住民の主体的な生計多様化戦略や，近隣都市との社会ネットワークがあるが，それ以外にも地方中小都市における経済構造の変化が関係している. 現在，ザンビアの地方中小都市では，退職者や，国内・海外の個人企業家，グローバルに展開する観光業者，中国を始めとした大規模開発プロジェクトの展開によって開発のアクターが多様化している実態がある. このような新たな経済活動の活発化は，地方中小都市への人口流入をもたらすだけでなく，周辺農村の生計システムにも影響を与え，両者の間に多様な社会・経済的な相互作用を生みだしている（伊藤，2015）.

表5.2は，アフリカの都市人口がどのくらいの規模の都市に居住しているのかを割合で示したものである. 100万人以上の都市は多くの国で首都に居住する人口に該当すると考えられ，その比率が高い. しかし最も多いのは，30万人未満の都市に居住する人口である. 各国の総人口によって30万人未満が大都市に該当するか，中小都市に該当するかは異なるが，首座都市のレベルよりも小さい規模の都市グループに人口が最も多く居住しているという事実は見逃すことができない. 大都市よりも各地に点在する中小都市だからこそ，

そこに広がる農村部との社会・経済的な相互作用は，農村の貧困削減やより広域での地域経済振興の可能性に重要な役割を果たすことが期待される.

最後に2000年代以降におけるアフリカ各国の経済成長について述べておく. 長らく経済成長から取り残されてきたアフリカだが，現在「最後のフロンティア」として日本をはじめとした世界各国から注目を集めている. ザンビアの場合，重要な輸出産品である銅生産においては，国営企業の民営化をうけ，欧米資本だけでなく中国やインドなどをはじめとした新興国の資本も参入している. また，アフリカ各国では土地市場の自由化も進んでおり，「ランドグラブ（土地収奪・強奪）」と称されるように，地方や農村部において国内外の資本が土地を囲い込み，商業農場や鉱山開発を開始する事例も報告されている（大山，2015）. 今後のグローバル化のさらなる進展や海外投資が増加する状況下においては，従来のような都市－農村という面的な理解に加え，さまざまなアクターや機会を介した地域間ネットワークに目を向けていく必要がある.

[伊藤千尋]

5.2 都市問題

サブサハラ諸国の多くは，今日でも大陸の外に対して原料供給地・製品市場という立場にあり，国際価格や物流・商流への影響力をもたず，新国際分業にも迂回されがちである. アフリカ都市の性格はこうした周辺性を反映しており，金融・サービス業を発展させて資本・情報流の国際ネットワークの拠点，「世界都市」となっているのは，南

写真 5.5　ケニア・ナイロビ市の中心業務地区（CBD）
上：中央には高層ビル開発から守られた国会議事堂の敷地と，その時計塔が望まれる（2014年10月）．下：左側にはイギリスによる植民地支配の時代に遡って記録を保管するケニア国立公文書館の台形の建物が見える（1996年12月）．

アフリカのヨハネスブルクだけである．19世紀末以降，都市社会経済の上層を占めるようになったのは白人入植者であり，アフリカ人は下層を構成した．そして両者の中間に，東・南部アフリカではインド・パキスタン系移民が，西アフリカではレバノン・シリア系移民が位置した．各層は都市空間を住み分け，また村落から来住したアフリカ系の諸民族もそれぞれに集住することが少なくなく，そうした姿は今日でも大なり小なり維持されている．アフリカ都市の歴史や形態は多様だが，人口が急増して劣悪な保健衛生水準にある「スラム」が拡大し，インフォーマル経済の比率が大きく，またいわゆる都市農業が活発である点は共通している．他方，各国の主要都市の中心業務地区には高層ビルが林立する場合もある（写真5.5）．また欧米型の高級住宅街で暮らすアフリカ人富裕層も目立つようになっているが，こうした都市景観は庶民生活との格差を際立たせるものとなっている．

5.2.1　住　宅

a．貧困層向けの住宅供給メカニズム

植民地時代の東・中部・南部アフリカでは，アフリカ人の都市への移動は制限されており，とくに貧困層向けの都市住宅はほとんど開発されなかったため，各国の独立後，都市に流入した貧困層は住宅の不足を自ら補う必要があった．人びとは公有地や私有地を不法に占拠し，都市計画の規制や建築基準の点で問題のある家屋を建てるか，同様の問題を抱える賃貸長屋街で生活することになった．都市当局はこうしたスラムの撤去を繰り返したが，1970年代に入ると，国際機関と各国政府はスラムに上下水道や廃棄物回収などの基本的サービスを供給し始め，また郊外に低所得者向けの住宅団地を建設した．後者の例はサイト・アンド・サービスとよばれる住宅開発方式であり，入居者は電気・上下水道を備えた住宅コアの周りに経済力に応じて居室を建て増しすることができる．この方式はザンビアのルサカやケニアのナイロビなどで実施されたが，最貧層の入居は困難であった．

1980年代以降の構造調整は，食糧・消費財の価格を上昇させて人びとの生活難を深刻化し，スラムの拡大を招いた．そして，スラム住民に供給される公共サービスの民営化も試みられ，その受益者負担が促されるとともに，いわゆる官民パートナーシップ（PPP）がスローガンとなった．たとえば，ナイロビのスラムでは，公衆衛生水準を改善するために住民の力を活用する社会的企業に期待がよせられているが，提供されるサービスの料金を低く抑えることは容易でなく，受益者の数を増やすことには必ずしもつながっていない．サブサハラの都市において，強制撤去の恐れすらある劣悪なスラムに居住する人口の比率は，1990年から2007年にかけて減少したものの，依然として多く，その絶対数はむしろ増加している．図5.3に2000年代の都市スラム居住人口の規模と比率を国別に示す．

都市の土地・住宅は，市場や，国家・行政によって，また慣習やインフォーマルな行為によって人びとに配分されるが，アフリカではインフォーマルな部分が大きく，それがほかの仕組みと連動している．たとえばナイロビでは，人びとが自助建設した不法占拠スラムの存在を，都市行政がインフォーマルに認めた場合がある（写真5.6）．こうした黙認は強制撤去されがちなスラム街に投資することの安全性を高める結果となり，1980年

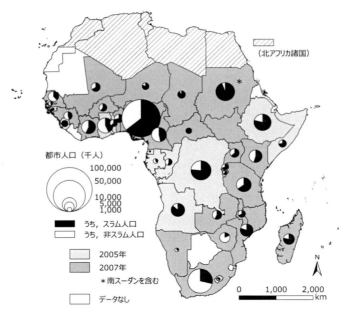

図5.3 国別の都市スラム人口規模・比率（UN-HABITAT, 2015 より作成）

写真5.6 ケニア・ナイロビ市のスラム（キベラ）
不法占拠地区としてはじまり，行政の黙認による住宅の商品化が進んだ広大な住宅街の一つであり，上水道が敷設され，電化している（2016年11月，口絵10も参照のこと）．

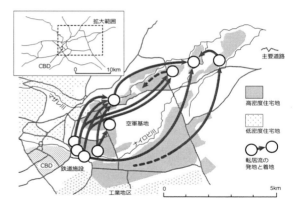

図5.4 ケニア・ナイロビ市東部住民の転居流（1960年代～1980年代）（上田, 2001より作成）
アフリカ人庶民の暮らす高密度住宅地において，住宅の商品化や再開発にともなう家賃の発生・上昇によって転居せざるをえなくなった貧困層が，1000人規模で郊外や都市縁辺部へと転居していった流れを示す．低密度住宅地は白人やインド・パキスタン系住民，そしてアフリカ人上層の居住地である．

代に入ると経済停滞のなか利殖の機会を求める中間層や富裕層が賃貸住宅の経営に参入した．こうしたスラム住宅の商品化は，世界銀行の融資によるサイト・アンド・サービス街区にも及んだ．収入途絶で家賃支払い能力を失った貧困層はこうした賃貸住宅に留まることができず，不法占拠して家屋を自給できる空き地を探して，都心から離れたところへ転居していくことになる．ナイロビの場合，こうした転居流は構造調整の実施前に遡っ

て確認できる（図5.4，上田, 2001）．

2010年前後に方向性が明確となった最近のスラム改良事業は，貧困層のコミュニティを開発上の意思決定に参加させ，また行政の透明性，アカウンタビリティの向上，ガバナンスの重要性を強調している．サブサハラ各国政府と欧州委員会，そして国連ハビタット（UN-HABITAT, 人間居

住計画）による参加型スラム改良プログラム（Participatory Slum Upgrading Programme：PSUP）は，ブルキナファソ，カメルーン，コンゴ民主共和国，ガーナ，ケニア，ニジェール，セネガルなどのスラムを対象として，環境衛生水準の向上や雨水排水施設の整備などを試みている．だが，限られた資金を得るための人びとのインフォーマルな身びいきが，事業効果を阻害する主要因の一つとなっている（Stock, 2013）．

白人が建設した植民地都市では，政府や本国企業がアフリカ人の教員や軍人，従業員向けに住宅を供給したが，独立後もこうした中間層向けに公営住宅が維持された．彼らはまた，政府や雇用先から資金を低利子で借り入れ，自ら住宅を購入することができた．そして構造調整による公営住宅の民間への払い下げにおいても，彼らは優遇されることが少なくなかった．だが反面で，構造調整は政府補助金の多くを撤廃し，実質賃金を大きく低下させたため，中間層の自宅所有の見込みは遠のいている（Stock, 2013）．独立後に住宅を一時国有化した国（エチオピア，モザンビーク，アンゴラ，ギニアビサウなど）でも，構造調整によるその払い下げには上層部のみがあずかり，中間層を含めて人びとの住宅アクセスが改善したとはいえない（Simon, 1992）．

b. 構造調整・FDI と富裕層

植民地期，白人の行政官・軍人などの邸宅は，アフリカ人居住区とは分けて開発された．今日，白人住民（事業家や外交官など）とともに，アフリカ人の専門的職業従事者や企業家，上級公務員などがこうした住宅街で暮らしている．アフリカ人富裕層向けの住宅供給は構造調整後に活発化し，スラムとは対照的な姿を示している．

1980年代前半，経済危機に見舞われていたタンザニアの首座都市ダルエスサラームでは，住民の多くが雇用を死守しつつ，地価の安い都市縁辺部に出て土地を購入し，食糧を自作しなければならなかった．このため，住宅地は幹線道路に沿って外へと面的に拡大した．だが，続く1990年代の構造調整は，この縁辺部を投資ゾーンに変えた（Briggs and Mwamfupe, 2000）．国家による公共交通部門独占の撤廃後，幹線道路から離れた区域にも民間交通サービスが浸透してアクセスが向上し，そこで宅地開発や既成街区の高密度化が進んだ．また，貿易自由化による消費ブームで財をなした企業家がそこを住宅投資先に選ぶとともに，そこは経済的に上昇し自家用車を所有して都心に通勤する比較的富裕な人びとの居住地ともなった．さらに，構造調整による緊縮財政によって賃金が下がりモラルを低下させた公務員は，賄賂を要求するなどして蓄積し，それを縁辺部の住宅に投資したといわれている．

1990年代に入ると，世界経済における位置は周辺的なまま，構造調整による自由化とFDIの流入の結果として，アフリカ諸都市にも新たな住宅形態が登場するようになった．たとえば，ガーナの首都アクラでは，構造調整が経済成長と高級住宅地の開発をもたらしたといわれる．塀で守られた広い敷地に輸入建材を用いて多くの一軒家を建設する，北米型のゲーテッド・コミュニティ開発がその例である（Grant, 2005）．こうした物件の購入者のなかには，自由化に促されて欧米に移住した高学歴の富裕層も含まれている．かつて，富裕層の住宅はインフォーマルな土地取引・金融・建築によって供給されていたが，政府は

図 5.5　ガーナ・アクラ市東郊にあるゲーテッド・コミュニティの入口
物件（この住宅用地にある一戸建て）広告を掲載する企業のホームページ（©Ghanabuysell.com http://www.ghanabuysell.com/House+for+sale+at+east+Legon+hills-710165.html　2017年6月20日最終アクセス）．

1983年に都市土地市場を自由化し，また1991年に世界銀行の支援を得て住宅ローンを供与し始め，民間住宅開発が加速した．さらに自由化は金融のグローバル化とFDI・外国人の住宅投資を促し，ガーナ人海外移住者もローンを組んで国内不動産を購入し始めた．ゲーテッド・コミュニティは，このようにグローバル化した不動産市場の産物であり，その物件情報には海外からも容易に接することができる（図5.5）．

5.2.2 雇用問題とインフォーマル経済
a. インフォーマル零細企業の重要性

国際労働機関（ILO）によれば，インフォーマル経済の企業とは，市場向けに財やサービスを生産する法人化されていない事業体で，①常勤の就業者が各国の定める数（たとえば5名）に満たない，②未登記である，③従業員についての各種届出がなされていない，これらの少なくとも一つを満たすものである．サブサハラの場合，こうした零細企業は事業主の世帯経営の一環として営まれることが多く，法制度的な問題を抱えていても，社会的には認められた存在である．1980～1990年代の構造調整は，製造業や公共部門などフォーマル経済の雇用を減らし，また通貨切り下げによる輸入インフレや政府補助金カットを通して生活費を上昇させたため，とくに都市でインフォーマル経済が膨張して人々に就業機会と安い財・サービスを与えることとなった．こうしたインフォーマル雇用が非農林漁業総雇用に占める比率をデータの得られるサブサハラ23カ国について平均した値は，67％（1980～1984年），73％（1984～1989年），76％（1990～1994年），87％（1995～1999年）と一貫して増加してきた（フォーマル企業内で労働法規に従わない雇用関係にある従業員を含む）．その後，この比率は66％（2005～2010年）へと下がった．これは都市生活難による帰村の結果と考えられるが，さらにサブサハラの経済成長率（4.6％，2000～2009年）が以前より上昇したためかもしれない（Charmes, 2012）．この比率を国別に示したものが図5.6である．これに「陰の経済」（市場向け生産のうち所得税・付加価値税・社会保険費用等の支払いを避けるために当局に対して意図的に隠された部分）が国内総生産GDPに占める割合を推計した結果（Schneider et al., 2010）を加えておく．

b. インフォーマル経済の特徴

インフォーマル零細企業の活動は，比較的参入

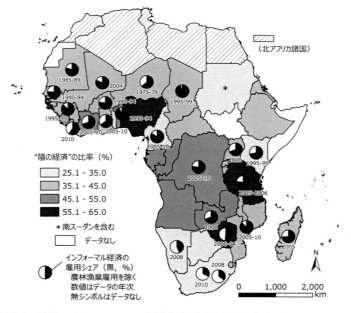

図5.6 国別のインフォーマル経済比率（雇用とGDP）（ILOのLABORSTA Internetデータベース，Schneider et al., 2010, Charmes, 2012より作成）

が容易であり，地元の投入財を利用し，非資本主義的な雇用関係によって成り立った家族経営が多い．そして，注文生産が卓越し，労働集約的で，適応的・即興的な技術を徒弟制のような公教育外の制度で習得し，非規制・競争的市場向けに生産する．インフォーマル経済はフォーマル経済と区別されがちだが，両者の間には取引，労働移動，技術・技能移転などの関係がみられる．それはアフリカ都市民の大多数を雇用しており，人びとにとって生存維持手段として重要である．爆発的に普及した携帯電話を利用して商品を発注し，情報を交換して操業に役立てる場合もみられ，状況に適応して変化し続ける零細企業は，人びとの自助と柔軟さの象徴である．

紙巻タバコ・菓子類のばら売りや，古着の行商，自宅で調理した食品類の販売が代表的な活動だが，新聞・雑貨売りなどのように，フォーマル企業の扱う品の販売を受託してコミッション収入を得る場合もある．また公設市場内に出店する，あるいは道端にキオスクを設けるなどして，より固定的に商う場合もある．サービス業には，散髪，靴磨き，治療師，精肉店，市場等での荷運び，自動車等の修理業，さらには商業的性取引などがみられる．そして，さまざまな小商品を生産する職人たちの例としては，空き缶や廃材などを材料として灯油ランプや箱・コンテナ類を製造する金属加工業者，木製家具製造業者，サンダルなどをつくる古タイヤ・皮革加工業者，また酒類醸造者などがある．

都市インフォーマル活動が人々の就労貧困（ワーキング・プア）状態を打開できるかどうかについては，長く議論されてきた．ILOは，こうした零細企業の潜在力に期待して，これをフォーマル化し，支援することを唱え続けている．他方，それは競争が激しく資本を蓄積できない部門であるとの評価もある．どちらの見解を支持するにせよ，アフリカ都市のインフォーマル企業が零細な操業規模に留まっていることは事実である．その理由としては，①フォーマル経済との不利な契約や受委託関係によって資本を蓄積し損ねている，②当局の取り締まりなど抑圧的な環境に晒されている，③親族ネットワークを維持するための"投資"を重んじて個人主義を否定視するなど，企業経営上不合理な社会通念が存在する，④職場での盗難や横領を避けるために労働者を直接監督する必要があり，マーケティングに注力できない，⑤当面の収入目標を超える労働を忌避する文化がある，⑥資本を含む要素市場が未発達である，⑦リスクを回避して世帯生計を維持するために投資を分散させるなど，指摘されている（上田，1997）．さらに，アフリカ都市零細企業へのマイクロファイナンス支援は，事業主が事業よりも農地への投資のほうをより安全と考えている，また会計・経理手続きの重荷を避けるなどの問題に直面している．

c. 自律性，グローバル化の影響

各国政府はインフォーマル経済の取り締まりを試みてきたが，たとえばケニアでは1980年代中頃にそうした姿勢を表向きあらためた．これは経済危機を前にして，この部門による雇用創出と貧困削減を期待してのことであり，さらに零細企業団地を提供するなどして従事者から政治的支持を得ようとする意図もあった．ケニアの諸都市では，空き地や路傍で男性の零細職人が自動車を修理する光景をよくみかける．就業者の数が80人を超えるある空き地では，「スパナ・ボーイ」とよばれる男性見習いが訓練を積み，脱落も少なくないものの，数年で独立職人となる（写真5.7）．そ

写真5.7 ケニアの中規模都市ニェリにおける屋外自動車修理工
左：配給業者にデポジットを支払い入手したアセチレンガスと酸素のボンベを用いる溶接工，右：大型車のエンジンを整備する機械工（左端）と徒弟たち（1992年7～8月）．

のあとしばらくは修理工として活躍するが，先発職人は競争が激しくなると顧客をもとの見習いに譲りながら，修理から自動車部品販売へとシフトし，また中古車を購入して無許可タクシー業へと転じていく．そして，最終的には部品ストックを後発職人に売却して撤退し，蓄積した資金で農地を購入する．こうした段階的な入れ替わりを通して，修理工の間に協業・役割分担のネットワークが形成される．この入れ替わりは，協業関係と修理技能を維持するとともに，個々の職人の生計維持や不足する耕地の買い増しにも貢献する，自律的な過程である．そして，政府が企業団地を提供しても，ネットワークを壊すおそれから，企業は転入に至らない場合もある（上田，1998，2012）．

　アフリカの零細企業開発においては，そのフォーマル化が課題となっている．これは事業資産の所有権を認め合法経済に組み込み，信用供与することで，安い財・サービスの供給を促進しようとするものである．だが，上に述べたケニアの場合や，ガーナやセネガルの都市路上商人についても報告されているように，操業場所の移転を強いると相互依存する彼らの信頼関係（社会関係資本）が分断されかねない．またモザンビークのマプトでは，小規模給水事業者をフォーマル化すると，免許料・税金・水利権支払分が消費者に転嫁され，低廉なサービス供給を妨げるおそれが指摘されている（Ahlers et al., 2013）．

　もう一点，とくに2000年に第1回中国アフリカ協力フォーラムが開かれたのち，中国系零細企業のアフリカ都市経済への参入が進んでおり，それは中国による援助やFDIよりも，都市庶民の生活に功罪両面の影響を与えつつある．ナイロビ庶民の繁華街は，中国人の零細商人が本国から安く仕入れたさまざまな製品を扱うようになり，アフリカ人行商人の手ごわい競争相手となっている．中国製の安い財が増えることは，庶民の消費生活にとっては結構なことだが，中国系企業はアフリカ人をそれほど使わず雇用を生まないといわれ，またアフリカ人の製造職人や，製品寿命を延ばすことで利益を得ている修理業者は，競争に太刀打ちできずに困難を深めることが懸念されてい

写真 5.8　タンザニア・ダルエスサラーム市の幹線道路脇で庭木・庭草を栽培・販売する都市農業者
地面を直に耕すのではなく，バケツ，セメントの空き袋，レジ袋，ペットボトルを半分に切ったものに土を入れて栽培する．左：休息用の日除けを構えた比較的規模の大きな事例．右：手に給水用のバケツをもつ男性（2016年8月）．

る（Gadzala, 2009）．

5.2.3　都市農業

　サブサハラの都市住民は，政府の補助金によって安く維持された農作物を消費してきたが，構造調整が補助金を撤廃して以降，食糧価格が高騰し，人びとは食事を抜くなどの対処を迫られた．都市農業は，とくに貧困層がそうした窮状を和らげる戦略の一つである．それは栄養価の高い食糧の自給に貢献し，食費を減らすとともに，作物の販売収入によって他の食糧・物資の消費を可能にし，また食事内容の多様性を保つことができる（Poulsen et al., 2015）．都市農業のおもな担い手である女性は，その節約効果や収入額を夫・男性に知られ，その分だけ彼らが家計に貢献しなくなることを避けるために，都市農業を「とるに足りない活動」であると装うことすらある．それはまた，子育てと両立し，女性の社会経済的地位の向上にもつながる．女性だけでなく，男性が路傍で中間層・富裕層向けに庭木や庭草を販売する場合もある（写真5.8）．

　1990年代初頭のナイロビでは，都市農業者の3割が住宅敷地内で，もう3割が道路脇で耕作しており，また全体の半数弱が公有地を利用していたという．アフリカ都市では土地をめぐる権利関係がインフォーマルで曖昧なことが少なくない．その曖昧さは，人びとに耕作の機会を与える隙間でもあり，逆に耕作を不安定にする要因でもある．

ウガンダ・カンパラでは，経済危機に陥っていた1970〜1980年代をとおして，未開発地は貧困層によって不法占拠され，宅地として無期限に利用されるおそれがあったため，権利者はそこが占拠される前に，利用者を立ち退かせることの容易な耕地として貸し出そうとした．このような都市耕地は，権利者の承認なくインフォーマルに細分され，貸借あるいは「売却」されたうえで，耕作されることもあった．そうした場合，利用者は手に入れたインフォーマルな耕作権を長続きさせるために，季節作物だけでなく根茎・多年生作物をも植えて，つねにその土地を利用している状況をつくろうとするのである（Maxwell, 1995）．

こうした隙間的な都市農業は，構造調整の一環として土地制度改革が試みられた場合，その影響をうける恐れが指摘されている．この改革は土地に対する権利とその管理を明瞭化し，土地取引を市場に委ねることによって，都市農業よりも生産的な土地利用を促す可能性がある．もっとも，カンパラではインフォーマルな土地アクセスが駆逐されることはなく，人びとは都市農業を続け，構造調整の他の悪影響に耐えた．ダルエスサラームでは，1970年代前半の経済危機の際に政府が住民に空き地での耕作を奨励したのち，都市農業は一時退潮したが，1990年代以降，再び拡大した．多くみられるのは裏庭の自給用家庭菜園だが，公有地については許可なく不法に耕作されている（Jacobi et al., 2000）．ただし，5.2.1項で触れたように，人びとが生存のために農業を営んだ都市縁辺部において，構造調整が投資を刺激して住宅開発を促すと，インフォーマルにではあれ耕作権を確保してきた貧困層が自給農業を行うスペースを失ってしまう可能性がある．

都市農業では雨水だけでなく水道水による灌漑が行われる場合もあり，ダルエスサラームやガーナ・クマシで指摘されているように，畑とその周辺の水たまりがマラリアを媒介するハマダラカの繁殖の場となって人びとの健康を脅かしているといわれる．だが，もともと都市農業は宅地開発に適さない排水不良の空き地で行われやすいし，また一般の排水路が繁殖の場となる可能性もあるので，留意しなければならない．都市農業と健康の関連については，他にもガーナ北部の諸都市のように，人間の排泄物を安価な肥料として利用することが引き起こす寄生虫の問題があり，これは都市農業者への社会的評価をも下げている．アクラでは野菜の汚水灌漑も行われており，収穫前の数日間は清浄水を用いるとはいえ，衛生面の問題を抱えている．さらに，化学汚染・重金属汚染の懸念もあり，都市農業が人々の健康状態を向上させるかどうかは，さらに検討しなければならない（Hamilton et al., 2014）．

5.2.4 インフォーマル経済のグローバル化

構造調整後のグローバル化は，アフリカ都市住民の住宅・雇用・生存戦略に影響を与えるだけでなく，アフリカ都市が世界の都市ネットワークに占める位置をも変化させている．国際航空路線についてみると（2003〜2009年，Bassens et al., 2012），ヨハネスブルグは依然としてアフリカへの主要な入口だが，北アフリカのカイロ・カサブランカに加えて，ナイジェリアのラゴスやケニアのナイロビもハブの役割を強めている．たとえば，ナイロビは国連環境計画（UNEP）やUN-HABITATの本部を擁し，国際官僚・専門家・NGO関係者を受け入れており，ロンドン，ドバイ，ニューヨークとの，さらには中国・広州との結びつきが強い．1999年に大半のアフリカ諸国が批准したヤムスクロ決議はアフリカ域内航空を自由化し，アフリカ諸都市間の連結度を高めたが，欧米やアジアとのつながりはそれを上回って密になっている．今日のアフリカ都市のこうしたつながりを理解するには，新たなアフリカ争奪ともよばれる資源獲得やインフラ投資，貿易流と結びついた航空需要の拡大，南南連結の進展，海外移住者の循環的な移動需要，さらには野生動物などを対象とした国際的な観光需要をみわたす必要がある．

他方で，アフリカ都市を組み込んだ空路と情報のネットワークは，都市どうしのフォーマルなつながりに留まらず，たとえばアフリカ人が欧米都市に移住して露天商や零細企業を営み，そこの景観を変化させ，経済のインフォーマル化を促す一

因ともなっている（Geyer et al., 2013）．サブサハラの人びとの都市経験は中国にも及び，そこに彼らの超国家的な都市空間が現れている．改革開放後の中国はFDIを集めて世界の工場となり，アフリカからも商人・企業家を引きつけ，とくに2000年以降，たとえば広州市内に彼らの飛び地を生み出している（Li et al., 2009）．彼らの集住街区は肌の色から「チョコレート・シティ」（推定1.5～2万人）とよばれ，一時逗留者を含めて西アフリカ出身者を多く擁している（ギニア，ベナン，マリ，セネガル，コートジボワール，ナイジェリア，ガーナなど）．富裕層から下層まで多様な彼らが関与して広州市からアフリカに多く輸出されているのは，オートバイ，携帯電話，衣類等である（2002～2007年，ドル・ベース）．ほかにも中国企業とアフリカ系移民が協力して金属製品，ゴムタイヤ，紡績糸・布地，家具，プラスティック製品，自転車などがアフリカに向けて輸出されている．もっとも，これらは近年の現象であり，アフリカ人の不法滞在問題も絡み，こうした集住街区の今後を予測することは難しい．

5.2.5　おわりに

欧米からの輸入建材を用いた高級住宅で都市生活を送ることが，アフリカ人エリート層にとって富の象徴となっている．これを欧米の文化的帝国主義の表れと解釈する向きもある（Simon, 1992）．都市の表層では，林立する高層ビルや富裕層の住宅と，人口稠密なスラムとが，著しい対照をなしている．現地人エリート・外国人観光客と，スラム居住者やインフォーマル就労者の間の差異も明瞭である．確かに，中間層や富裕層が生み出す都市空間に，今日のアフリカ都市の活力をみることは可能である．だが同時に，庶民が住宅・雇用・農業をめぐってインフォーマルに振る舞い，都市計画ほかの法制度を維持しようとする行政と対立することが少なくないのも事実である．行政・有力者の側が，庶民のそうした活動をインフォーマルに黙認・保護することを通して，自らの経済的，政治的な利益を実現しようとする場合もある．グローバル化の進む今日，アフリカ都市社会経済の深層でインフォーマルに動く部分にも，ア

フリカ都市の活力をみるべきであろう．

［上田　元］

引用文献

伊藤千尋（2015）:『都市と農村を架ける―ザンビア農村社会の変容と人びとの流動性』新泉社.

上田　元（1997）:ケニアにおける零細企業群再生産の歴史と理論．アジア経済，**38**（11）:50-67.

上田　元（1998）:零細企業群の経営論理とポピュリズム―ケニア・ニェリ市におけるジュア・カリ組織化．池野旬・武内進一編『アフリカのインフォーマル・セクター再考』19-56，アジア経済研究所.

上田　元（2001）:ナイロビにおける住宅商品化の波と社会編成．竹内啓一編『都市・空間・権力』130-173，大明堂.

上田　元（2012）:ジュア・カリ―空き地と路上の職人生活．松田素二・津田みわ編著『ケニアを知るための55章』148-152，明石書店.

大山修一（2015）:慣習地の庇護者か，権力の濫用者か―ザンビア1995年土地法の土地配分におけるチーフの役割．アジア・アフリカ地域研究，**14**（2）:244-267.

小倉充夫（1995）:『労働移動と社会変動―ザンビアの人々の営みから』有信堂.

佐藤　章（1995）:西アフリカにおける都市化―コートジボワールを中心に．小島麗逸・幡谷則子編『発展途上国の都市化と貧困層』215-249．アジア経済研究所.

嶋田義仁（2001）:サハラ南縁のイスラーム都市．嶋田義仁・松田素二・和崎春日編『アフリカの都市的世界』56-85.世界思想社.

野元美佐（2005）:『アフリカ都市の民族誌―カメルーンの「商人」バミレケのカネと故郷』明石書店.

羽渕一代・内藤直樹・岩佐光広編（2012）:『メディアのフィールドワーク―アフリカとケータイの未来』北樹出版.

日野舜也（1992）:アフリカの伝統的社会と近代化．日野舜也編『アフリカの文化と社会』221-254．勁草書房.

松田素二（2001）:現代アフリカ都市社会論序説．嶋田義仁・松田素二・和崎春日編『アフリカの都市的世界』170-193.世界思想社.

Ahlers, R., V. P. Guida, et al. (2013): Unleashing entrepreneurs or controlling unruly providers? The formalisation of small-scale water providers in Greater Maputo, Mozambique. *Journal of Development Studies*, **49** (4): 470-482.

Bassens, D., B. Derudder, K. Otiso, T. Storme and F. Witlox (2012): African gateways: measuring airline connectivity change for Africa's global urban networks in the 2003-2009 period. *South African Geographical Journal*, **94** (2): 103-119.

Briggs, J. A. and D. Mwamfupe (2000): Peri-urban development in an era of structural adjustment in Africa: the city of Dar es Salaam, Tanzania. *Urban Studies*, **37** (4): 797-809.

Central Statistical Office (CSO) (2003)：*Migration and Urbanisation*. Lusaka：Republic of Zambia.

Charmes, J. (2012)：The Informal economy worldwide：Trends and characteristics. Margin：The *Journal of Applied Economic Research*, **6** (2)：103-132.

Ellis, F. (2000)：*Rural Livelihood and Diversity in Developing Countries*. Oxford/New York：Oxford University Press.

Gadzala, A. (2009)：Survival of the fittest? Kenya's jua kali and Chinese businesses. *Journal of Eastern African Studies*, **3** (2)：202-220.

Geschiere, P. and J. Gugler (1998)：The Urban-Rural Connection：Changing Issues of Belonging and Identification. *Africa*, **68** (3)：309-319.

Grant, R. (2005)：The Emergence of gated communities in a West African context：Evidence from Greater Accra, Ghana. *Urban Geography*, **26** (8)：661-683.

Geyer, H. S., H. S. Geyer Jr. and D. J. Du Plessis (2013)：Migration, geographies of marginality and informality—impacts on upper and lower ends of urban systems in the North and South. *European Planning Studies*, **21** (3)：411-431.

Hamilton, A. J., K. Burry, H. Mok, S. F. Barker, J. R. Grove, and V. G. Williamson (2014)：Give peas a chance? Urban agriculture in developing countries. A review. *Agronomy for Sustainable Development*, **34** (1)：45-73.

Jacobi, P., J. Amend and S. Kiango (2000)：Urban agriculture in Dar es Salaam：providing an indispensable part of the diet. In *Growing Cities, Growing Food：Urban Agriculture on the Policy Agenda*, Bakker, N., M. Dubbeling, S. A. B. I. N. E. Gündel, U. Sabel Koschella, and H. D. Zeeuw eds., 257-283, Feldafing, Germany：Food and Agriculture Development Centre (ZEL).

Lipton, M. (1977)：*Why Poor People Stay Poor：A Study of Urban Bias in World Development*. London：Temple Smith.

Li, Z., L. J. C. Ma and D. Xue (2009)：An African enclave in China：The making of a new transnational urban space. *Eurasian Geography and Economics*, **50** (6)：699-719.

Maxwell, D. G. (1995)：Alternative food security strategy：A household analysis of urban agriculture in Kampala. *World Development*, **23** (10)：1669-1681.

O'Connor, A. (1983)：*The African City*. London：Hutchinson & Co.

Peli, M. (1995)：The Small Town as a Retirement Center. In *The Migration Experience in Africa*, Jonathan Baker and Tade A Aina eds., 149-166. Nordiska Afrikainstitutet.

Potts, D. (2005)：Counter-Urbanisation on the Zambian Copperbelt?：Interpretations and Implications. *Urban Studies*, **42** (4)：583-609.

Poulsen, M. N., P. R. McNab, M. L. Clayton and R. A. Neff (2015)：A systematic review of urban agriculture and food security impacts in low-income countries. *Food Policy*, **55**：131-146.

Sahn, D. E. and D. C. Stifel (2003)：Urban–Rural Inequality in Living Standards in Africa. *Journal of African Economies*, **12** (4)：564-597.

Schneider, F., A. Buehn, et al. (2010)：New estimates for the shadow economies all over the World. *International Economic Journal*, **24** (4)：443-461.

Simon, D. (1992)：*Cities, Capital and Development：African Cities in the World Economy*. London：Belhaven Press.

Southall, A. ed. (1961)：*Social Change in Modern Africa*. London：Oxford University Press.

Stock, R. (2013)：*Africa South of the Sahara：A Geographical Interpretation*. Third Edition. New York：Guilford Press.

United Nations Human Settlements Programme (UN-HABITAT) (2015)：*World Atlas of Slum Evolution* (Working Document). http://unhabitat.org/world-atlas-of-slum-evolution/

United Nations (2014)：*World Urbanization Prospects：The 2014 Revision*. Department of Economic and Social Affairs, Population Division.

World Bank (2013)：*Global Monitoring Report 2013：Rural-Urban Dynamics and the Millennium Development Goals*.

━━━ コラム5　都市インフォーマル部門の人びと ━━━

活気ある路上の商世界

　狭い路地にひしめく露店．その隙間を練り歩く行商人たち．小売店や露店に客引きすることを仕事にする自称「商人」もいる．タンザニアで活気ある路上の商世界を構成する零細商人は，スワヒリ語でマチンガ（machinga）と総称される．マチンガの多くは，地方から都市へと出稼ぎにきた若者たちだ．

　零細商売は，参入が容易である．特別な学歴や技能，大きな資本がなくても始められる零細商売は，市場や路上で総菜や食事を提供する零細レストラン業とあわせて都市インフォーマル部門の約半数を占める．とはいえ，だれでもいつでも簡単に始められる仕事は競争が激しい．零細商売で生計を立てるためには，売れ筋の商品をみきわめる目利きのよさや，仕入れや販

売で発揮される巧みな交渉術，そして数多くの仲間の商人とのネットワークが不可欠だ．多くのマチンガは，仲間たちと情報交換しながら，少しでも実りのよい商売をつねに模索し，頻繁に取扱商品の種類や，商売の内容を変更する．インフォーマル部門で働く人びとは，一つの仕事のスペシャリストではなく，いろいろな仕事がこなせるジェネラリストとして人生を切り拓いていくとされる．

インフォーマル部門には，法や条例に違反している仕事が含まれている．たとえば，マチンガは，道路交通法や市の条例に違反している．市当局は，都市の美観を損ねる，衛生環境を悪化させる，交通渋滞を引き起こす，スリや泥棒に温床を提供するなどの理由から，マチンガに郊外の公設市場に移動するよう要請し，路上商人一斉検挙を敢行してきた．ただしインフォーマル（非公式）であることと違法であることとは同じではない．タンザニアの多くの市民は，自分たちの手の届く価格で商品を販売する貧しい路上商人を，ドラッグの密売人のような「犯罪者」だとはみなさない．多くのインフォーマル部門の仕事は，法的には違反していたり認可されていないが，一般市民にとって道義的には許される，認められる範囲の仕事である．実際に市当局の一斉検挙に抵抗するマチンガたちはしばしば暴動を起こすが，彼らを支援する市民も大勢いる．近年では，マチンガたちは組合をつくり，暴動とは異なる形で政府や市当局と交渉を始めた．そこでは，公共空間である路上を生存の手段とすることの道義性が争われている．

グローバル経済と連動する零細商売

路上の小さな露店は，グローバル経済と密接に連動している．2000年初頭まで路上の露店の目玉商品は，何といっても欧米から輸入される古着だった．購買力の限られたタンザニアの人びとにとって，マチンガから購入する古着は，おしゃれ着から普段着までをカバーする必需品だった．2000年代半ばになると，露店の商品は中国製の廉価な新品衣料品にとってかわられるようになった．この背景には，東アフリカ諸国間の経済連携を背景として域内の衣類産業の育成・保護の観点から古着の輸入関税が引き上げられたことも関係する．しかし何より中国によるアフリカ進出の本格化を背景に，タンザニアの零細商人のなかから中国をめざす人びとが急増したことが大きく影響している．彼らは，中国の卸売モールや工場からコピー商品や偽物を含む廉価な商品を仕入れ，コンテナでタンザニアに輸入する．中国の広東省広州市にはアフリカ系商人が集まることから，チョコレート・シティとよばれる地区まで出現した．

中国製品を商うようになったマチンガの間では，中国から商品を輸入し，フォーマル部門で商店を構えることになった身近な成功者が憧れをもって語られる．「チャイニーズ・ドリーム」だ．さらに近年では，中国の商人たちがタンザニアで商店を次々と開店し，首座都市の商店街がチャイナタウン化しつつあるとされる．露天商や行商人と駆け引きする中国系商人たち．タンザニアの路上世界は，「アフリカン・ドリーム」を叶える舞台でもあるのだ．　　　　　［小川さやか］

写真1　新品の衣料品店（2012年9月）

═══ コラム6　現代的なショー・パフォーマンスに垣間見る人間関係のいろは ═══

ウガンダ共和国の首都カンパラは，1990年代以降，比較的安定した政情のもと経済発展が進み，ビジネス街や高所得者層のエリアから低所得者層の住宅地付近にまでクラブやバーが乱立した．2000年前後，その盛り場で若者たちがパフォーマンスを披露し始め，それがしだいにかたちをなし，2000年代にかけて「カリオキ」とよばれるショー・パフォーマンスへと成長した（大門，2016）．

地元のポップスから隣国のケニアやタンザニア，そしてアメリカやジャマイカなど世界中のヒット曲に合わせて行う「カリオキ」の演目は，おもに三つに大別できる．「ダンス」，「マイム」そして「コメディ」であ

る．「ダンス」は，複数で踊る場合，振付を合わせるが，ソロの場合，決まった振付を踊ることはなく各踊り手が得意のダンスの技を披露する．「マイム」は，歌詞が流れるのに合わせた口の動きや身振りで歌っていることを表現する口パクの演目である．「コメディ」は，マイムと同様に歌詞を口パクしながらも，歌う身振りではなく，台詞として語るさまが表現され，コミカルな動きをすることにも重点がおかれる．

2006年にこのショーに興味をもった筆者は，数年を経てパフォーマーとしてステージに立つようになった．カリオキは若者たちが構成するグループごとに公演されていたので，筆者は，そのなかのある一つのグループに所属し，歌詞を書き取って覚え，靴や衣装，アクセサリーを購入してステージで見栄えする組み合わせを吟味し，ダンスの振付を必死に覚え，コメディで演じる内容を共演するパフォーマーと何度も打ち合わせた．

しかし，ステージに立つ回数が増えていくうちに，筆者の努力の方向性が，他のパフォーマーと少しずれていることに気づくようになった．聞いたことがある程度のよく知らない歌をマイムするように頼まれたり，用意していたハイヒールを貸せと頼まれたり，振付を覚えても衣装がないとの理由でステージに立てなかったり，打ち合わせと違う演者との共演が突然始まったり，前もって準備していたことがことごとく否定されるようなことが起こった．そもそも，グループで活動しているつもりが，ショー当日の公演場所に，違うグループの人や会ったこともない人が演者としていることさえあった．

このような公演の実施形態に，彼ら流の人間関係が現れているのではないか．つまり，流動性の高い集団のなかで，その場の即興性や柔軟性を尊重し公演を成立させていく，変化を当然とする間柄という関係性である．彼らは，凝集性の高い集団をつくり互いの濃密な関係性によって計画的に公演をすることに重きをおいてはいない．そう考えると，筆者は少し気が楽になった．

ところで，カリオキの語源は，日本の大衆文化，カラオケである．1996年，カンパラに輸入されたカラオケ・マシーンのもとに人びとが集まり実際に歌っていたところから，ショーとして成立していくさいに，なぜ口パクとなったのか．この演目が，当地の劇場やパーティでも披露されていることを考えると，単に機械が普及していないから口パクをしている，とは考えにくい．また，私たちの知る口パクの演目とは異なり，そこに口の動きと音の流れを合わせる技術や，ほかのパフォーマンス力（たとえばパロディ化）がとくに求められていない点も奇妙である．

カリオキの演者だった筆者には，完璧でない口パクを披露するのは，つらいことだった．それでも大音量で音楽が流れるなか，客が笑顔でチップを手渡してくれると，これが人を魅入らせる演目であることを実感できた．カンパラでは，録音された歌手の声が自分の声となることを，演じる側も見る側も，素直に受け取ることができるのではないか．歌がその場で実演されていなくても，その場で生まれたと感じるように，人びとの共感する力が強いのではないか．これもまた人が人をどうとらえるかにかかわり，カンパラの人間関係を考えるうえで重要な手がかりとなるのではないかと思われる．

［大門　碧］

写真1　クリスマスに行われた「カリオキ」（2009年12月25日）

引用文献

大門　碧（2015）：『ショー・パフォーマンスが立ち上がる：現代アフリカの若者たちがむすぶ社会関係』春風社．

大門　碧（2016）：学校から盛り場へ：ウガンダの首都カンパラにおける若者文化「カリオキ」の大衆化の過程．アフリカ研究，89：15-27．

6 地域紛争

アフリカにおける地域紛争は，第1章で述べたように民族（部族）間対立の文脈で理解されることが多い．1885年のベルリン会議で決められたアフリカ分割（机上の線引きという意味でarmchair geographyとよばれる）の影響が，独立後に国内政治の覇権をめぐる民族間対立という形をとって現れたという理解である．しかし，独立闘争，独立後の内戦，そして1990年代以降の小規模だが大衆化・過激化した紛争などをつぶさに観察すると，民族間対立だけで説明できないさまざまな要因がいくつも浮かび上がってくる．

1991年のソビエト連邦崩壊前の東西冷戦時代の地域紛争（アンゴラ），1990年代以降の「崩壊国家」が叫ばれはじめるようになった後の地域紛争（ソマリア），そして2000年以降の国際的なつながりをもつ過激な地域紛争（ナイジェリア，スーダン）等，紛争に至る背景や要因，さらには紛争の内容（担い手，使用武器）も変化してきている．

本章では，現代アフリカの各地で起きている地域紛争が，どのような地域の歴史的背景や要因で生じており，それがアフリカ以外の世界との関係でどのような展開をみせてきたのかという点を中心に，西アフリカと（北）東アフリカに分けて述べていく．

写真6.1 ルワンダの首都キガリの発展（2010年9月）
1994年のルワンダ紛争で起きたジェノサイドでは50万人から100万人の人びとが殺されたといわれる．戦争終結後，国際的支援に支えられ，2000年以降ルワンダは急速な経済発展をとげ，首都は建設ラッシュであった．

6.1 西アフリカにおける地域紛争

アフリカにおける地域紛争は，地縁・血縁を核とする部族対立や民族対立で説明されることが多い．しかしすべてがそれで説明できるわけではない．たとえエスニック集団間の争いのようにみえる紛争でも，その背景には政治的疎外や経済的格差があり，それに対する不満が特定のエスニック集団を中心に顕在化したにすぎない場合もある．2000年以降の過激な地域紛争のなかには，エスニックな紛争といえないものが少なくない．地域紛争を担う（戦う）主体が多様化し，彼らの組織の流動性も増してきている．

本節では最初にアフリカにおける紛争の特徴を年代別に概観し，次に西アフリカのナイジェリア国内で対照的な展開をみせた二つの紛争の事例を取り上げ，紛争にかかわる国内問題と国際的関与の関係について明らかにする．そして最後に，紛争解決に向けた最近の国際的関与について述べる．

6.1.1 アフリカの紛争にみる時代的特徴
a. 1980年代末までの地域紛争

アフリカの地域紛争は時代によってもその内容が変化してきている．1960年代から1970年代にかけては，独立をめぐる紛争（独立闘争）と独立直後に起きた国内紛争の二つが主流であった．アフリカの年といわれた1960年に多くの英領，仏領植民地は独立を遂げたが，このときに独立しなかった旧英領の南ローデシア（現ジンバブエ）や旧ポルトガル領のアンゴラ，モザンビーク，ギニアビサウ，さらに南アフリカの信託統治からの離脱を求めたナミビアでは激しい独立戦争が続いた．

一方，新興独立国ではいくつかの国内紛争が起きた．1960年に独立した旧ベルギー領コンゴでは，コンゴ動乱（1960～1965年）が起き，イギリ

スから独立したナイジェリアではビアフラ内戦（1967～1970年）が勃発した．前者では世界有数の産銅地であるカタンガ州が紛争の核心地となり，後者では商業生産が見込まれる油井が発見（1956年）された東部ナイジェリアがビアフラ国独立を宣言し内戦となった．

この時代のアフリカの地域紛争は東西冷戦構造の影響を受けていた．アンゴラの独立戦争では，ソビエト連邦とキューバがアンゴラ解放人民戦線（MPLA）を支援し，アメリカが支援するアンゴラ民族解放戦線（FNLA）と戦った．コンゴ動乱のときには，中国の支援を受けたとされる旧ルムンバ派の戦闘員がシンバとよばれるゲリラ隊を組織し，当時国連が支持していた国軍と戦った．この時代の地域紛争には，東西冷戦構造の枠組みのなかで初めて理解できるものが少なくない．もっともナイジェリアのビアフラ内戦のように，国内の分離独立の動きを恐れるソビエト連邦が，めずらしくアメリカと踵を合わせて，反ビアフラ側で歩調を揃えるという事例もあった．

1980年代に入っても，モザンビークやナミビアでは植民地からの解放闘争が続いた．また西サハラの独立をめざすポリサリオ戦線（サギアエルハムラ・リオデオロ解放戦線：POLISARIO（通称ポリサリオ戦線））も，モロッコとモーリタニアに統治されていた西サハラで1976年に戦闘を開始した．この独立運動は1989年のアラブ・マグレブ連合条約の調印後も続いている．ちなみに西サハラはアフリカ連合（Africa Union：AU，2002年設立）の会員として認められているが，逆にその独立に反対するモロッコは1985年にアフリカ統一機構（Organization of African Unity：OAU，1963年設立でAUの前身組織）を脱退し，2017年までAUに参加していなかった．

一方，新興独立国では1980年代に入り，反政府運動といった性格の武装闘争が増えてきた．これら武装闘争では軍部が重要な役割を果たすことが多く，ナイジェリアのように軍事クーデターが政権奪取の常套手段になるような国も現れた．

b. 1990年以降の地域紛争（図6.1）

2000年以降アフリカ各地で起きてきた「新しい

図6.1 アフリカにおける最近の紛争地域（1995年以降）

型」の地域紛争の起源をどこに求めるべきかについては多少の議論がある．しかし，1989年のベルリンの壁崩壊に象徴される東西体制の終焉が一つの画期となっているという点で異論はない．

1991年にソビエト連邦が崩壊し東西体制の一角が崩れると，西側諸国のアフリカに対する経済の自由化，政治の民主化要求が強まってきた．すでに1980年代から始まっていた構造調整計画（Structural Adjustment Program：SAP）の継続とさらなる自由化の推進，それに加えて政治の民主化要求は，既存の経済権益や政治的秩序に変化をもたらした．たとえば，長期にわたり一党独裁を保ってきたザンビアに多党制が導入され（1990年），長期の軍政が続いたナイジェリアで民政移管が実現した（1999年）．このような経済の自由化と政治の民主化の推進は，地域紛争にも変化をもたらした．

中央政府の統治能力は低下し，政府軍の弱体化をもたらした．逆に，政治家や軍人が私的なパトロン＝クライアント関係を利用して私兵や武装集団を増強し，各地で（政府軍や敵対者と）戦うという事態が増えてきた．政権奪取を目指すような地域紛争が減少する一方で，1990年代以降，小規模で流動性の高いゲリラ的な紛争が増えてきた．この変化は，一般人が動員（誘拐）され標的

6.1 西アフリカにおける地域紛争　　99

にされる機会を増大させ，紛争の「大衆化」をもたらした．紛争の「大衆化」は，ルワンダにおける虐殺（1994年），リベリアやシエラレオネで1990年代以降に明らかになった少年兵の動員といった悲劇を招いた．ルワンダにおける虐殺は，ツチとフツというエスニシティを対立軸として起き，隣人どうしが殺し合い，50〜110万人の命が失われたといわれている．

1990年代の地域紛争を語るときに忘れてはならないのは，政治学者が「崩壊国家」や「失敗国家」とよぶ国がいくつか現れてきたことである．「失敗国家」とは，実効的に国内を統治できる単一の政府の存在しない状況の国を意味する．その例としてソマリアがよく取り上げられるが，この国の場合，1990年代に入り，父系血縁集団であるクランが「軍閥」を形成して対立し，どのクランも実効的に国土全体を支配することができない状況に陥った．クランや宗教勢力が分散化して対立し，どの勢力も国土の一部しか統治できない状態が現在も続いている．

c. 2000年以降の地域紛争

2000年以降の地域紛争を1990年代の延長線上で考える意見がある．1990年代に明らかになってきた「紛争ダイヤモンド」や「ブラック・ダイヤモンド」に象徴される資源依存型の地域紛争は，2002年以降も資源価格の高騰で強まってきていた．政府の統治能力の喪失は2000年以降も続き，リベリアとシエラレオネに続きコートジボワールでも内戦状態が続いた．コートジボワールでは，2002年の軍事クーデター以降2010年の大統領選挙をめぐる対立まで国内の混乱は続いた．これらの国々の地域紛争では多くの国民が紛争の被害者となったが，同時に加害者となって戦った．紛争の「大衆化」が進んだといわれる．

2000年代以降の紛争を1990年代までのそれと区別して考える見方もある．その理由の一つが，2010年から2012年までの間マグレブ諸国で継起的に起きた反政府運動いわゆる「アラブの春」の影響である．マグレブ地域での反政府運動の勃興と長期政権の崩壊は，サハラ砂漠で陸続きの西アフリカ諸国にさまざまな影響を与えた．軍事活動

に従事していた若者たちの帰国，過激派武装集団の流入，そして武器の流入などがみられた．マリ北東部で武装蜂起したトゥアレグ人反政府勢力にはリビアからの帰還兵が多数参加していたという．また北部ナイジェリアで活動するボコハラムにもアルジェリアやリビアからの帰還者やマリの反政府勢力が参加しているといわれている．アフリカの武装集団がアルカイダやタリバンといった世界的テロリスト集団との連携を強めてきたのは2010年代以降である．

d. 「失敗国家」と国際的関与

2000年以降のアフリカの紛争が，政治学でいう「失敗国家」と関係しており，紛争の「大衆化」，国際テロ組織との連携，紛争地域の拡大（紛争の「越境化」）が発展してきたことは事実であるが，他方で紛争回避や紛争解決に向かうものもあった．このような「失敗国家」における紛争の回避やその鎮静に，国際的関与が一定の効果をあげてきたといえる．

紛争回避や沈静にかかわる国際的関与には，大きく分けて経済的なものと軍事的なものの二つがある．経済的関与としては国際連合安全保障会議による経済制裁の発動をあげることができる．国際連合は，1990年以降アフリカの10カ国（ソマリア，リベリア，アンゴラ，ルワンダ，シエラレオネ，エリトリア，エチオピア，コンゴ民主共和国，スーダン（ダルフール），コートジボワール）に経済制裁を発動した．

軍事的介入としては，リベリア，シエラレオネ，ギニアビサウに対する西アフリカ諸国経済共同体（Economic Community of West African States：ECOWAS）の介入や，コートジボワールの軍事クーデター（2002年）に対する国連平和維持軍の派遣，シエラレオネに対する国連シエラレオネ監視団（UNOMSIL）の設立（1998年）と同派遣団の派遣（1999年）などがあげられる．

国内の紛争解決のために外部の平和維持軍が派遣されることがめずらしくなくなってきた．アフリカ連合内部に「アフリカ連合平和安全保障理事会」が設置されたのも（2004年），このような軍事的関与を容易にするためである．2011年1月

に実施された住民投票の結果を受けて南スーダンが独立を達成できたのも（同年7月），国際的支持があったからであるといえよう．独立後も国際連合南スーダン派遣団が現地に派遣され，日本も国連南スーダン共和国ミッション（UNMISS）のために自衛隊を現地に派遣していた．

「失敗国家」的状況にあるとはいえ，非憲法的手段による権力奪取は認められないとする民主主義の基本理念はアフリカでも広く浸透している．選挙の結果が尊重されなければならないとする認識も一般化してきている．2012年のセネガルと2015年のナイジェリアの大統領選挙は，アフリカ諸国における民主政治の成熟を表す事例といえる．前者では現職のワッド大統領からサル大統領へ平和裡に政権委譲が行われ，後者では現職のジョナサン大統領から野党のブハリ候補に混乱もなく政権が移譲された．

しかし，選挙結果をめぐって内乱的状況が起きるケースもみられる．2007年のケニア総選挙後の内乱，コートジボワールにおける総選挙結果をめぐるバグボとワタラの対立と内戦状態などである．いまだ政治の民主化の成熟は一様ではない．

6.1.2 ナイジェリアの地域紛争の事例

最近のアフリカの地域紛争は，国内の政治経済的理由を背後に複雑な対立軸（宗教的，エスニカル，地域性）を示しつつ，国際的つながりを強め多面的に展開してきている．またその紛争の解決には国際的関与が重要な役割を果たしつつあることとも述べてきた．しかし，アフリカには「失敗国家」の例とは対照的に，強い国家体制のもとでそれに抗して紛争が激化している場合もある．

ここでは，ナイジェリアで1990年代以降に展開されてきた二つの地域紛争を事例に，紛争の解決や拡大に国内的要因がどのように影響し，国家がその紛争解決にどのように対処しているのかをみてみる．

a. ニジェール・デルタの地域紛争

2000年以降，ナイジェリアでは，南部のニジェール・デルタ地域と北東部において激しい地域紛争が起きてきた．デルタ地域の紛争は，石油生産による環境破壊や政治経済的疎外を訴える反対運動が出発点となり，当初は石油多国籍企業を相手に環境破壊に対する補償や政府に資源生産地域に対する交付税拡大（政府歳入の8〜9割を支える石油の産地である）を要求する平和裡なものとして出発した．しかし，これに対する軍事政権（1984-1998）の対応は多国籍企業保護一辺倒で住民に強圧的であったため，人びとは反発し武力闘争へと突き進んだ．産油地における環境破壊は人権にかかわる問題として国際環境NGOも問題とし，それと連携した環境保護運動へと発展してきた．そうしたなか，環境運動家として有名な小説家ケン・サロウィアが軍事裁判で死刑を宣告され，処刑された（1995年）．当時のアバチャ軍事政権に対する国際的な批判が高まったが，政府の態度に変化はみられなかった．

1999年に14年間続いた軍政が終わり民選の大統領が就任すると，各地で若者たちを主体とする武装集団が簇生し，2006年以降は外国人の誘拐が頻発した．事態を憂慮した政府は武装集団との和解の話し合いを進め，武器の放棄を前提に武装集団に無条件の特赦を与える提案を行い，武装集団側もこれに応じこの地域紛争は収拾することになった．この武装解除に応じた戦闘員は2万人を超えた．彼らは社会復帰計画（アムネスティ計画）にある教育プログラムや職業訓練プログラムに参加し，2016年のはじめまで武力紛争は治まっていた．

この地域紛争が収束に至った理由は大きく分けて2点ある．一つはこの紛争が，環境破壊や人権問題といった大きな問題を抱えながらも，常に補償や地域開発（具体的にはインフラ整備，雇用創出，教育援助など）といった具体的政策を求めて政府側と交渉を続けてきた点である．第二には，ニジェール・デルタ地域で最も力をもつエスニック・グループのイジャウ出身のジョナサンが2011年に大統領に就任した点である．大統領が自らの出身地域の武装集団と話し合いに応じたということは，エスニックな人的関係の中で地域紛争が収束されたようにみえる．2015年3月の大統領選挙でジョナサン大統領が敗れたことで政府とこれらの旧武装集団との関係が変化してきたこ

とについては，章末のコラム7を参照されたい．

b. 北東部ナイジェリアのボコハラム

ニジェール・デルタ地域の地域紛争に対し，「イスラーム国化」を要求（反西洋教育）するボコハラムの紛争は，2010年代以降も警察，軍隊基地，政府関係施設，そして教会や市場などをターゲットにした爆撃を増大させてきた．政府が国際テロ集団とのつながりを示唆し始めた2012年以降，ボコハラムは外国人の誘拐をさらに拡大し，国際的に注目を集めた．

ナイジェリア政府は2013年にテロ法の制定を行い，ボコハラムとアンサルをテロ集団と認定した．当初これに対する米国政府の対応は慎重なものであったが，2013年9月にナイロビのショッピングモールでアッシャバーブによると思われる襲撃事件が起きるとアメリカ政府は態度を一変させ，ボコハラムを国際テロ集団と認定し，ナイジェリア政府の認定を追認することになった．

アメリカがボコハラムを国際的テロ組織として指定してからは，ナイジェリア政府のボコハラム掃討作戦は強化されてきた．逆にボコハラム自身も国際的テロ集団としての性格を強め，2014年4月14日にはボルノ州北東部のチボクの寄宿制中学校を襲い，女子生徒270人以上を誘拐し連れ去るという世界を震撼させる事件を起こした．さらに2015年3月にボコハラムは，バグダディが樹立を宣言したイスラーム国（Islamic State：ISIS）に忠誠を誓い，活動領域を隣国のニジェール，カメルーン，チャドにまで拡大してきた．

ボコハラムの要求はナイジェリアのイスラーム国化であり，政府としても交渉の糸口をみつけることが難しいものである．2015年に大統領に就任したブハリ氏は北部出身イスラーム教徒であるが，国外のイスラーム国との連携を強め過激化するボコハラムに対しては徹底的に掃討する姿勢を強めている．かつて軍政長官であったブハリは軍事作戦に自信をもっており，ボコハラムの紛争に対しては武力による制圧をめざしているようである．

ナイジェリアの二つの地域紛争はともに国内的要因から運動の過激化の途をたどってきたことが

わかる．両方とも外国人の誘拐や国際社会へのアピールなどで国際的に知れわたり国際的地域紛争として捉えられる傾向があるが，これらの紛争は第一義的には国内的な解決が必要であると考えられる．西アフリカ諸国の紛争には積極的に軍隊を派遣するナイジェリアであるが，国内に他国軍が入って作戦を行うことには拒否反応を示している．ナイジェリアの地域紛争は次節で述べるような国際的関与によってではなく，自力での解決を優先することになろう．

6.1.3 紛争解決への途：国際的関与

6.1.1項dでも触れたが，アフリカの紛争では国際的な監視やさまざまな形での関与がその解決に大きな役割を果たすようになってきている．経済制裁，国際的監視，そして軍事的関与などである．

国連による経済制裁は国レベルの制裁であり，一般国民の生活を苦しめることが多いことが指摘され，それにかわり特定個人や集団を対象にした制裁，「スマート制裁」（たとえば「紛争ダイヤモンド」の取引禁止など）が行われるように，経済制裁のやり方は多様化してきている．

また国際的監視では，南アフリカでみられた真実和解委員会（Truth and Reconciliation Commission of South Africa：TRC）での公聴会開催・特赦の認定や，ルワンダのジェノサイド（1994年）を裁く紛争後の裁判（ガチャチャ裁判）などにみられるように，新しい国際的関与も行われている．これらの国際的監視では，紛争後の和解や癒しの過程に積極的に関与するようになっている．「復讐でなく理解を，報復でなく回復を，被害者化でなく思いやり」をモットーとするガチャチャ裁判は問題点も多く指摘されてはいるが，混乱する紛争直後の状況のなかで果たした役割は評価されている．

軍事的関与に関しては，2002年にアフリカ統一機構（OAU）を引き継いで設立されたアフリカ連合（African Union：AU）で，域内での紛争を自主的に解決する意志が表明され，不干渉主義から干渉主義への方針転換がなされた．この変更を受けAU内に平和安全保障理事会が設置され

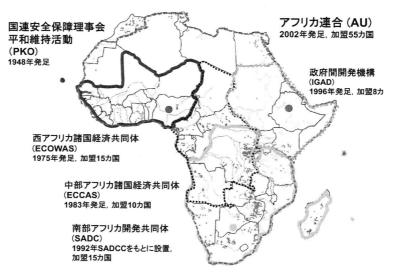

図 6.2 紛争解決・平和構築に向けた地域集団 ［口絵 1 参照］

(2004年)，その理事会のもとで活躍するアフリカ待機軍（African Standby Force）が設置された．この軍隊は 2004 年に南スーダンに停戦監視ミッションとしてすぐに派遣されている．このほかにも，先に述べた西アフリカ諸国経済共同体監視団（ECOMOG：ECOWAS 加盟国が連携して運用する監視団）のように，1990 年代から域内の地域紛争に監視団を派遣（シエラレオネ，リベリア，ギニアビサウ）している例もあり，政治的干渉の批判はあるものの，地域集団で域内の紛争防止と平和維持を監視する体制が整備されてきている（図 6.2）．

このように現在のアフリカの地域紛争は，地方性と国際化の両面をもちながら多様化しつつあり，その解決に向けた取り組みも国レベル，地域集団レベル，アフリカ大陸レベルと多様なものになってきている．　　　　　　　　　［島田周平］

6.2　（北）東アフリカにおける地域紛争

（北）東アフリカは，1940 年代以降植民地からの独立闘争に端を発し，独立後の冷戦期においても反政府勢力や，分離独立，さらには地域的な反乱など多様な紛争を経験してきた地域である．ここではおもに，（北）東アフリカに位置する，ケニア，ウガンダ，スーダン，エチオピア，ソマリア，タンザニアを中心とした地域を想定し，地域紛争の経緯をたどる．

6.2.1　紛争主体と要因

1960 年代から 1970 年代に多くのアフリカ諸国が政治的独立を果たした．しかし，旧宗主国の植民地統治形態にも影響され，独立後の多様な政治過程を経ることになった．これらの国ぐにでは，国家運営にかかわる対立に加え，東西冷戦の影響もみられた．冷戦後には，グローバル化にも影響を受ける形で紛争の様態は変化するようになった．さらに，近年では中東でも影響力を増しているとみられるイスラームの過激思想に影響を受けたテロと考えられる勢力も現れるなど，新たな様相を示す状況も生まれている．

アフリカにおける紛争主体（反乱勢力，insurgencies）に関しては，イギリスの政治学者である C・クラッパムが，その目的との兼ね合いで次のような四つの理念型に分類したことがある（Clapham, 1998）．第 1 に「解放組織」であり，植民地支配やマイノリティの支配からの独立を指向する勢力，第 2 に「分離独立組織」であり，政治独立後の分離独立を指向する勢力，第 3 に「国家改革組織」であり，現状の国家改革をクーデターなどの方法で指向する勢力，そして第 4 に「軍閥」

（ウォーロード）であり，希少金属や鉱物資源など
の自然資源の産出地を中心に存在し，その資源を
売買して勢力を伸張させる武装集団の頭領に率い
られた勢力，である．独立後，冷戦期には前三者
がアフリカにおける紛争主体の主要類型である
が，「軍閥」の出現は冷戦後の経済のグローバル化
の文脈ともかかわる面をもつ．こうした類型は依
然として妥当なものであるが，近年の新たな勢力
についてはあらためて類型化を提示しておく必要
がある．それは，アメリカの研究者であるS・ス
トラウスが提示した「カウンター・システム」的
な反乱勢力である（Strauss, 2012）．これは長期化
している紛争において特徴的にみられる勢力とさ
れ，既存のシステムとしての民主主義を基盤とし
た「ゲームのルール」に対抗し，これを根本的に
変革することをめざす勢力でもある．また，この
勢力は，越境を繰り返しながら，複数の国の治安
部隊と交戦したり，民間人への攻撃や（身代金を
目的の）誘拐を行う活動を特徴としているほか，
強いイデオロギー的指向性を有するために，その
活動を完全に封じ込めたり，交渉による問題解決
が困難な傾向がみられるのである．

6.2.2 独立と統合をめぐる紛争

（北)東アフリカは，独立闘争期以降，継続的に
紛争，飢餓，難民に特徴づけられる地域として位
置づけられてきた．まず，スーダンでは，イギリ
スによる分断統治の影響を受け，独立運動の主体
および自治政府の中心が北部のアラブ系イスラー
ム教徒だったことに対し，南部のアフリカ系非イ
スラーム教徒（キリスト教徒と伝統宗教）が独立
前夜の1955年に反乱を起こして以降，一時期を
除き紛争が継続した．この過程で，1958年11月
にイブラヒム・アブード将軍が率いる軍部による
無血クーデターの結果，軍事政権が樹立され，政
府による弾圧が行われるようになった．第1次内
戦は，その後1969年に軍事クーデターで政権を
取ったヌメイリが，南部の解放戦線であったアニ
ャニャとの間で和平協定を結ぶことで17年で一
端終結を実現した．この頃，地政学的な観点から
スーダンを重視したアメリカは，ヌメイリ政権に
多額の軍事・経済援助を提供した．他方，南部で
は南部地方政府の経済発展推進策の失敗や，南部
の意向を無視した運河建設と油田開発が行われた
ことなどを原因として，権力基盤を強化するため
にイスラーム化を強める動きを見せたヌメイリ政
権への反発が強まることになった．その結果，
1983年以降，旧アニャニャの兵力を中心とし，
「新しいスーダン」を構想して国家改革を提唱する
一方，南部の分離独立を求めるスーダン人民解放
軍／運動（SPLA/M）の活動が組織され，武装闘
争を展開することになった（NIRA・横田洋三編，
2001）．SPLA/M は，「分離独立組織」，「国家改
革組織」など，複合的な性格を有する武装勢力で
あった．

ケニアでは，植民地末期の1950年代に「マウマ
ウ」と植民地政府が認識したおもにキクユ人を中
心とした勢力によるゲリラ戦が展開されたが，植
民地政府は正規軍による平定を進めた結果，アフ
リカ人側に多くの犠牲者を出すことになった．こ
の「マウマウ」の乱を契機に，植民地政府は独立
に向けた改革を実施し，ケニアは1963年に独立
する（吉田，1978）．しかし，独立後，植民地政府
が採用した政策と類似の弾圧政策がケニア北東部
のソマリ系武装勢力に対してとられたことが，
2012年のケニア真実正義和解委員会報告で明ら
かになった．「シフタ戦争」（Shifta War）とよば
れるこのケニアの局地的な紛争は，1980年代ま
で継続した．

1962年に独立したウガンダでは，1966年に当
時のオボテ首相が憲法を停止し，中央集権化を図
り，強力な大統領制を布き憲法草案を提出し，結
果的に暫定的憲法が採択されてオボテ大統領が誕
生するが，政治的な危機状況が最高潮に達する結
果をもたらした．その後1970年には主要外国企
業株式の6割の国有化を明記した「ナキブボ宣言」
を発表したことに対する，国民の不満が高まる状
況が生まれた．この機に乗じてオボテ大統領の不
在の1971年1月に軍事クーデターを起こしたの
がイディ・アミンであった．アミンは，1972年8
月に約5万人にのぼる在住のアジア人の90日以
内の国外追放を宣言した結果，隣国タンザニアと
の戦争状態に入ることになった（吉田，1978）．結

果的に，アミン政権は 1979 年に崩壊した．1980年にタンザニアから帰還したオボテが再び大統領に就任したものの，野党は選挙での不正に不満を表明し，なかでも 1981 年に「国家改革組織」の典型例とされてきた国民抵抗運動／国民抵抗軍（NRM/NRA）が反政府武装闘争を開始した．きわめて高い規律をもった組織であり，1986 年には首都カンパラを掌握し，ムセヴェニの指導の下新政権を樹立した．なお，タンザニアでは他の（北）東アフリカ諸国に比べ，暴力的な紛争の発生はきわめて限定的であった．ただし，ザンジバルでは，1963 年に独立を達成したが独立後 1 カ月の 1964 年 1 月に，アラブ人系保守政権が打倒され，スルタンをはじめとした要人が島から追放されるという「ザンジバル革命」が起こった．タンガニーカのニエレレ大統領は，ザンジバルのカルメ新大統領と交渉し，両国が連邦の形で単一の国家を形成する協定を締結して，4 月 27 日合邦が成立した（吉田，1978）．そして，10 月にはタンザニア連合共和国となったが，その後は，南部アフリカをはじめとし，近隣諸国の「解放勢力」や「国家改革組織」をホストする役割を担った（Anderson and Rolandsen, 2014）.

帝政のもとで独立を維持してきたエチオピアでも 1960 年代以降エリトリア（19 世紀にイタリアの植民地となり，エチオピアと連邦を形成したが，エチオピアに併合された地域）の分離独立を求めるエリトリア民族解放戦線（EPLF）による武力闘争をはじめとした紛争が続いた．1974 年のクーデターによる帝政崩壊以降のソ連を中心とした陣営からの支援を受けたメンギスツ率いる社会主義政権（デルグ）下でも，その圧政に対し地方や民族を基盤としたティグレ民族人民戦線（TPLF）や，オロモ解放戦線（OLF）などによる反政府勢力による武装闘争が活発に行われ，1980年代には旱魃を契機とした飢餓が蔓延した．1988年には TPLF などの反政府勢力を糾合したエチオピア人民革命民主戦線（EPRDF）が設立され，デルグの打倒をめざした武装闘争が展開した．1991 年 5 月に EPRDF の侵攻により，デルグは崩壊した（その後エリトリアは 1993 年に独立を達成した）（岡倉編，2007）.

隣国ソマリアでも，1969 年のクーデターで政権を得たシアド・バーレの社会主義政権下で，エチオピアの帝政崩壊の機に乗じてソマリ系住民の居住する領土拡張をめざす大ソマリ主義を掲げ，1977 年にエチオピアとの間にオガデン戦争をしかけた．しかし，ソ連がエチオピアを支援したことで敗北し，結果的に多くのエチオピアに居住していたソマリ系住民が難民としてソマリアに流入し，きわめて不安定な状況に陥った．これを受け，エチオピア領内でソマリ救世民主戦線（Somali Salvation Defense Force：SSDF）がゲリラ組織として活動を始めたほか，シアド・バーレ体制に対する最も強い批判勢力であった北西部のクランであるイサックがロンドンでソマリ国民運動（Somali National Movement：SNM）を結成すると同時に，エチオピアにも拠点を形成し，ソマリア領内でも活動を活発化させた．こうして 1980年代には複数の反政府組織と政府間の対立が激化した．この時期，バーレ政権はソマリアの戦略的重要性からアメリカの軍事・経済的支援を受けてかろうじて体制を維持したが，1990 年には統一ソマリア会議（United Somali Congress：USC）の民兵がいっせいに蜂起し，首都モガディシュでも激しい戦闘を行い，軍・警察の本部を占拠したほか，大統領府にも進攻し，1991 年 1 月にシアド・バーレを追放し，政権は崩壊した（遠藤，2015）.

6.2.3 冷戦後の紛争

a. スーダン

スーダンでは，冷戦終結直前に和平への気運が高まっていたものの，1989 年に SPLA/M との和平を望まない軍の一部勢力と国民イスラーム戦線（NIF）主導のクーデターが発生し，マフディー政権が倒れ，バシール将軍が実権を握る事態となった．バシール政権はさらなるイスラーム化を進めたほか，SPLA/M に対しては「ジハード」（聖戦）を掲げ，SPLA/M を軍事的に殲滅する方針をとった．1991 年に崩壊したエチオピアのデルグ政権に基地と補給路をおいていた SPLA/M は，拠点を失うことになり，政府軍の攻勢のもとで解放区

の多くを手放した．またこのとき SPLA/M は分裂を余儀なくさせられ，ジョン・ガランの率いる主流派と反ガランの勢力に分裂し，1990 年代初頭にはバシール政権が後者に武器を提供して軍事対立を促すなど，南部での犠牲者が増加した．さらに複雑なのは，北部で非合法化された政治勢力が，国外で SPLA/M の主流派と接触するなどの動きをみせ，反政府の統一勢力である国民民主連盟（NDA）を結成するなどの動きがみられたことである．1990 年代には，複雑化したスーダンにおける紛争を調停する幾多の試みが行われたものの，大きな成果は上がらなかった（NIRA・横田洋三編，2001）．

政府と SPLA/M の和平に訪れた大きな転機は，2005 年 1 月に政府と SPLA/M の間で調印された「包括和平協定」（CPA）であった．CPA は，それに先だって調印されてきた一連の合意・議定書をとりこみ，四つの議定書，二つの枠組み合意，二つの附属書から構成される膨大な文書であった．この協定調印の背景には，石油を中心とした天然資源の開発と配分の問題，さらには国際的に高まってきた「対テロ」戦略の構築に動機づけられたアメリカを中心とした外部勢力の関与が存在していた．1990 年代には，アメリカはバシール政権を敵視し，「テロ支援国家」に指定したうえ，経済制裁の対象としてきた．しかし，この間スーダンは石油の獲得のために本格的なアフリカ進出を行い始めた中国との関係強化を行った．南部における石油生産が本格化するとともに，石油開発にかかわる中国との合弁事業も始まるなど，両国間の関係緊密化が一層進むことになった．こうした状況に際し，アメリカは 21 世紀に入り，スーダンへの政策を大きく転換し，戦略的にその関係を再構築し始めたことが CPA 締結に向けた動きに大きく影響した．国際社会への復帰を望んでいたスーダンは，とりわけ 9.11 同時多発テロを契機として，従来アル・カーイダとの一定の関係を有していたもののアメリカによるビン・ラディンの捜査協力に応じた．アメリカも「南北内戦」の解決，「和平」プロセスに積極的に関与する姿勢を示すことになり，まさにアメリカの働きかけに

応じる形で SPLA/M がバシール政権との「和平」プロセスに引き入れられていくという現象が生まれたのである．こうした経緯のなかで，ある意味「外」から与えられた枠組みで南部の分離・独立という選択肢が組み込まれていった．この結果として，スーダンの一体性を維持し，「新しいスーダン」を建設するという目標ではなく，スーダンの分裂という形で「南北内戦」の解決がはかられる状況に至った（栗田，2009）．そして，2011 年 1 月 9 日からスーダン南部で分離・独立の是非を問う住民投票がおおむね平和裏に行われた．そこでは，圧倒的な賛成多数の支持を得て分離・独立が承認され，同年 7 月にアフリカ大陸における 54 番目の国家として南スーダンは独立を果たすことになった．

しかし，スーダンでは 2003 年以降スーダン解放運動／解放軍（SLM/SLA）と正義と平等運動（JEM）という二つの組織が活動を本格化し，スーダン政府の支援を受けた勢力の攻撃等により 20 万人以上の死者と 250 万人が国内外で難民化するなど，新たな人道危機が生じた．これが，スーダン西部のダルフールの危機である．この背景には，スーダンの南北和平が進展し，アメリカの影響力の中で，南部とは「富と権力の分配」を行わざるをえない方向性が明らかになった段階で，同様の動きがスーダン国内の他の低開発地域に波及することを防ごうという「見せしめ」の意図が存在したとも指摘されている．その意味では，スーダンで長く課題とされてきた南北対立の解決過程の副産物として生み出されてきた危機であるという面を有している（栗田，2009）．ダルフールの問題は，一つの「紛争解決」が新たな紛争を生むという連鎖が続いているということを示している．

b. ウガンダ，ケニア

ウガンダ・ムセヴェニ政権下の北部では，北部のアチョリ出身であったオボテ政権がムセヴェニに倒されて以降，旧政権下の軍関係者を含むさまざまな反政府勢力がつくられることになった．そのなかからジョセフ・コニーの率いる「神の抵抗軍」（LRA）と名乗る勢力が頭角を現し，政府軍

106　6. 地域紛争

との戦闘を繰り広げることになった．その特徴は，「伝統的」要素とキリスト教的な要素を含めたハイブリッドな儀礼を通して，誘拐して兵士としたメンバーを「浄化」するとともに，独自の行動規範を設けて，その規範から逸脱する行為を行ったメンバーや人々を罰する形で攻撃を行う点にあった（吉田・白石編，2012）．したがって，単に政府軍と対峙するだけではなく，その行動規範から逸脱する人びとを敵とみなし，攻撃対象としたのである．国際刑事裁判所（ICC）は，2005年にLRAのリーダー格の5名に対して逮捕状を発行したほか，2006年以降政府との間でLRAとの和平交渉が行われてきたものの，LRAサイドは，ICCによる逮捕の可能性がある限りにおいて和平合意文書への調印を拒んできた．また，LRAの活動拠点は，南スーダンや，コンゴ民主共和国周辺国に移り，それぞれの地域において住民への殺害行為や誘拐を繰り返している．したがって，LRAに関しては，「カウンターシステム」型の武装勢力のひとつの典型例とする評価が行われてきた（Strauss, 2012）．

独立後，政治的にはおおむね安定してきたケニアにおいて，その政治史上最悪の暴力事件が2008年の初頭に発生した．これは，2007年12月27日に実施されたケニアの総選挙（大統領選挙と国会議員選挙）の開票結果の発表に端を発するものであった．そのため，「選挙後暴力」（PEV）とよばれる．1990年代にいわゆる「民主化」を経験したアフリカ諸国では，選挙に関連する暴力は多く報告されているが（Bekoe ed., 2012），選挙後というタイミングで発生した典型的な暴力がこのケースであった．この選挙は，2期目を目指す現職のキバキが率いる勢力とオディンガが大統領指名を勝ち取った野党勢力の間で戦われた．キバキ陣営は10ほどの政党の緩やかな連合体である国民統一党（PNU）を組織し，既存の行政網や軍・警察組織をも利用して選挙活動を実施した．PNUの支持基盤は，キバキ候補がキクユ人出身であることから，首都ナイロビ周辺からキクユ人の居住地域である中央州にあった．他方，野党勢力は改革を求めるオレンジ民主運動（ODM）を組織し

（一部勢力が分裂したものの），キクユ人居住地域以外，とくにルオ人のオディンガの出身地であるニャンザ州や，自らの選挙区があるナイロビで絶大な支持を得ていた．事前の世論調査においては野党ODMが与党勢力を大きくしのぐ支持を獲得する傾向が示されていた（津田，2009）．

投票日当日は，小さな問題はあったものの，おおむね平穏のうちに投票は終了したが，29日になると中央州の開票結果が中央選挙管理委員会のもとに届かなくなり，国内に不正に関するうわさが流布し始めることになる．そして30日には，午前の発表で劣勢に立たされているとみられた現職のキバキの得票が急激に伸びる一方，オディンガの票がまったく伸びない現象が起きたほか，キバキの地盤では投票総数が選挙人登録者数を上回っているといった報告も出始めたため，これに抗議する行動がODM支持者の間に広がった．そしてこの日の午後，中央選挙管理委員長が突然大統領官邸において，大統領選挙におけるキバキ当選の発表を行い，そのまま大統領宣誓式が行われた（松田，2009）．

この選挙における「不正」疑惑を受け，ODM支持者が一斉に蜂起し，これらを弾圧する警察や機動隊との間で激しい市街戦に発展した．ケニアを構成する8州のなかで，キバキが勝利したとみられるのは中央州のみで，ニャンザ州，ナイロビ州，リフトバレー州，西部州，北東部州，沿岸州の6州ではODMが勝利していたことから，この選挙の不正と，開票時の操作への怒りが，ケニア社会に広がる結果を生んだ．ここで広がった暴力は単にODM支持者と警察を中心とした政府の治安勢力によるだけではなく，ケニアにおける政治を大きく枠づけてきた民族間対立をさらに強める展開になった．つまり，キバキを支持するキクユ人とオディンガを支持するODM支持派のルオ人，ルイヤ人，カレンジン人の対立という図式が鮮明になったのである．とくに当初は，ODM支持派の怒りが経済的に比較的裕福なキクユ人に向けられた．独立後入植した農園や，経営する商店，オフィスなどがまず攻撃対象となった．キクユ人はそのまま被害者に甘んじていたわけではな

かった．キクユ人が多数派を占める地域に出稼ぎに来ていたり，店舗を開いたりしているODM支持者に対する報復を開始した．他の地域で被害を受けたキクユ人がこの地域に避難してきたことを受け，その報復の矛先を同じ町に居住する出稼ぎ者であったルオ人，ルイヤ人に向けたのである．このPEVは，アフリカ連合（AU）やコフィー・アナン前国連事務総長の仲裁で，キバキが大統領，オディンガが首相に就任し，それぞれの政党から閣僚を出す「権力分有」の形でひとまず決着をみたものの，潜在的な対立の根を残すことになったほか，暴力行為に対する有力政治家の組織的関与の疑いがもたれ，ICCが調査に乗り出すなどの動きにつながった．

c．ソマリア

1991年の政権崩壊後，ソマリアにおける紛争の対立軸は，国連の平和執行への対抗関係ともかかわる形で展開し，（血族集団である）クランを基盤とした「軍閥」間の対立の色彩を帯びた．こうしたなかでソマリ民族の一つの社会生活の軸であったイスラームの役割が重視されるようになった．紛争解決に際し，イスラーム法に基づく正義／司法を実現するイスラーム法廷が設立された．その中でシャリーア適用にかかわる立場の相違が次第に新たな紛争の対立軸を構成するようになった．また，隣国エチオピア（さらにそれを反映したエリトリア）との関係を中心とした「アフリカの角」地域における地政学的な要因，9.11以降の「テロとの戦い」のもとでのアメリカの「アフリカの角」地域への対応といった国際政治の力学に基づく要因が組み入れられ複合的に影響を及ぼし，ソマリア紛争の図式は変化してきた．北西部では，1991年に「独立」を宣言したソマリランドの平和構築の試みが行われたほか，北東部でも1998年にプントランドが自治政府の樹立を宣言するなど，北部では一部の地域で安定が実現される傾向もみられたが，中・南部地域に関しては，クランの対立を中心とした不安定な状況が継続した．1999年9月から2000年にかけて隣国ジブチがイニシアティブをとって行われたソマリア国民平和会議の結果設立された暫定国民政府（TNG）

写真 6.2　ソマリアの暫定連邦政府軍（TFG）の兵士たち（2011年5月，撮影：松川　潔）

も2003年までの期限を以って終了した．また，TNGの後継と位置づけられ，地域機構の政府間開発機構（IGAD）がイニシアティブをとって2005年にナイロビに設立された暫定連邦政府（TFG）も，不安定な情勢下にあるソマリア国内に移動することが当初困難であった（写真6.2）．

こうした情勢下で2006年6月に，イスラーム法廷連合（UIC）というイスラーム主義勢力が1991年の政権崩壊後初めて一時的にではあったが，ソマリア中・南部における秩序と安定を実現した．ところが，ソマリアをテロの拠点としない，そしてそのためにとくに（アル・カーイダ系の勢力との関係が疑われる）イスラーム主義政権の樹立を認めないという国際的な政策環境のなかで，アメリカの黙認のもとで隣国エチオピアが2006年末にこの勢力を放擲し，（欧米諸国にとって）より好ましいと考えられた当時南西部の都市バイドアにおかれていたTFGを支持し，TFGはこのときはじめて首都モガディシュにおかれた．このときAUは，ウガンダ兵1500名からなるアフリカ連合ソマリアミッション（AMISOM）を派遣し対応にあたることにはなったが，その実効性はきわめて限定的なものとなった．さらに，UICの掃討にあたったエチオピア軍の駐留が，TFG樹立以降継続したことにより，反エチオピア感情を増幅させ，イスラーム主義に基づく多様な反政府勢力を新たに生み出す結果となり，不安定化の度合をさらに増すことにもつながっていくことになった．

6.2.4　新たな紛争の展開

a.　スーダン・南スーダン

　世界で最も新しい国として独立した南スーダンは，2013年12月16日，SPLMの国民解放評議会の場で起きた発砲事件を契機に，きわめて短期間のうちに民族間の武力衝突に発展することになった．この対立は，権力維持を図ろうとするキール大統領が，2013年7月に汚職追放を名目に，マシャル副大統領をはじめとする全閣僚を罷免したことを伏線として，反大統領派の政治家を追い落とすために，民族対立をの構図を創り出した可能性も指摘されてきた．もともとは独立後の政権内での主導権争いに端を発していた対立が，それぞれの支持基盤となっている民族動員を図る形で大規模な紛争として顕在化してきた可能性が高いのである．キール大統領は出身部族であるディンカ人を動員し，マシャル元副大統領はヌエル人を中心とした動員を図り，対立はたちまち広域化する様相を示した．

　しかも，南スーダンの対立は，スーダンと国境接するユニティ州での戦闘を介して，スーダンにおける紛争とも深くかかわり，多くの武装勢力が関与して越境する動きをみせている．その意味では，対立の図式が複雑化してきていることを示す徴候がみられるのであり，調停などの対応がさらに難しくなる情勢に発展している（ICG, 2105）．

　この紛争では，2015年8月の両者の調停までに5万人にのぼる犠牲者，さらに230万人にのぼる避難民が発生した．この調停に基づき，2016年4月に国民統一暫定政府が樹立されたものの，7月に入り首都ジュバで再び戦闘が再燃し，安定の見通しが立たない状況にある．

b.　ソマリアと周辺国

　近年のアフリカにおける紛争主体として，過激なイスラーム主義を思想的背景としてもち，テロを手段とする勢力の浸透である．アル・カーイダとのつながりが疑われる勢力が（北）東アフリカでも活動を拡大してきた．ソマリアを拠点として活動を活発化させてきたのがアッシャバーブである．アッシャバーブは，UICの分派でイスラーム主義のより急進的な勢力とされるが，ソマリアに

おける政治的イスラームの落とし子でもあるというところにその特徴がある．9.11後のアメリカによるアフガニスタン攻撃を受け，90名ほどのソマリ人がアフガニスタンでの「聖戦」に参加したとされる．そして，これを契機としてアッシャバーブのメンバーを構成する者のなかに，グローバル・ジハードの考え方を受け入れる傾向がみられるようにもなったのである（Hansen, 2013）．ソマリア国内では，車輌爆弾等を用いた自爆テロなどの手段で，多くの政府系要人の殺害などを企て敢行してきた．この背景としては，アッシャバーブが一定の戦闘能力を備える局面にはあったと考えられるものの，実際にはゲリラ戦や自爆テロなどをその戦術の中心に据えた武装組織であり，軍事的にはそれほど強力な組織ではないことが考えられる．

　ただし，アッシャバーブは，ソマリア国内だけにとどまらない「攻撃」を周辺国で行う傾向を示してきた．2010年7月にはAMISOMの兵力の中核を担っていたウガンダの首都カンパラで起きたFIFAワールドカップの決勝戦が上映されていたエチオピアレストランなどで自爆テロを敢行した．ケニア国内でも，2011年2月にアッシャバーブが「TFGを支援するケニアに対しテロ攻撃を行う」と宣言して以降，外国人誘拐事件やアッシャバーブの関与が疑われる爆弾事件が多発する傾向がみられるようになっていた．

　そして，これまでのところ最も衝撃的な事件として，2013年9月21日にはケニアの首都ナイロビのショッピング・モールであるウエストゲートでの無差別の襲撃事件が起こった．この事件の犠牲者は67名（民間人は多数の外国籍を含む61名，兵士6名）にのぼり，200名以上が負傷した．この事件に関し，アッシャバーブが「犯行声明」を出し，ソマリアに展開しているケニア軍の攻撃の報復と，ソマリアからの撤退を要求した．この事件を検証したケニア政府の報告書によると4名の容疑者の名前があがっており，3名はソマリア人（Somali Nationals）であり，1名はソマリア出身のノルウェー市民とされた．さらに，2015年4月2日には，ケニア北東地域の町ガリッサにある

ガリッサ大学および学生寮を武装集団が襲撃し，学生を人質にして立て籠もる事件が発生し，政府の発表では少なくとも147人が死亡，79人が負傷し，実行犯は4人全員死亡した．この事件でもアッシャバーブが「犯行声明」を出した．ケニア国内でのアッシャバーブの「テロ」は依然として続く傾向にあり，治安課題はケニアの国内政治にも大きな影を落とす問題となっている（ICG，2014）.

[遠藤　貢]

引 用 文 献

遠藤　貢（2015）:『崩壊国家と国際安全保障：ソマリアにみる新たな国家像の誕生』有斐閣.

岡倉登志編（2007）:『エチオピアを知るための50章』明石書店.

栗田禎子（2009）:「移行期」のスーダン政治：南北和平・民主化・ダルフール危機. 地域研究, 9（1）: 68-89.

島田周平（1992）:『地域間対立の地域構造：ナイジェリアの地域問題―』大明堂. 237p.

島田周平（2014）:ボコハラムの過激化の軌跡. アフリカレポート, 52: 51-56.

総合研究開発機構（NIRA）・横田洋三編（2001）:『アフリカの国内紛争と予防外交』国際書院.

武内進一編（2000）:『現代アフリカの紛争―歴史と主体―』アジア経済研究所研究叢書500. 410p.

津田みわ（2009）:暴力化した「キクユ嫌い」:ケニア2007年総選挙後簿混乱と複数政党政治. 地域研究, 9（1）: 90-107.

松田素二（2009）:『日常人類学宣言：生活世界の深層へ／から』世界思想社.

吉田昌夫（1978）:『世界現代史14アフリカ現代史II 東アフリカ』山川出版社.

吉田昌夫・白石壮一郎編（2012）:『ウガンダを知るための60章』明石書店.

Anderson, D. M. and Rolandsen, Ø. H. (2014): Violence as politics in eastern Africa, 1940-1990: legacy, agency, contingency. *Journal of Eastern African Studies*, 8 (4): 539-557.

Bekoe, D. A. (2012): *Voting in Fear: Electoral Violence in Sub-Saharan Africa*, Washington, D. C.: United States Institute of Peace Press.

Clapham, C. S. ed. (1998): *African Guerrillas*, Bloomington: Indiana University Press.

Hansen, S. J. (2013): *Al-Shabaab in Somalia: The History and Ideology of a Militant Islamist Group, 2005-2012*, London: Hurts & Co.

International Crisis Group (2014): Kenya: Al-Shabaab-Closer to Home. *Africa Briefing*, No. 102, Nairobi/Brussels: ICG.

International Crisis Group (2015): Sudan and South Sudan's Merging Conflicts. *Africa Report*, No. 223, Nairobi/Brussels: ICG.

Straus, S. (2012): Wars do end! Challenging Patterns of Political Violence in Sub-Saharan Africa. *African Affairs*, 111/443: 179-201.

コラム7　紛争が再燃するきっかけ

2015年3月，ナイジェリアで大統領選挙が実施された．野党（All Progressive Congress：APC，全進歩者会議）の候補者ブハリ将軍（General M. Buhari）が，現職のジョナサン（Goodluck Jonathan）大統領（Peoples Democratic Party：PDP，人民民主党）に勝利した．選挙によるこの平和裡な政権移譲は世界から賞賛された．

しかし，ナイジェリア国内に，この政権交代を喜んでいない人たちがいた．2009年に10年以上におよぶ激しい戦闘に終止符を打ったニジェールデルタ地域の旧武装集団の若者たちである．彼らは，ニジェールデルタ地域出身のジョナサン（2007年から副大統領，2009年以降大統領代行，2011年から大統領）と交渉し，罪を免除する特赦と武装解除後の社会復帰計画（アムネスティ計画）の実施を条件に，武器を放棄した．特赦を受けてアムネスティ計画に加わった約3万人の旧戦闘員たちにとって，職業訓練や大学を含む高等教育機関での教育は選挙後も継続されるべき重大関心事であった．そこで彼らは選挙ではジョナサン大統領を熱烈に応援したが，その彼が敗れたのである．

選挙中，北東部ナイジェリアで270人以上の女子学生を誘拐（2014年4月）するなど過激なテロを繰り返すボコハラムの掃討が一つの争点となった．かつて軍人として国家元首を務めた経験のあるブハリは，ジョナサン政権の軍事作戦のまずさを非難し，自分が大統領になれば1年以内に軍事的に制圧できると宣言した．これに対しジョナサンは，ボコハラムの背後に北部出身の高官や軍人そして政治家らがいて，彼らが掃討作戦を妨害していると述べ，暗に北部出身のブハリにも責任があるかのような印象を与える反論をした．

ボコハラム掃討作戦に関心が高まるなかで，ジョナサン大統領が自ら停戦に導いたニジェールデルタの地域紛争が思わぬ疑惑を招くことになった．旧戦闘員に対するアムネスティ計画が手厚すぎるというのである．ナイジェリアの最低賃金（月額）が7500ナイラのところ，アムネスティ計画に参加した旧戦闘員には日当1500ナイラが支払われ，加えて20000ナイラ/月の住宅手当が支給されているというのである．これはジョナサン大統領による地元民への利益誘導であるという批判が湧き起こった．

選挙でジョナサン大統領が敗れると，旧戦闘員たちはただちにブハリ新政権支持を表明せざるをえなかった．そして，アムネスティ計画の継続を訴えた．しかし彼らは，「もしそれが継続されないなら，われわれはニジェールデルタ地域の石油関連施設の安全保持には責任がもてない」という武装闘争への回帰という脅しの言葉も忘れなかった．

その脅しにもかかわらず，2015年に石油価格の下落に直面したブハリ政権は，2016年1月に議会に提出した予算案で，アムネスティ計画予算を3分の1以下（648億ナイラ→200億ナイラ）に減額することを決めた．

この予算案が公になった直後（2月），ニジェールデルタ復讐者（Niger Delta Avengers：NDA）を名乗る新しい武装集団が，「赤字経済作戦（Operation Red Economy）」という破壊工作の開始を宣言し，すぐにパイプラインなど石油施設数カ所を爆破した．これによりナイジェリアの石油生産は，計画の220万バーレル/日から165万バーレル/日に減少することになった．

世界から賞賛された民主的な選挙の結果が，いったん終結した地域紛争を再燃させる原因になったのである．これは，アフリカにおける資源をめぐる地域紛争が国内の政治動向と密接な関係をもっており，地域紛争の原因や展開を理解するためには，国内政治や紛争地域の特性を理解することが大事であることを示している．

ちなみに，年内に武力制圧すると豪語していたブハリ大統領は，ボコハラムの制圧にかなりの成果をあげているようである．しかし，2016年8月の時点でも首謀者のシェカウがインターネットで戦闘継続を謳っており，政府による制圧も完全には実現していない．

［島田周平］

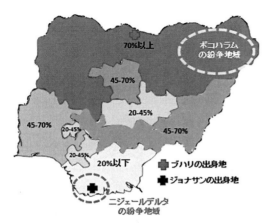

図1　ナイジェリアの大統領選挙の結果（2015年）
候補者ブハリ将軍（APC）の地域別得票率（%）を示す．

7 グローバル化とフォーマル経済

　サハラ以南アフリカは，世界人口の 14 % を擁して急速に都市化しつつあるが，世界の製造業付加価値生産額の 1.2 % を占めるにすぎず，工業化の最も遅れた地域といえる（2015 年，World Development Indicators）．植民地時代，宗主国の工業に原料を供給する役割を与えられたこの地域は，競争相手とならぬよう，むしろ工業開発を抑制されたのである．独立後は国営企業が先頭に立って工業化を進めたものの，1970 年代以降は原油価格上昇，債務増大のすえ，工業成長率は落ち込んだ．その後の構造調整も工業生産を減少させ，1990 年代初頭にかけて，ガーナ，ベナン，タンザニアなどでは製造業の衰退が著しかった．だが近年，新興国需要に支えられて鉱業開発を進展させた国が現れ（写真 7.1），また経済のグローバル化とともに，製造業や流通業に変化のみられる国もある．本章では，いくつかの国で成長し始めた輸出型の縫製産業や自動車産業，国内外に販路を開拓する農産物加工業と大手小売業の現状，そして鉱産物や市場の獲得をめざす中国の動きについて説明する．

写真 7.1　グローバル空間データ基盤学会（GSDI 学会）の大会（2013 年 11 月）
エチオピア・アディスアベバの国連アフリカ経済委員会（UNECA）本部で開かれた．議事や研究発表のなかで際立っていたテーマは，鉱産物を含むアフリカの資源開発に役立つ地理情報基盤の整備であり，GIS・リモートセンシング関連企業も多く参加していた．

7.1　フォーマル製造業・サービス業

　開発途上国では，インフォーマル部門とよばれる政府に登録されていない零細な生産活動が，経済全体に占める割合が高い．路上の物売りや，仕立て屋，髪結い，家具生産や自動車修理などのワークショップなどがその例である．政府や民間企業などのフォーマル部門で雇用されなかった都市労働者や農家の副業として行われている生産活動であるため，一般に生産性が低く，収入は少なく不安定である．そのため，持続的な経済成長と安定した雇用の増加の実現には，生産性の高いフォーマル部門の成長が不可欠であると考えられており，アフリカ諸国にとって独立後から一貫して重要な政策目標であった．しかし，輸出向けの製造業が成長するアジア諸国とは対照的に，アフリカのフォーマル部門は長く停滞が続いている．近年になって，アフリカでは天然資源価格の上昇によって経済成長がもたらされているが，フォーマル部門の製造業やサービス業の発展が成長の持続に決定的に重要だと考えられている．

7.1.1　フォーマル部門の製造業・サービス業の動向

　多くのアフリカ諸国では，独立後に国家主導の産業政策が採用され，国営企業を中心に製造業とサービス業の発展がみられた．しかし，成長は持続せず債務が累積したため，援助機関は構造調整政策とよばれる自由化政策をアフリカ諸国に実施

するように要求し，1980年代から国営企業の廃止や民営化が進められ，同時に輸入関税を引き下げる貿易自由化も実施された．その結果，多くのアフリカ諸国ではフォーマル部門の製造業，サービス業が縮小し，1990年代後半には，植民地時代からフォーマル部門が発展していた南アフリカとジンバブエ，アジアからの投資により縫製産業が発達したモーリシャスを除く国では，インフォーマル部門が最大の雇用を提供していた．

サブサハラ・アフリカの経済は，1980年代から1990年代を通じて停滞を続けたが，2000年代後半から，天然資源および農産品価格の上昇によって経済成長がみられている．とくに鉱業部門の成長が著しいが，製造業とサービス業にも変化がみられている．まず，輸出市場向けの製造業が成長し始めている．低所得国が比較優位を有する衣料品や，農産品を原料として利用した食品（とくに飲料）の輸出が東・南部アフリカで成長し，さらに南アフリカでは自動車輸出が増加している．これらの輸出産業は，欧米やアジア，時にはアフリカ内の他国からの直接投資によって設立されている．直接投資の増加は，2000年代以降，日本を含む先進国がアフリカ諸国からの輸入品に対して関税を引き下げる優遇措置を実施していることも要因であり，輸出市場向けの生産拠点としての魅力が高まっている．

他方で，アフリカの国内市場に向けて供給する製造業，サービス業にも成長がみられる．経済成長によってアフリカの市場が拡大したことがその主たる要因であるが，これまで参入が難しいとされた貧困層市場を開拓することで成長する産業もあり，そうした新しい供給モデルはBOP（ベース・オブ・ピラミッド）ビジネスともよばれている．携帯電話を利用した金融サービス（モバイル・バンキング），少量で低価格の食品や家庭用品の販売，インターネットを利用した中古車輸入・販売などがその例である．

このような新しい動きがみられるものの，経済全体としては天然資源などの一次産業の占める割合が依然として大きく，また増加している（図7.1）．アジアのようなフォーマル部門の成長を経

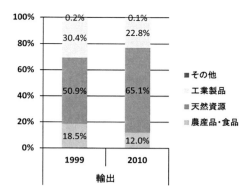

図7.1 サブサハラ・アフリカ諸国の輸出品目の変化
対象となる国は1999年が34カ国，2010年が35カ国である．製品グループの区分は『世界開発指標』の方法に従っているが，ダイヤモンド，金を鉱物資源に，モザンビークのアルミニウムを工業製品に変更して分類している．
出所：UNComtradeより筆者作成．

験するためには，製造業，サービス業のいっそうの成長が必要とされ，そのためには，フォーマル部門の企業が輸出市場，国内市場での競争力を向上させることが重要である．具体的には，企業における生産性の向上の取り組みとともに，政府によるビジネス環境の改善や，先進国市場との間に偏っている貿易を，アフリカ大陸内でも活性化させるための国際的な取り組みが求められる．

本節では，比較的規模の大きな変化がみられている事例として，縫製産業，食品加工産業，流通小売業，自動車産業を取り上げる．その他に，携帯電話産業や観光産業，金融業も成長が著しい産業であるが，携帯電話についてはコラムで，観光産業については8.1節で取り上げる．

7.1.2 縫製産業

縫製産業は，布地や紡ぎ糸をミシンや編み機を使って衣料品に仕上げる工程を行う産業であり，製造業の中でも最も労働集約的である．そのため，賃金の低い発展途上国に立地する傾向があり，今日では，中国やインドのほか，ベトナム，バングラデシュ，ミャンマーなどの低所得国でも大規模な生産が行われている．しかしアフリカでは，輸出向けの縫製産業はモーリシャスやチュニジアなど比較的所得の高い国でのみ発展がみられ，低所得国が工業化への足がかりがつかめない原因の一つとなっていた．

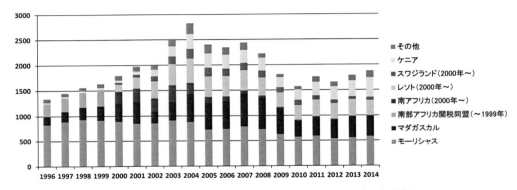

図 7.2 衣料品の対欧米輸出額の推移（100 万ドル，名目価格）
南アフリカ，レソト，スワジランドの輸出額は，1999 年までは南部アフリカ関税同盟として表示されている．
出所：UNComtrade の EU，アメリカが報告する輸入額．

ところが，2000 年にアメリカがアフリカ成長機会法（African Growth and Opportunity Act：AGOA）を成立させ，サブサハラ・アフリカ諸国からの輸入品に対して関税の免除を実施すると状況に変化が表れた．中国や台湾，インド，モーリシャス，南アフリカなどからの直接投資が活発になり，衣料品の輸出額は急速に成長した．1997 年から 2004 年の間に輸出額は約 2 倍に成長し，28 億ドルを記録している（図 7.2）．EU も関税を免除する優遇アクセスを 1970 年代から提供していたが，AGOA は中国やインドで生産された生地を利用した場合でもアフリカ製の衣料品として免税を適用した点で違いがあった．繊維産業の規模が小さいアフリカでは，大陸内で生産された生地を調達することは実質的に不可能であったので，AGOA が大きな効果をもたらすことになった．アメリカ市場では，ほとんどの国の衣料品は輸入関税を課せられるので，AGOA はサブサハラ・アフリカ諸国での生産に大きな有利性を与えている．

衣料品の輸出がとくに成長したのは，マダガスカル，レソト，ケニア，スワジランドであった．なかでもマダガスカル，レソト，スワジランドでは衣料品が最大の輸出品目となり，一次産業への依存からの脱却というアフリカ諸国の目標を達成する道筋を示した．また，輸出額の増加とともに，輸出市場に衣料品を供給するための技術も直接投資によってもたらされている．縫製産業の技術は，日本を含む先進国から中国，南アジア諸国などにすでに移転され技術者が育っているが，アフリカの縫製工場はそうしたアジア人の技術者に支えられている．縫製産業が定着すれば，アフリカ人技術者が育成されると期待される．

縫製産業は，フォーマル部門における大規模な雇用を生み出した．2004 年には，マダガスカルで 11.7 万人，レソトで 5.3 万人，ケニアで 3.5 万人の労働者を雇用しており，その過半数は比較的教育水準の低い女性であった（西浦・福西，2007）．縫製産業は労働環境が劣悪であるとして批判されることがあるが，実際には，政府だけでなく労働組合や買い手となる先進国の衣料品小売企業による監視が行われており，多くの企業では最低賃金や労働環境に関する労働法制が意識されている．他方で，インフォーマル部門は労働法制に縛られていないため，そこで働く労働者はおしなべて賃金が低く，また社会保障や解雇規制など労働者の権利は守られていない（インフォーマル部門については 5.2 節およびコラム 5 を参照）．労働時間が長く雇用期間が短いといった問題もあるが，たとえば，マダガスカルでは縫製産業が民間部門全体の労働環境の向上に寄与したと評価されている．

AGOA をはじめとした先進国市場への優遇アクセスの制度は，低所得国に有利な条件を与えることで産業の成長を後押しすることが目的である．近年の援助政策では，開発途上国の中でも所

得の低い国を対象に，輸出を促進するための支援が重視されており，EUや日本も従来の優遇アクセスからさらに踏み込んで，AGOAと同様に輸入生地を利用した衣料品に対する関税免除を実施している．独立以降一貫して一次産品に輸出を依存するサブサハラ・アフリカ諸国でも，輸出志向型の工業部門が成長する可能性が優遇アクセス制度の導入によって示された．他方で，アフリカの縫製産業はいまだに優遇アクセスに強く依存している．2005年に欧米諸国が主要な衣料品輸出国に割り当てていた輸入量枠を撤廃すると，中国などアジアからの輸出が増加する一方で，サブサハラ・アフリカからの輸出は減少した（図7.2）．このことは，完全に自由な市場では，アフリカの縫製産業はアジア企業のような競争力をもっていないことを示している．実際，2010年にアメリカ政府がマダガスカルに対するAGOAの適用を取り消したときには，マダガスカルからアメリカへの輸出は74％の大きな減少を記録した（福西，2013）．

アジアの縫製産業が比較的短期間のうちに成長した事実と比較すると，アフリカの成長は遅く感じられる．その理由として，企業に関連する行政サービスやインフラストラクチャーが貧弱なこと，企業集積が小さいことにより効率的な生産が行えないこと，アジアの低所得国と比較して賃金が高いことなどがあげられるが，ここでは，成長の契機となった優遇アクセス制度が不安定である

写真7.2 マダガスカルのニット工場（アンタナナリボ）

ことをあげておきたい．AGOAはアメリカの国内法であるので，アメリカが関税免除の対象品目や適用する国などを独自に変更でき，実際に，多くのアフリカ諸国はAGOAの適用を取り消された経験がある．優遇アクセス制度が不安定で投資環境の予測が難しいと評価すれば，企業は長期的な投資を控える．アフリカの縫製産業の競争力の向上には，固定資本が大きい繊維産業の立地も必要であるので，投資環境の改善は重要である．貿易促進のための優遇アクセス制度が効果を発揮するためには，援助国・機関側の取り組みも必要である．

7.1.3　農産物加工業

農作物は，天然資源と並ぶアフリカの主要な輸出品である．国連食糧農業機関（FAO）の統計によると，北アフリカを含むアフリカ全体として輸出額の最も多い農作物はカカオ豆で世界輸出額の第1位がコートジボワール，第2位がガーナである（2013年，以下すべて同年次）．第2位の綿花は，西アフリカと南部アフリカ諸国から多く輸出されている．第3位の葉タバコは東南部アフリカからの輸出が多い．第4位のコーヒー豆は，エチオピア，ウガンダ，ケニアなど東アフリカ諸国の輸出額が多い．第5位の茶は東アフリカからの輸出が多く，ケニアは世界第3位の茶輸出国である．アフリカでは農作物を加工度が低いまま輸出することが多く，農産物を加工して輸出することがアフリカ経済の課題といわれてきた．農産物加工品の輸出額でみると食用油，砂糖，乳製品，ワイン，大麦ビール，ノンアルコール飲料，タバコ，チョコレート製品などが上位に入っている．

飲料（ワイン，大麦ビール，ノンアルコール飲料，蒸留酒）の輸出では，南アフリカ，ザンビア，ナミビアがアフリカにおける上位3カ国となっている．アフリカにおける飲料輸出額の6割を占める南アフリカは，ワインの世界的な産地の一つにあげられており，日本のスーパーマーケットでも南アフリカ産ワインを見かけることがある．また，南アフリカはビール生産も盛んであり，大麦ビール生産高では世界第10位である．1895年に南アフリカで誕生したサウスアフリカン・ブルワ

リーズ社を前身とするSABMiller社は，ビール生産量で世界第2位を誇る．同社は1999年に本社機能をイギリスに移転したが，現在でもアフリカ・アジア地域の本部を南アフリカに置いている．SABMiller社は，アフリカ17か国に28の大麦ビール工場，18のソルガムを主要原料とするビール工場および26のソフトドリンク工場を配置している（2016年）．さらに，南アフリカではフルーツ・ジュース生産も活発であり，南アフリカで製造している「セレス」ブランドの100％フルーツ・ジュースや「アップル・タイザー」ブランドの炭酸フルーツ・ジュースは日本にも輸出されている．南アフリカに隣接するナミビアではワインとビール生産が盛んである．

ウガンダは，大麦ビールの生産においてアフリカで9位，世界では58位（生産額ベース）である．ウガンダのビール市場で最大のシェアをもつのが，SABMiller傘下のナイル・ブルワリーズ社である．同社は8万を超える国内の小売店に同社製ビールを納品し，そのうち9000店には定期的に同社の販売員が訪れ，製品の評判や売上・在庫などを記録し，本社に携帯通信端末で送っている．

また，ウガンダで注目されるのが，フルーツ・ジュース生産の成長である．2002年に複合食品加工企業として誕生したブリタニア社は，2000人の従業員を抱え，同国を代表的する製造企業に発展した．同社は，ビスケットなどの菓子類をはじめ，100％フルーツ・ジュースを「スプラッシュ」ブランドで販売している．ウガンダには南アフリカの「セレス」やケニアに生産拠点がある「デルモンテ」など世界的なブランドのジュースが輸入されている中で，「スプラッシュ」は売り上げを農村部まで順調に伸ばし，国内トップシェアを獲得している．また，同社は周辺諸国への輸出も行っており，2004～2009年の間に輸出額は20倍に増加した．

西アフリカではパイナップルなどのフルーツを加工することが遅れていると指摘されてきたが，東アフリカでは，タンザニアを代表する複合食品加工企業のバクレサ社が，「アザム」ブランドの

写真7.3 ウガンダのジュース製造企業（カンパラ）

100％フルーツ・ジュース販売で売り上げを伸ばしている．

ブリタニア社やバクレサ社は，安価で小型の紙パック製ジュースを販売しており，所得が低い層（世界で40億人といわれる）を対象とするBOPビジネスと捉えることができる．他にも食用油を製造し，東アフリカ域内に2万店を超える販売網を構築しているビドコー社，牛乳やヨーグルトなどの酪農製品を製造し東アフリカ域内に5万店もの販売網をもつブルックサイド社など，BOPビジネスの例としてあげられる企業がある．そうした企業に共通しているのは，物流管理を徹底することを通じて劣悪な道路状況や通関の遅延などを克服し，都市部のみならず農村部まで製品を計画どおりに届けている点である．

今後，経済成長を背景に食品への需要はさらに増加していくことが予想されることから，アフリカでの農産物加工業の役割は増していくだろう．そこで同産業発展の課題であるのが，容器メーカーなどの関連産業が十分に育っていないことである．たとえば，タンザニアで最大のビール会社であるSABMiller傘下のタンザニア・ブルワリーズ社が生産する缶ビールで使用する缶は，同社が求める品質基準を満たした缶が現地では調達できないとの理由で，遠く離れた南アフリカからわざわざ輸入している．ウガンダ・ブルワリーズ社は，内陸である同国では缶の輸送コストが高いため缶ビールを生産していない．

7.1.4 流通小売業

日本の各地でみられるようなしっかりした造り

の店舗が道路沿いに並ぶ「商店街」をアフリカでみることは少なく，バラックのような簡易な店舗が立ち並び，路上で食料品から日常品までが売られている光景が一般的である．

こうしたアフリカの商業活動において，近年台頭してきているのが，スーパーマーケットである．ウェザースプンとリアドンによる研究（Weatherspoon and Reardon, 2003）は，アフリカのスーパーマーケットの発展を，①南アフリカとケニアでの拡大，②両国のスーパーマーケットが，南部および東アフリカに進出，③西アフリカおよび中部アフリカへの進出，と3つの段階を経ていると整理している．2000年頃の時点で南アフリカでは，店舗数では2%に満たないスーパーマーケットが，同国の売上げの50～60%を占めているといわれていた．

アフリカにおけるスーパーマーケットの台頭の背景は，次の4点に整理できる（西浦，2012，World Bank, 2015）．

①購買力の向上：サブサハラ・アフリカの国内総生産（GDP）年成長率は1990～2000年に2.3%であったのが，2000～2013年には5.2%に上昇した．この結果，消費者の購買力が向上した．

②都市化の進展：サブサハラ・アフリカにおける都市人口は1990年に1億3676万人であったのが，2013年には3億4315万人へと2.5倍に増加した．同地域の総人口に占める都市人口の割合は27%（1990年）から37%（2013年）に増加した．都市人口の割合は，ラテン・アメリカの79%や東アジア・大洋州の51%より低いが，都市人口の年平均成長率は4.1%であり，世界で最も都市化のスピードが早い地域となっている．

③スーパーマーケット文化の浸透：いわゆる青空市場と比べて，スーパーマーケットの商品は価格が高くなる傾向にある．それでも利用者が増加しているのは，安定した価格や品質，値段を交渉する時間の節約といった長所や，スーパーマーケットで購入することが社会的なステータスにもなっているためである．

④構造調整政策による規制緩和の影響：1980年代～1990年代前半においてアフリカの大半の国で実施された構造調整政策の一環として，植民地時代からあった流通管理機関の多くが廃止あるいは民営化され，国内の食料流通規制が緩和された．さらに貿易自由化政策によって，関税が下がり商品を輸入しやすくなった．また，アフリカ諸国が1990年代から積極的な投資誘致政策を実施していることも，南アフリカやケニア資本のスーパーマーケットが国外進出を促す働きをした．

スーパーマーケットの台頭は，現地の流通・消費形態のみならず，現地製造業や農業に影響を及ぼし始めている．なぜなら，アフリカのスーパーマーケットの多くは，野菜・果物といった青果物，肉，食品（ジュースやビールなどの飲料を含む），日用雑貨，そして時には家具・電器製品まで幅広く揃えている．スーパーマーケットは消費者に商品を紹介する一種のショーケース的な役割を果たしており，製造業者や農家にとってはスーパーマーケットとの取引は安定的な市場の確保につながるとともに，将来的な販売拡大にもつながる．他方で，生産する商品が，安定した品質を要求するスーパーマーケットの基準を満たさなければならず，それは必ずしも容易ではない．ザンビアにおいては，農家がスーパーマーケットの品質基準を満たせるよう，イギリスの援助機関や南アフリカのNPOが支援している．

アフリカのスーパーマーケットの最大の課題の一つは，道路などのインフラストラクチャーの状態が悪いことである．とくに食品は消費期限があるため，予定時間内に輸送することが重要である．アフリカでは，主な輸送手段はトラックなどによる道路輸送であるが，生産地と発送センター，店舗を結ぶ道路が十分に整備されていないことが多い．舗装されていない道路や舗装されていてもメンテナンスが十分でない道路が多く，また，車やトラックの急速な増加にともないとくに大都市部での渋滞が日常的に発生している．さらに商品を輸入する場合は，港や空港，国境での時間を要する通関手続きがこれに加わる．

ここでは事例として，アフリカ最大のスーパーマーケット・チェーン網をもつショップライト社が，どのようにアフリカ各国に展開し，貧弱な輸

7.1 フォーマル製造業・サービス業　*117*

表 7.1 ショップライト・グループのアフリカでの展開

		進出年	店舗数(うちフランチャイズ店)
1	南アフリカ	1979 年	1839 (320)
2	ナミビア	1990 年	128 (39)
3	ザンビア	1995 年	58
4	スワジランド	1997 年	24
5	モザンビーク	1997 年	19
6	ボツワナ	1998 年	31
7	ウガンダ	2000 年	2
8	ジンバブエ	2000 年	0 (2013 年に撤退)
9	レソト	2001 年	20
10	マラウイ	2001 年	7
11	エジプト	2001 年	0 (2006 年に撤退)
12	マダガスカル	2002 年	9
13	モーリシャス	2002 年	3
14	タンザニア	2002 年	0 (2014 年に撤退)
15	アンゴラ	2003 年	49
16	ガーナ	2003 年	5
17	ナイジェリア	2005 年	19
18	コンゴ民主共和国	2012 年	1
	合計		2214 (359)

2016 年 6 月時点の情報に基づく. スワジランドの進出年について
は, ショップライト社ホームページの社史から推測した.
出所:Shoprite Holdings ホームページ (http://shopriteholdings.
co.za/Pages/home.aspx) から筆者作成.

表 7.2 ショップライト青果部門の現地調達
率 (重量ベース, 単位:%)

	果物	野菜	果物と野菜の合計
マラウイ	12	28	20
ナミビア	28	69	53
マダガスカル	26	99	58
ガーナ	52	43	49
ザンビア	50	77	66
モザンビーク	23	25	24
タンザニア	28	90	52
アンゴラ	5	11	7
ナイジェリア	49	62	55
ウガンダ	40	80	50

2009 年 8 月~2010 年 7 月までの数値.
出所:西浦 (2012:244).

送インフラストラクチャーなどの課題を克服しよ
うとしているかを紹介しよう. ショップライト社
は, 1979 年に南アフリカ・ケープタウンの中規
模スーパーマーケット 8 店舗を買収する形で設立
された. 1986 年に, 南アフリカのヨハネスバー
グ証券取引所に上場し, 既存のスーパーマーケッ
トを買収しながら拡大していった. 表 7.1 はショ
ップライト・グループのアフリカ各国への進出年
と店舗数を一覧にしている. 1994 年の南アフリ
カ民主化前後期から, 周辺諸国 (南部アフリカ),
そして東アフリカやインド洋の島国, 中部・西ア
フリカへと段階的に拡大していった.

では, ショップライト社は新鮮さが要求される
果物や野菜をどのように流通管理しているのだろ
うか. ショップライト・グループの中にフレッシ
ュマークという独立採算部門をつくり, 各国の青
果部門はそこが一括して運営している. 表 7.2
は, 筆者が入手したショップライト青果部門の
2010 年 7 月までの過去 1 年間における現地調達
率 (重量ベース) をまとめたものである. 果物と
野菜の調達率は 7~66 % であり, 各国で大きな差

がある. フレッシュマーク社は輸送コストや関税
を削減するために現地調達化を進めており, その
ために, 各国にフレッシュマーク部門のスタッフ
を置き, 各国のショップライト店舗と納品する側
(仲買人, 農家, 輸入業者) の綿密な連携を図ろう
としている.

しかし, アフリカ各国へのネットワークを拡大
しているショップライト社にとってもアフリカで
店舗を展開することは容易ではない. 実際, ショ
ップライト社は 2000 年にジンバブエ, 2001 年に
エジプト, 2002 年にタンザニアに進出したもの
の, 後に撤退している. また, 1998 年にはケニ
ア進出をはかったが, ケニア政府によって認可さ
れなかった. 東アフリカではナクマット社がケニ
ア, ルワンダ, ウガンダ, タンザニアに 50 店舗
をもつなどケニア資本のスーパーマーケットが有
力である. 2014 年にショップライト社はタンザ
ニアにもっていた 3 店舗を利益率が低いことを理
由にライバルのケニア資本のナクマット社にすべ
て売却した.

近年では, 南アフリカやケニア資本に加えて欧
米資本の進出もみられる. アフリカ 12 カ国に進
出していた南アフリカ資本のマスマート社を, ア
メリカ資本のウォルマート社が買収したように,
スーパーマーケット・チェーンのさらなる浸透と
競争の激化が予想される. これまでアフリカのス
ーパーマーケットは, 各国の中心都市など比較的
規模が大きい都市を中心に展開しているが, 今後

写真 7.4 南アフリカ系スーパーマーケット（モザンビーク・マプト）

図 7.3 南アフリカの自動車輸出先（輸出額による割合，2012 年）
アフリカには北アフリカを含む．
出所：Automotive Industry Export Council (2013).

は物流の管理を工夫することで，インフラ事情がより厳しい地方都市までどのように展開できるかが大きな課題となる．

7.1.5 自動車産業

南アフリカの自動車産業は，サブサハラ・アフリカにおいて唯一，資本集約的な産業が世界的な生産ネットワークに参入できた例である．南アフリカの自動車産業輸出振興会の報告書（Automotive Industry Export Council 2013）によると，2012 年において南アフリカには日本企業を含む主要な自動車メーカーや部品供給企業が立地し，完成車 54.0 万台を生産し，生産台数で世界 25 位に位置する．生産台数の約半分にあたる 27.8 万台が輸出され，部品も含めた輸出額は 869 億ランド（約 8445 億円）で，南アフリカの総輸出額のうち 12.1 ％を占めている．輸出先はアメリカ，ドイツ，日本など先進国が上位を占めており，ドイツの自動車メーカーは右ハンドルの生産拠点と位置づけている．他方で，アフリカ諸国への輸出も多く，輸出額の 20.5 ％を占めている（図 7.3）．近隣の南部アフリカだけでなく，北，西アフリカへの輸出も多く，アフリカ大陸における製造拠点となっていることがわかる．

南ア自動車産業の発展は，民主化直後の 1995 年に政府が自動車産業発展プログラム（Motor Industry Development Programme：MIDP）を実施したことが契機となっている．MIDP では，自動車および関連製品の輸入関税を引き下げて国内市場の自由化を図る一方で，投資に対する優遇策や，輸出企業が輸入する部品や材料に付随する関税の払い戻し，労働者のトレーニングに対する支援などが盛り込まれ，輸出志向の自動車産業を育成する方針が明確にされた．他方で，南アフリカと EU の自由貿易協定やアメリカ政府による AGOA の実施により，2000 年以降，欧米市場における南アフリカ製の自動車の輸入関税が引き下げられた．これらの結果，南アフリカからの自動車およびその関連製品の輸出は 1998 年ごろから急速に成長している．また，2000 年代後半からは，経済成長を背景にしたアフリカ諸国の自動車需要の増加にも支えられている．

自動車は非常に多くの部品から構成されているため，多様な部品生産企業の集積が必要である．南アフリカでは海外の部品生産企業の現地法人が立地するほか，南アフリカ資本の企業も活動している．2012 年の完成車生産企業による雇用は 3 万人余りである一方，部品生産企業による雇用が約 7 万人と推定されており，多数の部品生産企業が集積していることがわかる．

他のサブサハラ・アフリカ諸国の自動車製造は，ノックダウンと呼ばれる組み立て工程に限っていくつかの国で実施されている．これは，輸送コストや輸入関税を下げるために，すべての部品を輸入して現地で最終的な組み立てを行う方式である．ナイジェリア，ケニアなど自動車需要の多い国で行われている．地場企業の技術や規模，労働者のスキル，インフラストラクチャーの状態，通関や各種許認可などの行政サービスの状態を考

7.1 フォーマル製造業・サービス業　119

慮すると，南アフリカ以外のサブサハラ・アフリカにおいて，部品生産企業の集積を形成することは困難だと思われる．また，自動車の需要は急速に伸びているが所得水準が低いため中古車の需要が多く，現状では自動車産業が立地する可能性のある国は限られる．　　　　［福西隆弘・西浦昭雄］

● 7.2　経済発展と中国の進出

近年，アフリカへの注目度が高まっており，報道では最後に残されたフロンティアといったこれまでにないポジティブなイメージをともなった表現が散見される．それと同時に収束しない南スーダン内戦や，「アラブの春」の後に周辺諸国に広がった新たな地域紛争，またケニア・ソマリアの間で越境する紛争など，そこには繰り返す紛争や新たな紛争があり，成長するアフリカと停滞するアフリカのイメージが依然，共存している．

2000 年代に入りアフリカで産出される資源の状況は大きく変化し，アフリカ経済は一変した．とくに 2008 年にかけて原油や銅，白金などの鉱物資源やレアメタルの価格が上昇し，また 2008 年から 2009 年にかけて米，大豆，小麦，とうもろこしの穀物価格が急騰したからである．穀物価格はその後一時的に下落したものの，その後上昇に転じており，長期的にみても上昇予測にある．その結果，アフリカを含めて世界各地で大規模農業開発を目的とした投機的な土地売買が拡大し，アフリカでは土地収奪的な大規模土地投資が進んでいる．

このようなアフリカの資源価格高騰の背景には新興国経済の成長があるといわれている．新興国経済の成長は従来の世界的な資源供給システムに変革をもたらし，それによりアフリカの資源をめぐる獲得競争が拡大している．とりわけ中国の経済成長による資源需要が急激に膨張し，それと連動して資源供給国であるアフリカとの貿易や投資が拡大している．また穀物の世界的供給地でもある北米では 1995 年，2003 年，2009 年とエルニーニョ現象など異常気象の影響を受けて生産が急減し，世界的な食糧供給不足が断続的に続いてき

た．その一方で新興国経済の成長はそれ自身の消費水準の上昇をともない，食糧需要が急伸している．さらにアフリカは人口増加率が 2.7 ％を超え，40 カ国が 2 ％以上の増加率という人口爆発の世紀を迎えており，それとともにアフリカ自体の消費市場が急激に拡大し，食糧や商品需要が拡大している．

このような状況をふまえ，以下本節ではアフリカの成長と新興国による貿易投資の拡大の関係，とくに中国の直接投資の拡大とそのアフリカ側での受け皿として開発されている中国アフリカ経済貿易協力特区の開発について取り上げる．

7.2.1　アフリカ経済の成長と中国インパクト

世界の国々を経済成長率でみると近年の成長上位国はアフリカに集中している．ハーバード大学経済複雑性指標（Harvard Atlas of Economic Complexity）の 2024 年までの年率成長予測によると，成長予測の筆頭はインドの 7 ％であるが，それ以外の上位国 10 カ国中 7 カ国をアフリカが占めている．具体的には東アフリカ 3 国の成長予測が高く，ウガンダ，ケニア，タンザニアがいずれも 6 ％前後で 2 位から 4 位に並んでおり，6 位から 10 位にマダガスカル，セネガル，マラウイ，ザンビアが並んでいる．また African Economic Outlook によると 2006 年から 2014 年の平均年間 GDP 成長率はエチオピアが 10.6 ％で最高であり，ついでシエラレオネの 8.1 ％，ザンビアの 7.8 ％，ルワンダの 7.6 ％が上位 10 カ国に含まれる．ただし世界の経済成長を総計してみれば，まぎれもなくアジアの経済規模の方が拡大しているのであるが，このようなアフリカの成長が注目されているのはなぜだろうか．それはこれまでにない貿易投資の増加と経済成長を示し始めたことで，アフリカは長い間の停滞と援助効果がみられない状態から離脱し，新たな開発段階に入ったと考えられるからだろう．

アフリカの経済成長要因は，冒頭で触れたように主として新興国経済の成長つまり BRICS（ブラジル，ロシア，インド，中国，南アフリカ）や VISTA（ベトナム，インドネシア，南アフリカ，トルコ，アルゼンチン）といった国々の経済成長

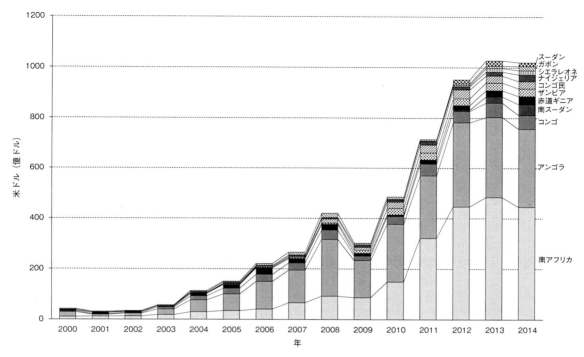

図 7.4　アフリカ諸国の対中輸出，上位国（UN Comtrade Database）

により資源需要が拡大していること，このような新興国経済は先進国の経済規模を追い越す予測があり，それによる投機的経済活動が広がっていること，とりわけ中国の経済成長による資源需要が急増し，それと連動して対中資源供給国となったアフリカ各国との貿易投資が拡大している点にある．

2000年から2014年の15年間において，対中輸出の伸びがとりわけ大きいのはシエラレオネ，ボツワナ，チャド，トーゴ，コンゴ民主共和国，ギニア，スワジランドである．これらの輸出急伸国はもともとの対中輸出額が少なく，たとえばシエラレオネの2000年の対中輸出は1.6万ドルにすぎない．ボツワナも1万ドル，トーゴは6万ドル，チャドは1.4万ドルと対中輸出がほとんど存在しなかった国々である．輸出品（2014年）をみるとスワジランドはパルプ・紙類が対中輸出総額の97％を占め，チャドは石油が95％，ボツワナは白金など貴金属（72％）と銅（26％）で上位2品目を合わせると98％となっている．この他輸出額が10億ドルを超えているような対中主要輸出国である南アフリカ，アンゴラ，コンゴ，赤道ギニア，ザンビアなども堅調に数十倍の伸びを見せている（図7.4）．このうちザンビアは銅とその関連品目の輸出で91％となり，それにつぐタバコは3.5％，赤道ギニアは石油（77％）とガス（17％）を合わせるとエネルギー関連で94％，コンゴは石油が94％で，それにつぐ木材は4.6％，南アフリカは鉄鉱，ベースメタル，鉄類を合わせると77％で，それに続くのはパルプ紙類（4％）である．また，アンゴラの対中輸出は石油が99％となっている．つまり主要輸出国でもアンゴラ（石油），ザンビア（銅），コンゴ（石油），スワジランド（パルプ），チャド（石油）のように1品目の輸出が90％以上を占めており，そのほかの国々も南アフリカを除けば2品目ないし3品目の対中輸出に依存していて，資源価格の高騰と輸出の拡大がこれらのアフリカ諸国の貿易量を押し上げていることがわかる．

次に，中国の対アフリカ輸出について，2014年の輸出額が10億ドル以上の主要輸出先16カ国で比較してみる（図7.5）．2000年から2014年の間，一貫して南アフリカとナイジェリアが100億ドル超の対中輸入大国で，その後にアンゴラ，ケ

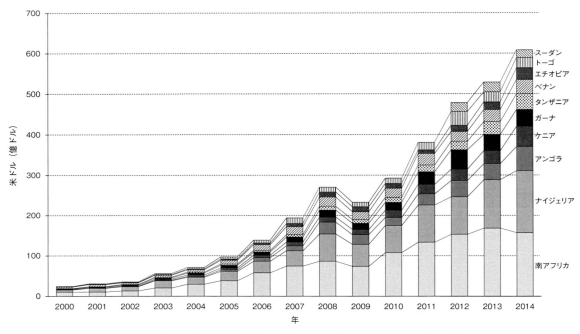

図 7.5 中国の対アフリカ輸出，上位 10 カ国（UN Comtrade Database）

ニア，ガーナ，タンザニアが50億ドル規模で続く．そのなかではチャドへの輸出が15年間で500倍の伸びと突出しているが，そもそも2000年時点での輸出額は80万ドルと少ない．アンゴラも177倍，他は数十倍の伸びであるが，対アフリカ輸出はもともと経済規模の大きな南アフリカ，ナイジェリアが大きい．

輸出品目としてはいずれの国へも電気機器類と機械類の輸出が最上位を占め，その後に繊維衣類，靴類の日用品輸出が続いている（UN Comtrade）．2大輸出市場の一つ，南アフリカへは電気機器類（30億ドル），機械類（22億ドル），そして繊維・衣類（15.5億ドル）の3項目が大きく，ついで家具類（7億ドル），靴類（7億ドル）の順となっている．対ナイジェリア輸出は電気機器類（20.1億ドル），機械類（13.4億ドル）に続き，輸送機器（9億ドル）繊維衣類（7.2億ドル），鉄鋼（6.6億ドル）と続いている．その他の主要な輸出品では電気機器類がケニアへ8.9億ドル，タンザニアへ8.3億ドル，ガーナへ8.0億ドル輸出されている．

中国・アフリカ間貿易の拡大は上記のような中国経済の成長やアフリカ市場の拡大のほか，超大型貨物船の開発なども低廉な日用品の長距離輸出を可能にした要因としてあげられている（Eisenman, 2012）．

7.2.2 中国の対アフリカ直接投資

世界の対アフリカ投資はOECD諸国，つまり先進国からの投資が大半を占めてきたが（Chen, Dollar and Tang, 2015），2010年ごろから新興国のブラジル，中国，インド，南アフリカ，そしてマレーシア，いわゆるMBICS諸国の投資量が急増し，しだいに新興国による投資がOECD諸国をしのぐようになっている．なかでも中国による対アフリカ投資の存在感が大きいが（説明は後述），それ以外ではマレーシアの対アフリカ投資が際立って多い．マレーシアの海外直接投資ストック（2012年）の5分の1がアフリカにあり（The World Bank, 2014），その対アフリカ投資36億ドル中，20.8億ドルは対モーリシャス投資となっている．また南アフリカの対アフリカ投資の5割がモーリシャス向けである．これらのモーリシャス投資は，タックスヘブンであるモーリシャスを経由して投資国へ資金が還流したり，第3国へ再投資される資金が含まれており，新興国の直接投資事業がすべてモーリシャス島の各地で展開してい

表 7.3　中国の対アフリカ直接投資（ストック）

1980 年		1985 年		1990 年		1995 年	
ザンビア	1998	ザンビア	2093	リベリア	2732	ザンビア	3186
リベリア	868	リベリア	1538	ザンビア	2655	アンゴラ	2921
コンゴ民	709	アンゴラ	675	アンゴラ	1025	リベリア	2698
タンザニア	342	コンゴ民	620	コンゴ民	546	タンザニア	620
シエラレオネ	324	タンザニア	386	タンザニア	388	コンゴ民	541
マリ	203	シエラレオネ	312	ニジェール	286	セネガル	374
ニジェール	190	マリ	225	トーゴ	268	モザンビーク	356
トーゴ	176	トーゴ	210	セネガル	258	マリ	342
セネガル	150	ニジェール	206	チャド	250	チャド	331
マラウイ	143	セネガル	188	シエラレオネ	243	ニジェール	327
ガンビア	127	チャド	184	マリ	229	トーゴ	301
チャド	121	マラウイ	180	マラウイ	228	ウガンダ	277
エチオピア	110	ガンビア	127	ガンビア	157	シエラレオネ	242
アンゴラ	61	エチオピア	114	エチオピア	124	マラウイ	230
中央アフリカ	50	スーダン	77	マダガスカル	107	ガンビア	185

2000 年		2005 年		2010 年		2014 年	
アンゴラ	7977	アンゴラ	16336	アンゴラ	16063	モザンビーク	25577
ザンビア	3966	スーダン	6996	スーダン	15786	スーダン	22693
リベリア	3247	ザンビア	5409	タンザニア	9712	赤道ギニア	17250
タンザニア	2781	タンザニア	4439	赤道ギニア	9413	タンザニア	17013
スーダン	1398	赤道ギニア	4124	ザンビア	7433	ザンビア	15009
モザンビーク	1249	リベリア	3788	ウガンダ	5575	ウガンダ	9917
赤道ギニア	1060	チャド	3040	リベリア	4956	コンゴ民	7694
エチオピア	941	エチオピア	2821	モザンビーク	4688	エチオピア	7264
ウガンダ	807	モザンビーク	2659	マダガスカル	4383	リベリア	6569
コンゴ民	617	ウガンダ	2024	エチオピア	4206	マダガスカル	6277
チャド	576	モーリタニア	1608	コンゴ民	3994	モーリタニア	5968
マラウイ	358	コンゴ民	908	チャド	3595	チャド	5518
エリトリア	337	マリ	872	モーリタニア	2372	ニジェール	5133
レソト	330	マラウイ	614	ニジェール	2251	マリ	3109
セネガル	295	ギニア	581	マリ	1964	セネガル	2699

単位：100 万ドル（UNCTADSTAT http://unctadstat.unctad.org/）

るわけではない．一方，中国の対アフリカ直接投資はそのような新興国とは投資行動を異にしており，2012 年の対アフリカ投資 217 億ドルのうち南アフリカが 22 ％，ザンビアとナイジェリアが各 9 ％，アンゴラとスーダンがそれぞれ 6 ％と資源国に偏ってはいるがアフリカ全体に広がっている（表 7.3）．なかでも対アンゴラ直接投資は，表 7.4 のように 1990 年代から 2000 年代前半までは中国のアフリカ投資では最も重要な地位を占め，件数でも規模でもアフリカで最大の投資受け入れ国であった．投資のストックでみてもザンビアにかわって，最大のストックを抱える国であったが，2010 年代に入り，原油価格の下落とともに急激な投資引き上げが進み，主要な投資ストック量保有国リストから落ちた．

中国のアフリカ直接投資を分野別にみると，建設事業（577 件）と鉱山事業（311 件）が群を抜いて多い．その他は卸小売業，縫製業，石油関連業が 100 件以上の主要な投資分野となっている（丸川ら，2014）．国別直接投資ではナイジェリア（286 件）が最多で，その内訳は流通（41 件），建設事業（30 件），縫製（24 件）で，ついで南アフリカ（193 件）が多く，その内訳は卸小売業（27 件），縫製（21 件），建設事業（10 件）となっている．そしてザンビア（172 件）の鉱山事業（57 件），建設事業（26 件），農林業（17 件）が続く．経済規模の大きいナイジェリアと南アフリカの 2 大国と，銅鉱など鉱山資源開発への投資が活発なザンビアが上位にある．

鉱山事業投資ではザンビア（57 件）が最多で，

7.2　経済発展と中国の進出　　123

表7.4 中国の対アフリカ直接投資（フロー），上位国（UNCTADSTAT）

年	1999	2000	2001	2002	2003	2004	2005	2006
モザンビーク	382	139	256	348	337	476	108	113
ザンビア	86	122	145	298	347	364	357	616
タンザニア	497	282	467	388	308	331	936	403
コンゴ民	11	72	80	141	391	409	267	256
赤道ギニア	154	154	941	323	690	341	769	470
スーダン	371	392	574	713	1349	1511	1617	1842
エチオピア	70	135	349	255	465	545	265	545
ウガンダ	140	181	151	185	202	295	380	644
アンゴラ	2471	879	2146	1744	3577	2197	▲1304	▲38

年	2007	2008	2009	2010	2011	2012	2013	2014
モザンビーク	399	592	898	1018	3559	5629	6175	4902
ザンビア	1239	939	426	634	1110	2433	1810	2484
タンザニア	582	1383	953	1813	1229	1800	2131	2142
コンゴ民	1808	1727	864	2939	1687	3312	2098	2063
赤道ギニア	1243	▲794	1636	2734	1975	2015	1914	1933
スーダン	1504	1653	1726	2064	1734	2311	1688	1277
エチオピア	222	109	221	288	627	279	953	1200
ウガンダ	792	729	842	544	894	1205	1096	1147
アンゴラ	▲893	1679	2205	▲3227	▲3024	▲6898	▲7120	▲3881

▲：マイナス

そしてコンゴ民主共和国（39件），ジンバブエ（35件），タンザニア（22件），モザンビーク（20件），ナイジェリア（17件）の順である．この他，繊維縫製事業はナイジェリア（24件），南アフリカ（21件），エチオピア（12件）の順となっており，経済規模の大きい2国と縫製産業の盛んなエチオピアが上位になっている．石油化学（147件）はスーダン（16件），ナイジェリア（15件），ガーナ（10件），ケニア（10件）の順で産油国に分散している．卸小売業では経済規模の大きい南アフリカ（27件）が突出している．

建設事業投資は鉱山事業に比べても投資件数が多く，中国のアフリカ進出で最も象徴的な分野となっている．その進出状況はアフリカの各首都で中国系の建設業者によって施工されたメインスタジアムや，国会議事堂，中央省庁庁舎を通して広く認知されるようになっている．このような大型公共事業は契約規模が大きく長期的な収益性が見込まれ，国際入札を希望する企業が多いが，中国系建設企業の工事請負費の低さゆえ，高速道路から鉄道網，港湾整備，住宅団地建設に至るまで中国系建設企業の独壇場になりつつある．

中国の対アフリカ建設投資事業の増加について尹（2014）は，中国の改革開放後に重要な外貨獲得手段になっていること，近年は中国国内の建設バブルに対するリスク回避の目的でアフリカで建設投資が進んでいることを指摘している．設計・施工・監理を含む建設工事請負とそれにともなう労務契約は中国の対外経済協力の重要な部分を担っており，これらは中国の四位一体協力（貿易，投資，援助，対外経済合作）と称されている．

一方，中国からの直接投資の少ない国としてはブルキナファソ（7件），ガンビア（2件），レソト（7件），マラウイ（8件），サントメプリンシペ（1件），スワジランド（0件）があげられる（丸川ほか，2014）．このうちスワジランド，ブルキナファソ，サントメプリンシペの3カ国は2015年時点で台湾と外交関係を維持している．ガンビアは2013年に台湾と断交したばかりでマラウイは2008年に断交しており，対中関係の歴史が浅く経済関係の深化はこれからの課題である．ほかの国で投資が少ないのはルワンダ（10），ブルンジ（6），カーボヴェルデ（2），コモロ（1），ジブチ（9），エリトリア（5）で（丸川ら，2014），投資対象の自然資源を産しないか市場規模が小さい国が並んでいる．

中国系企業の対アフリカ直接投資は，受入国と周辺国の関係の中で位置づけられ，周辺国に対す

る受入国の比較優位に基づいて投資が決定されており，資本不足の国には資本集約型投資で外部金融資金を供給し，技術集約分野には投資せず，とくに内政不安定地域で収益性を求める特徴があることが指摘されている．（Chen Dollar and Tang, 2015）．なかでも東アフリカは港湾も含めインフラが比較的整備されていて，比較的中国に近く直接投資対象として人気がある．

このような中国の対アフリカ投資拡大を公式に位置づけたのは1997年の「全国対アフリカ経済貿易協力作業会議」である（張春，2015）．この後，1999年に中国政府は海外進出（走出去）政策を発表し，2000年には第1回FOCAC中国アフリカ協力フォーラムが開催された．さらに2006年は「中国におけるアフリカ年」となり，『中国対アフリカ政策文書』も発表されている．この対アフリカ政策文書では特に省や主要市といった地方政府の役割を重視し，友好都市，友好省の促進，地方発展のための交流と協力を促進するとしている．つまり各省や地方都市にも中国アフリカ間協力を通して効果が波及するように位置づけており，中国は国際的な地域開発や国際協力のアクターとして国家とともに省や市の役割を位置づけている．この背景としては，中国の経済特区開発を通して，地方省に開発経験が蓄積されていること，また省管轄の公営企業が対アフリカ投資貿易を求めていることが考えられる．張春は省別の対アフリカ投資実績を比較し，地方企業の対アフリカ投資が省経済の状況を反映していることを指摘し，なかでも中部省（安徽省，江蘇省，浙江省）が積極的に対アフリカ投資を進めていること，また投資の対象国は一部に集中しており分野的にも偏りがみられることを指摘している．次項では中国の対アフリカ直接投資に関連して，急増する直接投資の受け皿として中国の援助で開発が進んでいる輸出加工区型のインフラ整備について取り上げる．

7.2.3 経済貿易協力特区の開発

アフリカ諸国には独立後，世界銀行や国連工業開発機関（UNIDO）などが工業化促進を図って整備を進めた投資促進地区や免税地区がある．また各国では土地利用計画に基づき工場用途地域を指定しており，ハード面でもソフト面でも海外直接投資の受け入れ基盤を整備してきた．そこへ中国の地域開発型援助が展開しはじめ，アフリカの地域開発は新たな面を見せ始めている．

中国の胡錦濤・前主席は2006年11月の第3回中国アフリカ協力フォーラム（FOCAC）北京サミットで5カ所程度の中国アフリカ経済貿易協力区（中ア協力特区）を設置することを発表した．中ア協力特区とは中国の深圳やアモイで内外から多数の企業誘致を行い開発が進んだ経済特区開発の考え方を応用して，現地で投資受け入れに必要なインフラと直接投資受け入れに関連する制度を整備，中国系企業のアフリカ進出を促すことを目的としている．中国商務部はアフリカ内の中ア協力特区を含めて世界中に50カ所程度の協力特区を設置することを発表しており，中ア特区開発には2500万ドルの無償資金協力と2.5億ドルの有償協力を提供し，同時に輸出税還付，外貨優遇，進出中小企業へ特例優遇措置を設けることとした．中ア協力特区はまずザンビア，ナイジェリア，エジプト，モーリシャスに設置され（表7.5），鉱物資源の主要な供給国などに設置されていることから，対象国が中国のアフリカ開発戦略の根幹をなすものとの見方もある．

中ア経済貿易協力特区を開発する意義について，中国商務部の元商務副大臣で，現在，中国国際経済交流センター副理事長である魏建国は，中国の経済開発経験を活かしつつ，中国企業の投資環境を整備することにあるとしている（魏，2013）．さらにこの背景には中国国内の余剰生産設備の問題があり，消費財生産企業の対外移転を促す必要があること，また鉱物資源の輸入に起因する対アフリカ貿易の構造的な不均衡状態を改善するために，対アフリカ貿易投資を増やす必要があることも指摘している．

アフリカにおける経済貿易区開発の必要性について王興平（2015）は，アフリカ諸国が中国と比べると経済特区開発前の発展段階にあり，「アフリカは原料供給地から脱却して工業化することを望んでおり，同時に中国では産業の移転圧力が高まっている．アフリカは将来性のある海外投資地

表7.5　中国アフリカ協力特区（李迎成（2015）をもとに筆者作成）

	開発面積	対象分野	開発者	特色
ザンビア・チャンビシ経済貿易協力特区	11.58 km²	銅，精錬，鉱山関連機器	江蘇永鋼グループ70％，中非発展基金30％	非鉄金属精錬事業集積，資源開発型から総合型へ移行しつつある
モーリシャス山西貿易協力特区	2.11 km²	繊維衣類，機械，観光，貿易投資サービス，金融	太原鋼鉄グループ50％，山西天利実業グループ20％，山西焦煤30％	企業進出が進まず2014年に運営変更，モーリシャス企業誘致
エジプト・スエズ経済特区	5 km²	新建材，石油設備，電器設備，アパレル	天津泰達投資45％，中非発展基金30％，エジプト投資20％，天津開発区スエズ国際協力会社5％	企業立地が進展，とくに建材とアパレル，電器設備が集積
ナイジェリア・レッキ自由貿易区	11 km²	アパレル，石油設備，高低圧電器，新建材，化工	中非レッキ投資60％，州政府20％，レッキグローバル投資20％	
ナイジェリア・オグン州広東貿易協力特区	2.5 km²	建材，鉄鋼，木工，医療機器	広東新広国際グループ82％，ナイジェリア政府18％	

であり，中国の製造業移転地となり『海外における中国』が形成されるべき場である」と説明している．その上で「制度環境的にアフリカに適し，経済発展期においては制度環境の整った小地区を整備するべき」としている．さらにアフリカは産品輸出に適しながらも生産組織が未熟であり，中国30年の特区開発経験を生かしてアフリカの新たな工業化モデルを構築すべきであると指摘し，アフリカは人口規模が大きく消費潜在能力もあるが，生産能力が不足しており，アフリカの開発区において中国の成熟した製造業を進出させ，旧宗主国との従属関係を断つべきと主張している．これに対して唐（2010）は，中国の経済特区「深圳モデル」のアフリカ導入は困難であると批判している．中国では経済特区の設置をめぐって企業と政府が緊密に連携して，投資基盤を整備し，誘致政策をたて継続的なサービス提供を実施しているが，アフリカでは基本的にそのようなシステムが欠如しており，政府が担うべき公共サービスもインフラ開発側が責任をおわねばならず，さらに政治的安定性，投資政策の安定性についても問題があり，開発費用の回収は疑問であるとしている．またアフリカ側からすれば，中国式の開発アプローチがアフリカの地域需要に適しているのか不明であり，基本的に中国企業が欧米に輸出する目的で特区に立地するならば，現地の製造業が育つのかという問題があり，低価格商品によって現地企業が影響を受けること，中国への経済的依存をつ

くりだすこと，特区のような飛び地の成長にどれほどアフリカ諸国が実質的に成長するような波及効果が期待できるのかといった疑念がもたれている．

アフリカ諸国が中国の経済特区開発に知見を求めるまでもなく，各国では政府の設置する輸出加工区や工場団地，投資誘致目的の免税地区，そしてインフォーマル部門である都市雑業者の集団移転地区などの整備経験はある．その開発主体は政府や開発公社に限らず，南アフリカでは民間投資会社による産業用地開発も始まっている．工業地区開発はアフリカ諸国独立の後，今日に至るまで国土の工業化いわば西洋近代主義的な近代化の象徴的な空間でもあった．それゆえに国家の指導者や有力政治家は近代化の象徴を身近に構築しようと，その出身地に整備したがった．また国土の均衡的発展への期待から，どの都市からも遠く輸送費用が収益確保の上で過分の負担となるような遠隔地にも開発された．

このような輸出加工区や工場用地では近年まで空地が目立ち，また都心から離れて設置されたファクトリーシェル（共同作業所）は零細業者だけでなく消費者，サービス利用者にとっても交通費負担の点で問題があり不人気であった．このような企業誘致に不向きな土地が開発後放置される一方，近年は特定の土地から免税の優遇策や機能を切り離して，企業が選んだ場所に対してスポットで優遇策を付与するような柔軟な政策もみられる

ようにはなっている．その一方で集積の利益は広く再認識されつつあり，地域開発政策が再び産業の地理的集中を促すような方向へと転向していることもこのような加工区型開発を求める背景にあると考えられる．それでは次に，中国のアフリカ開発協力特区のなかでは最も開発が進んでいるザンビアの中国アフリカ協力特区を例に，アフリカ側の開発政策にとっての中国の直接投資とそれに関連する開発援助の意味を検討する．

7.2.4 ザンビアの中国アフリカ開発協力特区

ザンビアの銅鉱産出地帯であるコッパーベルト州では1998年より中国非鉄金属（CNMC）の子会社アフリカ非鉄金属（NFCA）が探査と採鉱を進めてきた．NFCAは銅精錬事業への参入計画を機に，ザンビア政府に対しコッパーベルト州チャンビシ（Chambishi）地区で銅関連産業のための特区開発とインフラ整備を提案した．一方でザンビア政府は日本で開催された第2回（1998年）と第3回（2003年）のアフリカ開発会議（TICAD）に参加し，TICADの提案するアジア・アフリカ貿易投資促進協力に賛同した．途上国間協力で開発を促進する「南南協力」を通したアジア・アフリカ間の貿易投資の拡大に関心を寄せてきたのである．その後，ムワナワサ・ザンビア大統領（当時）は2005年の訪日の際に具体的な投資促進協力案に合意，その具体策として複合的経済特区（MFEZ）の計画に賛同した．翌2006年にザンビア政府は日本政府およびJICAとの協力関係のもとMFEZの計画立案で合意，同年，MFEZ開発を法令化，チャンビシを含む6カ所(チャンビシ，ルサカ東，ルサカ南，ルムワナ，ンドラ，ロマ)をMFEZとして指定した．

MFEZの具体的な計画はマレーシアの工業地区開発コンサルタントであるKulimテクノロジーパーク社の技術協力を得て実施され，マレーシアの携帯電話組み立て工場の進出表明を得て日本政府の想定する南南協力のモデル事業となった．この動きと同じくして2006年，中国政府はザンビア・チャンビシの計画を含めた中国アフリカ経済貿易協力特区を発表している．そこで，ザンビア政府はチャンビシ開発をMFEZとして指定し，

同時に中ア協力特区とするということを決めた．具体的にはコッパーベルト州カルルシ地区（Kalu-lushi）でNFCAが取得した41 km²の鉱区の一部に投資用途地区を開発し，非鉄金属精錬事業，具体的には銅とコバルトの精錬そして精錬の副産物である電線，ケーブルや鉱山器材，建設資材，化学製品，肥料薬品などを生産する計画を発表した．またルサカ市においても日本・マレーシア・ザンビアの三者協力で整備されるルサカMFEZとは別に，ルサカ東協力特区を発表し，ルサカ国際空港に隣接する5.7 km²において軽工業クラスターを計画，家庭用品，衣類，食品加工の製造から流通，卸売りまで含めた企業誘致を表明している．

ザンビアの中ア協力特区開発はCNMC，中国商務部，中国経済特区協会，ザンビア開発庁，ザンビア財務省，商工貿易省により進められ，チャンビシ特区については76年間の土地貸与，ルサカ東特区は80年間の土地貸与となった．そこではMFEZと共通する投資優遇制度が適用され，当初5年間の配当は非課税，収益化後の5年間は法人税非課税，その後6年目から8年目は利益の50％に課税，9年目から10年目は75％に課税，原材料輸入は非課税，機械器材の輸入はVAT（付加価値税）非課税となっている．

中ア協力特区の開発事業者は道路，電話，電気，水道を整備して，管理施設，商業施設，展示施設，職業訓練施設の設置を担うこととなっており，日本の協力によるMFEZに比べて開発分担が大きい．誘致企業の国籍は不問であるが，最低投資額は50万ドルであることから小企業は想定されていない．このマスタープランでは50〜60社を誘致することで10兆ドル程度の投資を見込んでいる．ちなみに2011年中の立地企業の多くはCNMCの子会社で，その他は建設会社，インフラ整備関連企業である．

このようにザンビアでは中国政府の援助による中ア特区開発と日本政府の支援によるMFEZが提案され，ザンビア政府により双方がほぼ同時に導入されている．中ア協力特区の場合は，直接投資を予定している中国企業の受け皿として整備さ

7.2 経済発展と中国の進出　*127*

れているが，MFEZ は南南協力の一環として構想が練られており，日系企業よりも新興国企業の進出を期待して立案されている．中ア協力特区の方は中国政府の貿易保険や投資保証を得て中国企業による開発の進展が期待されるが，MFEZ では従来型の輸出加工区との差異が明確ではない．

王興平（2015）によると，中ア協力特区には，①現地の自然資源開発加工，②鋼材建材生産，③地理的優位型，④受け入れ国の貿易制度活用型があるとされている．一方，李迎成（2015）は中ア協力特区を資源開発型，加工貿易型，総合機能型に分類している．前者の分類は産業類型と，立地環境による分類を併用しており，後者は生産機能に注目して分類している．この 2 例からすると資源立地と市場立地，そして物流上のいわゆる結節地点に立地する場合が想定され，いずれも従来型の生産基盤開発に類似している．

このように中ア協力特区は中国系企業の投資受け入れの象徴的な場となっており，ザンビア政府による免税制度や中国政府による投資優遇制度も整備されているが，結局進出は企業の自由な意思決定である．実際にアフリカ進出を希望する中国系企業グループは特区以外の地域にも進出して開発を進めている．たとえば，ナイジェリアには中国企業のハイアールや新科空調の進出による空調機器団地が建設されており，南アフリカ・ケープタウンのアトランティスでは海信グループによる開発が進んでいる．コンゴ民主共和国のキンシャサには空港と都心の間に中国国際貿易投資グループ，非投資資金香港管理センター，北京碩金科技投資有限公司，山東華非グループ，山東新港企業グループ，互豊投資上海などが進出，計 50 億元の投資が予定されている．

以上，アフリカ各地で展開する中国の官民一体となった投資基盤整備や地域開発をみてきたが，このような状況は 2010 年以降，石油価格をはじめ資源価格が軒並み下落して，環境が変化しつつある．資源開発投資が停滞し始め，また中国経済の成長が減速するなかで特区開発は中国企業のアフリカ投資促進というよりも，アフリカの工業化に貢献する特区という一般的な位置づけに変化し

つつある．資源価格下落後の 2015 年に開催された第 6 回 FOCAC（ヨハネスブルグ閣僚会議）では，アフリカの持続的発展に工業化が必要であることが強調され，中アの産業間連携，生産能力向上に貢献することを掲げた．そして中国の「競争力のある高品質な産業生産力をアフリカの工業化と多角化のために移転し二国間協力を促進する」と表明した．その上で労働集約的で競争力ある産業をアフリカに移転し，数カ国でモデル事業とパイロットプロジェクトを指定し，さらに工場団地を共同で設置，また既存のものを改善し，効果的方法を探すこととなった．このような方針は国連工業開発機関（UNIDO）や日本がアフリカ経済支援で取り組んできたテーマに近い．つまり両国のアフリカ経済開発支援は同じような工業化の過程を経てきた両国の経験を踏まえるならば，方法論的に近づきつつあるのは当然とみることもできる．

7.2.5 結びにかえて

以上，近年のアフリカ経済の成長要因となってきた新興国経済の成長とアフリカの資源需要増加の関係，そして中国系企業の資源需要にともなうアフリカ投資拡大を中心にみてきた．また中国アフリカ間の貿易投資拡大の受け皿として期待されている中国アフリカ協力特区の設置背景と現状をみてきた．

中国アフリカ間の経済関係は 2000 年代に入り急成長している．その背景には中国企業をアフリカに進出させる要因として，国内の過剰な生産能力や 2001 年 WTO 加盟による市場開放とそれに連動する国是としての海外進出政策，そして為替相場での中国元の上昇がある．

アフリカ側では中国を含め新興国による貿易投資が急増している．とくにマレーシアによる投資拡大とその影響は注目すべきであるが，情報収集や分析が進んでおらず今後の課題である．中国による開発援助と一体化した資源開発投資は内政不安定な地域や援助資金が回避してきた独裁国家に対しても内政不干渉主義のもとに潤沢に資金を注いできた．なかでもアンゴラ中国関係は油田開発とその対中輸出，そして油田開発の資金支払いを建設請負や労務契約で担う「アンゴラモデル」と

して広く知られるようになった．アンゴラの首都
ルワンダには中国の協力によって大規模な住宅群
が開発されたが，その後入居者が増えずゴースト
タウン化したことは広く批判の対象となってい
る．

このような工事請負と労務提供を含む経済合作
と投資貿易援助をセットにした四位一体協力を特
徴とする中国型の開発モデルは，アフリカに浸透
していくのだろうか．ザンビアの例をみると，中
ア協力特区とMFEZを同時採用し，中国による
援助と日本のODAを自国の開発プロセスに組み
入れている．集積型の特区開発方式によって貿易
と直接投資が増加すればアフリカ側にとってはそ
の援助主体はどの国であっても問題はないのでは
ないだろうか．開発主体はアフリカ開発銀行や民
間投資企業であってもよいはずである．政治的な
開発支援と投資促進の制度が潤沢に供されたとし
ても，結局は中国企業や新興国企業の投資しだい
である．一方，2010年以後の資源価格の下落と
中国経済の減速により，明らかにアフリカの資源
需要は減少しており，投資意欲は低下している．
中国の対アフリカ関係の象徴的な存在であったア
ンゴラからは投資撤退が続いており，2014年の
投資ストックはマイナスとなった．

本節は，冒頭でアフリカが新興国との経済関係
の下に新たな成長の局面に入っているとして論を
始めたが，この局面がどのように展開するかは注
視が必要である．ただし，新興国とは中国だけで
はない．とくにマレーシアとアフリカの関係は興
味深く，インド・アフリカ関係も今後ますます重
要になってくる．そのようななかでは広く相対的
に中ア関係とその影響を位置づける必要があると
思われる．　　　　　　　　　　　　　［吉田栄一］

引 用 文 献

尹曼琳(2014)：中国の対アフリカ援助と経済合作の構図．金
　沢大学人間社会環境研究，28：63-75.
王興平（2015）：集腋成裘：中国在非开发区发展概论．王兴
　平（2015）『中国开发区在非洲：中非共建型产业园区发展
　与规划研究』东南大学出版社.
魏建国(2013) 中非经贸合作进入新纪元——访中国国际经济
　交流中心秘书长．国务院新闻办公室网站（2013-08-28）

（http://www.scio.gov.cn/xwfbh/xwbfbh/wqfbh/2013/
2013n8y29r/xgbd3/Document/1344672/1344672.htm)
国際協力機構（2007）：『ザンビア共和国複合的経済特区マス
　タープラン調査プロジェクト形成調査報告書』国際協力機
　構経済開発部.
朱凯（2015）：摸骨把脉：在非开发区发展的中国模式借鉴王
　兴平（2015）『中国开发区在非洲：中非共建型产业园区发
　展与规划研究』东南大学出版社.
中国統計出版社（2015）：『2中国対外直接投資統計公報』中
　国統計出版社.
張春（2015）：中非地方経貿合作述評『非洲経済評論　2015』
　上海.
唐暁陽（2010）：中国在非洲的经贸合作区发展浅析．西亚非
　洲，11：17-22.
西浦昭雄（2012）：東アフリカにおけるスーパーマーケットの
　台頭．川端正久・落合雄彦編『アフリカと世界』晃洋書房，
　pp. 235-253.
西浦昭雄・福西隆弘（2007）：グローバル化の波に洗われる
　アフリカの衣料産業：製品，資本，技術の国際移動とロー
　カル企業の対応．アフリカレポート，No. 45, 3-8.
福西隆弘（2013）：開発政策としての優遇アクセスの成果と
　課題—マダガスカルに対する経済制裁を例に．アフリカ
　レポート，No. 51, 55-62.
丸川知雄・伊藤亜聖・張永祺（2014）：中国対外直接投資デ
　ータ集．現代中国研究拠点，研究シリーズ，No. 15, 東京
　大学社会科学研究所.
李迎成（2015）：构会甄释：中国在非开发区的产业组织王兴
　平（2015）『中国开发区在非洲：中非共建型产业园区发展
　与规划研究』东南大学出版社.
African Economic Outlook (http://www.africaneconomicoutlook.
　org/en/statistics)
Automotive Industry Export Council (2013)：Automotive
　Export Manual 2013 South Africa, www.aiec.co.za/
　Reports/AutomotiveExportManual2013_LowRes.pdf
Chen, W., D. Dollar and H. Tang (2015)：*Why is China
　investing Africa? : Evidence from the firm level*. Brook-
　ings Institution
　http://www.brookings.edu/~/media/research/files/
　papers/2015/08/why-china-is-investing-in-africa/why-is-
　china-investing-in-africa.pdf
Eisenman, J. (2012)：China- Africa Trade Patterns: causes
　and consequences. *Journal of Contemporary China*, 21
　(77)：793-810.
FAO (2016) FAOSTAT, http://faostat.fao.org/
Forum on China Africa Cooperation Archives (http://
　www.focac.org/eng/ltda/)
Harvard Atlas of Economic Complexity (http://atlas.cid.
　harvard.edu/)
Ministry of Trade, Commerce and Industry, Republic of
　Zambia, Multi-Facility Economic Zone
　(http://www.mcti.gov.zm/index.php/investing-in-zambia/
　multifacility-economic-zones)

The World Bank (2014): *Foreign Direct Investment Flows into Sub-Saharan Africa* 86060 (http://documents.worldbank.org/curated/en/2014/03/19259750/foreign-direct-investment-flows-sub-saharan-africa)
United Nations Conference on Trade and Development, UNCTADSTAT
(http://unctadstat.unctad.org/)
United Nations Comtrade Database (http://comtrade.un.org/)
Weatherspoon, Dave D. and Thomas Reardon (2003): The Rise of Supermarkets in Africa: Implications for Agrifood Systems and the Rural Poor. *Development Policy Review*, 21 (3): 333-355.
World Bank (2015): *World Development Indicators 2015*, Washington, DC: The World Bank.

===== コラム8　ケニア農民による欧州向け野菜栽培 =====

健康志向が強まり，また女性の社会参加が進む欧州では，手軽に消費できる加工野菜の需要が増大してきた．このため，欧州市場への特恵的アクセスを許されたアフリカ諸国が，発達した冷蔵手段を用いて生鮮野菜を空輸するケースが増えている．なかには一般農民が欧州大手スーパーマーケットの管理する商品チェーンの一部となる例もあり，そこにグローバル化するサブサハラ・アフリカの一面をみることができる．今世紀に入り，ケニアもイギリス等を相手に輸出を急増させた．だが，2007年末の大統領選挙に始まる暴動や，2010年のアイスランド火山噴火による空路の途絶，そして残留農薬問題のため一時期EU側の輸入検査強化リストにあげられたことによって，同国は輸出の減速を経験している．なかでも欧州側の求める品質等の条件は，小農民がグローバル化の波に乗ることの難しさを物語っている．

首都ナイロビから車で200 kmほど北上すると，ライキピア・カウンティ（Laikipia County）南部，ンゴビット（Ngobit）に行き着く．そこで小農民は協同組合にまとまり，2002年に輸出業者と契約を結んで欧州向けにサヤインゲンを栽培し始めた（写真1）．彼らは業者のサイズ基準にそって作物を選別したのち，業者の都合により，生産者ごとに区別せずまとめて出荷することになった（写真2）．だが，各自の出荷物の品質・選別の適切さにかかわらず，売上金は出荷量に応じて分配されたので，出荷を繰り返すうちに選別作業はおざなりとなった．その分，業者の買い取り拒否は増え，農民の収入は減った．農民は利益を確保するために日雇い収穫者の数を削って出費を抑えるとともに，一度に播く種を契約量よりも少なくして結実量を減らし，少人数でも適切に収穫・選別できるようにした．結果として業者は必要量の作物を入手できなくなり，契約を守る優良農民への絞り込みを始めた．こうして，契約開始から数年で農民の多くは販路をつかみ損ね，商品チェーンから脱落したのである（上田，2013）．

［上田　元］

引用文献

上田　元（2013）：水資源管理と輸出蔬菜生産―ケニア中央部の小農による欧州向け契約栽培．横山　智編『資源と生業の地理学』245-269，海青社．

写真1　パイプを用いたサイフォン灌漑
（ンゴビット，2003年2月）

写真2　サヤインゲン莢実の選別・計量
（ンゴビット，2004年7月）

8 開発・協力と地元社会

これまで，サハラ以南アフリカの総論に始まり，自然，生業，環境，都市，紛争，そしてグローバル化について説明してきた．そのなかで，この地域が外の世界との間に結んでいる経済的な関係については，貿易や投資を介したものを中心に解説してきた．この最終章では，"コミュニティ"あるいは"草の根"の視点から，経済開発の現場における人びとと外部世界との関係について紹介する．まず，自然と野生動物を資源としていかしながら成長してきた観光業の歩みを概観し，東・南部アフリカで試みられている野生動物の観光開発と保全の実態，また地元民の参加・関与について論じる．次に，国際金融機関が主導してサブサハラ各国で実施した構造調整政策までの開発援助の流れをあらためてとりあげ，その後の動向を説明する．そして，この地域に対する日本の政府開発援助がたどった道と，その現場の一つであるタンザニア農村における人びとの姿を紹介する．観光も開発協力も，人びとを主人公とする「コミュニティ主体」，「住民のイニシアティブ」の重要性が指摘されている現場である．地元社会の内部にある意見の相違と，その主体性という表現の意味する内容に留意しながら，サブサハラにかかわろうとする「われわれ」の立ち位置を確認したい．

写真 8.1 国際機関とケニア政府の支援を受けて設置された新しい井戸で，下校後に水を汲む学童
大人たちが容器を人力で持ち帰る者とロバで運搬する者を別々の列に分けて並ばせ，2列の間で交互に用水させる規則を生み出して運営にあたっている（ケニア，ホマベイ・カウンティ，オニュウェラ村，2013年9月）．

8.1 観光業と野生動物保全

8.1.1 「野生の王国」というイメージ

大草原を悠々と歩くゾウやキリン，大群で草を食むシマウマ，草食動物を狩るライオン．そんな写真や映像を，だれもが一度は見たことがあるのではないだろうか．「野生の王国」はきっと多くの人にとって，アフリカの典型的なイメージの一つだろう．また，そんな野生動物を対象とする観光や保全についても，何かしら見聞きしたことがあると思う．現在のアフリカで成長著しい観光業は，野生動物保全や地域開発を実現するための手段として期待を集めている．また，観光と保全と開発とが結びつけられるようになるなかでは，それを「コミュニティ主体」で進めることが強調されてもいる．

アフリカで観光の対象となるものは，伝統的な文化や歴史的な建造物，雄大な自然景観など，野生動物以外にも実は多い．また一口に野生動物といっても，熱帯林に暮らすゴリラ，大洋に生きるクジラやイルカ，カラフルで多種多様な鳥や昆虫など，「野生の王国」のイメージとはちがう生き物もたくさんいる．とはいえ，大陸の半分近くがサバンナ（背丈が 80 cm 以上のイネ科草本が広く生育する植生）であるとき，そこに暮らす野生動物の姿がアフリカの典型的なイメージとなってきたのは事実である．本節ではそうしたサバンナの「野生の王国」のイメージを念頭におきながら，アフリカにおける観光業と野生動物保全について説明する．

8.1.2 観光業の概況

国連世界観光機関(United Nations World Tourism Organization：UNWTO)の『ツーリズムハイライト 2016』(UNWTO, 2016)によれば，観光

業は過去 60 年間に世界的に急成長をとげてきた経済部門であり，将来の発展・繁栄・幸福の鍵となる産業である．アフリカ（エジプトとリビアは除く）についてみてみると，2005 年から 2015 年までの国際観光客到着数の年間平均成長率は世界平均の 3.9 ％を上まわる 4.4 ％である．しかしアフリカが世界の観光業に占める割合は，2015 年の推計値で人数（国際観光客到着数）では 4.5 ％，金額（国際観光収入）では 2.6 ％にすぎない．また，この二つの項目の 2014 年から 2015 年にかけての世界の成長率が 4.6 ％と 4.4 ％であったのにたいして，アフリカのそれはテロやエボラ出血熱の影響で −3.3 ％と 2.4 ％であった．観光資源も多く過去に高い成長率を記録してきたけれども，何か問題が起きれば一気に客足が遠のくリスクを抱えている．それがアフリカの現状といえそうである．

表 8.1 は，『ツーリズムハイライト 2016』から国際観光客到着数または国際観光収入が多いアフリカ 20 カ国の情報を抜き出したものである（ここでいう「観光」には商業旅行や友人・親戚の訪問，

信仰・治療を理由とする移動なども含まれる点に注意が必要である）．まず，モロッコと南アフリカがアフリカのなかでも飛びぬけて観光業が盛んなことがわかる．また，サブサハラ・アフリカのなかでは，「野生の王国」として（日本人にはなじみが薄いかもしれないが）世界的に有名なケニアやタンザニア，ボツワナ，ナミビア，ジンバブエの観光客到着数や観光収入が多いこともわかる．

それ以外の国であれば，地中海に面しているアルジェリアやチュニジアを訪れる国際観光客は依然として多い．また，ウガンダはゴリラ・ツーリズムで世界的に有名であるし，ガーナは自然に加えて歴史的・文化的な名所も多い．モーリシャスはビーチ・リゾートとして人気の観光地となっている．さらに表 8.1 からは，ジェノサイド後にめざましい経済成長を見せるルワンダや，紛争終結後に石油資源開発が急速に進むアンゴラでも国際観光が成長していることがわかる．その一方で，多様な野生動物が生息する熱帯林を抱える中部アフリカに目立った観光国が存在しないことからは，観光業が発展するうえでのインフラや治安の

表 8.1 国際観光がさかんな 20 カ国の国際観光客到着数と国際観光収入（『ツーリズムハイライト 2016』より）

地域	国	国際観光客到着数（1000 人）			国際観光収入（100 万米ドル）		
		2013 年	2014 年	2015 年	2013 年	2014 年	2015 年
北アフリカ	アルジェリア	2733	2301	1710	250	258	n.a.
	モロッコ	10046	10283	10177	6849	7056	6003
	チュニジア	7352	7163	5359	2191	2359	1354
東アフリカ	エチオピア	681	770	n.a.	621	351	394
	ケニア	1433	1261	1114	881	811	723
	タンザニア	1063	1113	n.a.	1880	2010	2231
	ウガンダ	1206	1266	n.a.	1334	791	1149
	ルワンダ	864	926	n.a.	294	304	318
西アフリカ	ガーナ	994	1093	n.a.	853	897	819
	セネガル	1063	836	n.a.	439	423	n.a.
中部アフリカ	カメルーン	912	n.a.	n.a.	576	n.a.	n.a.
南部アフリカ	アンゴラ	650	595	n.a.	1234	1589	n.a.
	ボツワナ	1544	1966	n.a.	885	977	948
	モザンビーク	1886	1661	1552	199	207	193
	ナミビア	1176	1320	n.a.	411	413	378
	南アフリカ	9537	9549	8904	9238	9348	8235
	ザンビア	915	947	n.a.	552	642	n.a.
	ジンバブエ	1833	1880	2057	856	827	886
インド洋	マダガスカル	196	222	244	574	n.a.	n.a.
	モーリシャス	993	1039	1152	1321	1447	1432
アフリカ		54693	55309	53466	35562	36125	33069

重要性がわかるだろう．

8.1.3 野生動物の観光・保全の歴史

「野生の王国」のイメージを喚起する国でこれまでに観光業が成長してきたのは，植民地時代の白人や外国人による野生動物観光と，そのための野生動物保全の延長線上のことである．

アフリカ内陸部への関心を強めた西欧列強は，1884年のベルリン会議で「アフリカ分割」の原則を確認し，それぞれに植民地を形成していく．その過程で現在のケニアで成立し，その後に多くの白人富裕層が行うようになった娯楽として，スポーツ・ハンティングのための狩猟旅行があった．スポーツ・ハンティングは単に獲物を狩る腕前や成果を競うものではなく，狩りのなかで紳士としての作法や知識を披露することで社会的な威信や名声を獲得する機会だった．そして黒人はスポーツマンシップをもたない臆病者，手当たりしだいに野生動物を殺す野蛮人とさげすまれ，黒人が狩猟を行うことは植民地政府によって禁止された．あるいは，白人の無節制な狩猟によって野生動物が絶滅したり激減したりすると，その犯人としていわれのない非難を向けられた．

そうしてスポーツ・ハンティングのための狩猟旅行が広がる一方で，それを残虐な娯楽と批判する西欧人もいた．たとえば1897年にイギリスの外務大臣はアフリカゾウを保全するための国際条約の締結を呼びかけていたし，1900年にはサブサハラ・アフリカに植民地をもつ西欧列強のあいだで野生動物保全を進めることが合意された．そして1933年には，より厳格に野生動物の保全を進めていくためにアメリカ流の国立公園制度を各国の植民地に導入することが合意された．ここで重要な点として，国立公園が「原生自然（wilderness）＝手つかずの自然」に特別な価値を認める原生自然保護主義の思想に立脚していたということがある．その結果，人間は原生自然を汚す存在と見なされ，両者を厳格に分離することこそが正しく望ましい保全のアプローチとされた．

それ以前からアフリカの植民地には，スポーツ・ハンティングの獲物となる野生動物を守るための保護区が，住民（アフリカ人）の意向を無視

写真 8.2 ケニアのアンボセリ国立公園で，キリマンジャロ山を背景に撮影したアフリカゾウの群れ

ここもまた，そこに暮らしていたマサイの人たちを強制的に排除してつくられた「野生の王国」である（ケニア，カジアド・カウンティ，アンボセリ国立公園，2013年9月）．

して設立されてきた．そのなかには内部における住民の居住や資源利用を認めるものもあった．それにたいして，国立公園は内部における人間活動を原則として一切認めず，そこに暮らしたりそこを利用したりしていた住民はすべて強制的に排除された．こうして「野生の王国」としてイメージされるような「手つかずの自然」の景観が，人工的・政策的・暴力的にアフリカにつくりだされた．そして国立公園のなかで野生動物の写真を撮ることを目的とする写真観光——いわゆる「サファリ」——が行われるようになったことで，「野生の王国」のイメージが今日まで再生産され続けてきた（写真8.2）．

なお，国立公園と写真観光が増えたからといって，スポーツ・ハンティングや狩猟旅行がアフリカからなくなったわけではない．写真観光よりも狩猟旅行の顧客は一人当たりの単価が高く，後者にはインフラや治安の問題が前者ほど影響しない．そのためサブサハラ・アフリカの多くの国は，サファリと並行してスポーツ・ハンティングを今でも積極的に推奨している．そしてそのどちらの観光業であれ，最近では「コミュニティ主体」ということがいわれるようになっている．この点については項をあらためて説明する．

8.1.4 野生動物保全のアプローチの転換

アフリカの野生動物保全については，1980年代末から1990年代にかけてアプローチの大きな

転換が起こったといわれる．転換前のアプローチは「要塞型保全」，転換後のアプローチは「コミュニティ主体」の保全ないし管理とよばれる．「要塞型保全」が住民を排除して国が設立した保護区のなかで野生動物を守ろうとするトップ・ダウンのアプローチであったのにたいして，「コミュニティ主体」のアプローチは地域社会や地元住民といった草の根の主体によるボトム・アップを重視し，国立公園などの官営保護区の周囲でローカルな人や組織が主体的に野生動物を守るようになることを目標としている．

このアプローチの転換の背景には，持続可能な開発をめぐる議論や参加型開発，先住民運動の高まり，科学技術主義への懐疑といったグローバルな流れがある．ただ，そうした動きとは別に，アフリカの野生動物保全の現場から生まれた問題意識もあった．つまり，国立公園などの既存の保護区は野生動物の広大な生息地の一部を占めているにすぎないので，野生動物が生きていくためにはその周囲でも保全活動をしなければならないという考えである．保護区の周囲に人が住んでいるとき，彼ら彼女らが保全活動を担うようにならなければ，野生動物をその広大な生息地の全域で保全することは不可能であると考えられるようになったのである．

「コミュニティ主体」のアプローチの具体的な目標や手法，評価基準は人によってさまざまであり，今でも議論が絶えない．ただ，これまで保全にかかわる意思決定や便益から排除されてきた保護区周辺の人びとが保全の担い手となるためには，野生動物が生み出す便益を受けとり，その価値を認識するようにならなければいけないという点で意見は一致している．そしてスポーツ・ハンティングであれサファリであれ，野生動物から便益を引きだすための方法として，過去数十年にわたって成長し続けてきた観光業が想定されるようになってきた．

8.1.5 拡大する保護区

野生動物を守るためには，その個体だけでなく生息地も保全する必要がある．そのために「コミュニティ主体」の取り組みが広がってきたわけだ

表8.2 世界の陸域に占める保護区の割合（％，世界銀行WDIデータベースより）

地域	陸域に占める保護区の割合*	
	1990年	2014年
ヨーロッパ連合	9.3	25.1
ヨーロッパ・中央アジア	5.7	12.6
東アジア・太平洋	10.0	15.6
南アジア	5.3	6.6
中東・北アフリカ	3.8	11.7
サブサハラ・アフリカ	10.3	15.3
北米	9.7	11.6
ラテンアメリカ・カリブ海	8.8	23.3
世界	8.2	14.8

*：各国当局が保護を目的として設置した面積1000 ha以上の区域の合計．名称や制度はさまざまだが「保護」の観点から公衆のアクセスが制限されている点が共通する．

が，だからといって国の関与が一切なくなったわけではない．表8.2は世界銀行の世界開発指数（World Development Indicators：WDI）データベースから作成したもので，各地域の陸域に占める各国当局が設置した公設保護区の割合を示している．この表からは，「コミュニティ主体」のアプローチが広がり始めた1990年代以降も国が設立する保護区の面積は世界的に増えてきたことがわかる．

また表8.2からは，1990年の時点でアフリカは世界で最も公設保護区の割合が高い地域であったことがわかる．その多くは植民地時代に地域社会の生活や地元住民の権利を無視して，スポーツ・ハンティングやサファリのためにつくられたものだが，そのなかには外貨獲得を重視する独立後の政府によってつくられたものも含まれている．そして1990年代以降になると，「コミュニティ主体」を掲げる国家によって新たに保護区が設立されてもきた．ただし，具体的な状況は「野生の王国」のイメージをもつ国のあいだでも実はさまざまである．

8.1.6 「野生の王国」の多様性

表8.3は表8.1の20カ国の陸域に占める保護区の割合を示したものである．国によって保護区のあり方は大きく異なるが，たとえば「野生の王国」として有名なケニア，タンザニア，ボツワナ，ナミビア，南アフリカ，ジンバブエの6カ国をみてみると，①1990年の2割以下から2014年の約3

134　8. 開発・協力と地元社会

表8.3 国際観光がさかんな20カ国の陸域の保護区の割合
（％，世界銀行WDIデータベースより）

地域	国	1990年	2014年
北アフリカ	アルジェリア	6.3	7.9
	モロッコ	0.1	33.6
	チュニジア	1.3	5.4
東アフリカ	エチオピア	17.7	18.4
	ケニア	11.4	12.4
	タンザニア	27.0	32.0
	ウガンダ	12.3	16.0
	ルワンダ	8.8	9.4
西アフリカ	ガーナ	14.6	15.1
	セネガル	25.2	25.2
中部アフリカ	カメルーン	5.9	10.9
南部アフリカ	アンゴラ	7.0	7.0
	ボツワナ	17.9	29.1
	モザンビーク	13.5	17.2
	ナミビア	11.6	37.9
	南アフリカ	5.7	8.8
	ザンビア	36.0	37.9
	ジンバブエ	16.9	26.6
インド洋	マダガスカル	2.4	5.0
	モーリシャス	0.4	4.5

〜4割へと大幅に増加している国（ボツワナ，ナミビア，ジンバブエ），②1990年の時点で3割前後と高く，そこからさらに増加している国（タンザニア），③1990年から2014年まで1割前後で大きくは変わっていない国（ケニア，南アフリカ）に大別できる．ただし，この表でいう保護区が「各国当局が設置した」ものである一方，実は③の両国では「民間の個人や集団が設立した」保護区が増えている．そうした点も含めて「野生の王国」の多様な状況を説明するために，ここではナミビア（①）とタンザニア（②），そして南アフリカとケニア（③）を取り上げる．

a. ナミビア

ナミビアはアフリカのなかでも人口密度がとりわけ低い国である（1km²あたり約2.8人！）．また1990年の独立後につくられた憲法で，生態系や生物多様性の保全，自然資源の持続的利用をつうじた人びとの福祉の維持ということが謳われている点で特徴的である．このナミビアは米国国際開発庁（United States Agency for International Development：USAID）や世界自然保護基金（World Wide Fund for Nature：WWF）などの支

援を受けて，コミューナル・コンサーバンシー（communal conservancies）とよばれる「コミュニティ主体」の保護区を設立する取り組みを独立後に展開してきた．

コミューナル・コンサーバンシーを設立することで，地域社会は野生動物を管理・利用することが公式に認められ，民間資本と提携して観光開発を行うことが可能になる．もともとの人口密度が低いため，ナミビアのコミューナル・コンサーバンシーは他国で同時期に設立された「コミュニティ主体」の保護区に比べて非常に大規模である．ナミビアCBNRM支援協会（Namibian Association of CBNRM Support Organisations：NACSO．なお，CBNRMとは「コミュニティ主体の自然資源管理（community-based natural resource management）」の略である）のウェブサイトによれば，2016年10月の時点でコミューナル・コンサーバンシーの総数は82であり，その合計面積は16万1900km²（国土の約2割），構成員の総数は18万9230人（人口の約8％）である．ただし，住民はコミューナル・コンサーバンシーのなかに居住することが認められているので，観光業のかたわら農耕や牧畜などの生計活動がそこでは営まれている．

NACSOの2014/2015年の年次報告書（NACSO 2015）によれば，2014年に82のコミューナル・コンサーバンシーが生みだした便益（直接・間接，現金・現物の総額）は約9120万ナミビアドル（約840万米ドル）である．現金収入の総額は約3340万ナミビアドル（約308万米ドル）で，その約60％はスポーツ・ハンティングによって稼ぎ出されたものである．また観光収入の総額が年々増加しているかたわらで，おもな野生動物種の個体数は維持ないし増加している．たとえばゾウの数は，1995年の約7500頭から2014年には2万頭以上にまで増えている．

こうした点からナミビアのコミューナル・コンサーバンシーは「成功」事例と評価されることが多い．ただし，2014年であれば82カ所中20カ所は現金収入がゼロであり，観光業からの利益還元をつうじた主体的な保全活動の醸成という意図

8.1 観光業と野生動物保全　135

が，そのすべてで達成できているわけではない．またスポーツ・ハンティングに頼っている点については，娯楽として野生動物を殺すことへの倫理的・感情的な批判も根強く存在している．

b． タンザニア

タンザニアは1990年の時点ですでに国土の27.0％が公設保護区となっていた（写真8.3）．そしてナミビアのコミューナル・コンサーバンシーなど，1990年代以降に「成功」を収めてきた他国の「コミュニティ主体」の保護区を参考にして，2007年から野生動物管理地域（wildlife management area：WMA）とよばれる保護区の設立を進めてきた．

WMAはタンザニアでそれまでにはみられなかった「コミュニティ主体」の保護区である．それはUSAIDやWWF，アフリカ野生動物基金（African Wildlife Foundation：AWF），フランクフルト動物園協会（Frankfurt Zoological Society）などの支援のもとで設立されてきた．WMAは複数の村の土地にまたがって設立され，各村の代表者がそれを管理する認可団体を構成する．WMAでは民間資本と提携して観光収入を得ることがめざされており，収入はそれを構成する村のあいだで分配されることになっていた．この認可団体の全国組合（authorized association consortium：AAS）のウェブサイトによれば，2015年7月までにWMAは38カ所で組織されており，うち17カ所が政府から正式な認可を得ている．

WWFが2014年に発行したレポート『タンザニアの野生動物管理地域――2012年進捗レポート』によれば，認可済みの17カ所の合計面積は2万7430 km^2（国土の約3％）で，それに土地を提供する村の総数は148，その総人口は44万4700人（人口の約10％）とのことである．

ただし，村の土地に設立されて村の人間が管理する保護区でありながら，近年の法改正によって観光収入のかなりの割合が税金として国に徴収されるようになった．そのため，WMAの制度が導入されるよりも前から観光業で稼いでいた村のなかには，WMAの設立に反対したり制度の改変に不満を募らせたりしているものもある．実際，『タンザニアの野生動物管理地域』によれば，2012年のWMAの総収入約100万米ドルのうち約半分（約50万米ドル）は，たった一つのWMAが稼ぎ出していた．また，その次に稼いでいるWMAと合わせると二つで全体の約8割（約80万米ドル）の収入を占めていた計算になる．全国で設立が進められているけれども，地域によって観光開発の状況は大きく異なっているのである．

なお，タンザニアのWMAはナミビアのコミューナル・コンサーバンシーに比べるとかなり面積が小さい．このちがいを生み出す要因としては，すでに公設保護区として広い範囲が囲いこまれていることや人口密度が大きく異なること（タンザニアのそれは1 km^{2}あたり約52人である）が考えられる．一方，WMAの収入の大半がスポーツ・ハンティングではなくサファリから得られているのは，政府や外部援助者がそのような方針を採用してきたからである．

c． 南アフリカ

南アフリカにはサファリの名所として有名な国立公園も多い．その一方で，南アフリカはアフリカで最大の狩猟産業国である．その南アフリカに多いのが，スポーツ・ハンティングの獲物となる野生動物を商業目的で飼育・繁殖する私設の保護区，ゲーム・ランチ（game ranch，直訳すれば「狩猟の対象となる動物の牧場」）である．ゲーム・ランチで育てられた個体は購入希望者に対して商品として販売される．そのための競売が州政

写真8.3 アフリカゾウの写真を間近で撮影する観光客たち（タンザニア，セレンゲティ国立公園，2013年8月）

府によって開催されており，インターネット上には専門の競売サイトも存在する．

全国のゲーム・ランチを代表する組織である南アフリカ野生動物牧場（Wildlife Ranching South Africa：WRSA）がウェブサイトで公表している資料「南アフリカのゲーム・ランチング」（WRSA, 2016）によれば，今日の南アフリカには約1万のゲーム・ランチがあり，それらの合計面積は国土の16％を占める．ゲーム・ランチではスポーツ・ハンティングやサファリなどの観光業も行われており，そうした経済活動も合わせたゲーム・ランチの産業としての規模は，2014年で年間20億米ドルを超えたという．

こうした南アフリカで最近大きな批判にさらされているのが，「缶詰ハンティング」とよばれる行為だ．一般的なスポーツ・ハンティングは，専用の広い土地のなかで暮らしている獲物を探すところから始まり，見つけたあとには気づかれないように追いかけ，見つからないように近づいて撃つことをする．それにたいして「缶詰ハンティング」は，金網などで囲いこまれた狭い土地に獲物となる野生動物を放して行われるより手軽で簡単な狩猟である．獲物はもともと狭い場所に閉じこめて育てられており，十分な大きさになったらすぐにハンターに撃たれて殺されることになる．通常のスポーツ・ハンティング以上に動物の権利や福祉をないがしろにしているとして動物愛護者から厳しく批判され，それを規制するための法改正が南アフリカでは行われるまでになった．

とはいえ，私有地に生息する野生動物は南アフリカでは，その土地の所有者の私的財産とみなされる．ゲーム・ランチの経営者にとって野生動物は家畜と同様の商品であり，その積極的な投資のおかげで，ライオンやサイなどの絶滅危惧種の個体数が南アフリカでは増えている．そしてそこで繁殖された個体は，アフリカの他国の保護区へと売られてもいる．この点で南アフリカのゲーム・ランチは，他国の野生動物観光を支えるほどの「成功」を収めているということもできる．ただし，そこにおいて野生動物の生産と消費の中核を担っているのは経済力のある白人や外国人であり，「コミュニティ主体」という観点から評価されるアフリカ系地元住民向けの機会はナミビアのように多くはない．

d．ケニア

ケニアはアフリカにおける狩猟旅行の発祥の地である．しかし1977年の大統領令によってスポーツ・ハンティングが禁止され，サファリが野生動物のおもな利用法となっている．また，国際野生動物福祉基金（International Fund for Animal Welfare：IFAW）のような，狩猟を認めない動物愛護団体の強い金銭的・思想的影響下におかれている点で特筆に値する．ケニアの特徴としてはほかに，観光・保全の両面で関心を集める公設保護区の多くが世界的に有名な牧畜民マサイの居住地域に位置しており，具体的な支援を受けて実践される「コミュニティ主体」の取り組みがマサイの伝統文化や社会発展を強調することが多いということもある．

ケニアでは2000年代以降に，公設保護区周辺のマサイをはじめとする牧畜民の土地で民間のコンサーバンシーが増えている（写真8.4）．2013年に設立されたケニア野生動物コンサーバンシー協会（Kenya Wildlife Conservancies Association：KWCA）は，全国12の地域組織を束ねている．そのウェブサイトによればKWCAに含まれるコンサーバンシーは177カ所にのぼり，合計面積は約6万2281 km^2（国土の約11％），受益者の総数

写真8.4　キリトメ・コンサーバンシーに建てられた観光ロッジの内部の様子
その収益の一部はコンサーバンシーに土地を提供している住民に還元される（ケニア，カジアド・カウンティ，キマナ集団ランチ，2012年2月）．

は69万4823人（人口の約15％）である．ナミビアと比べると一つあたりの面積がはるかに小さいことに加えて，想定される観光業がスポーツ・ハンティングではなくサファリであること，設立を主導するのが政府ではなくNGOであること，そうしたNGOによって地域ごとに「コミュニティ主体」の観光・保全を取りまとめる組織が設立され，重要な役職に地元住民が就いている点から「コミュニティ主体」であることが強調されていることなどが異なっている．

その一方で，すべてのコンサーバンシーが観光開発に成功しているわけではない点はナミビアやタンザニアと同様である．また，ナミビアや南アフリカにおけるスポーツ・ハンティングが残酷な行為として倫理的な批判の対象となるのとは逆の立場から，増えすぎた個体数の間引きや獣害の駆除にさえ否定的なケニアの愛護的なアプローチは，野生動物の経済的な価値と効率的な利用を否定する感情的で非合理的な営為として非難されてもいる．それに対してIFAWなどの動物愛護組織は一つの反論として，マサイの人々は狩猟を行わず野生動物と平和裏に共存してきたという，歴史的な事実に反する「伝統」を主張することで，自分たちのアプローチを正当化するようになっている．しかし実際にはマサイは野生動物を狩猟してきたし，危険な野生動物との共存を住民が受け入れているわけではない．公設保護区の周囲で起きる獣害（農作物や家畜，財産，人身への被害など）は，いまなお大きな問題である．

8.1.7 おわりに

本節ではアフリカの観光業と野生動物保全について，「野生の王国」というイメージを喚起する国々に着目しながら説明してきた．「コミュニティ主体」の観光や保全がいわれるようになってからすでに数十年が経過しているが，前項で紹介した4カ国の例からもわかるように，その具体的な内容は国によって大きく異なる．たとえば南アフリカのゲーム・ランチとケニアの動物愛護とでは，野生動物のとらえ方がまったく異なる．ここからもわかるように，何をもって「成功」とするのかは，ある人や国がどのようなアプローチを「望ましい」と考えるかによって変わってくるものであり，普遍的に「正しい」やり方があるわけではない（写真8.5）．

最後に，本節では詳しく触れられなかったいくつかの論点を述べておく．第一に，野生動物がもたらす害の問題がある．野生動物が公設保護区の周囲の土地も利用しているというとき，そこには農作物や家畜そして人間が野生動物に襲われる危険性が潜んでいる．しかし，観光業の肯定的な側面や野生動物の貴重さばかりが外部者によって強調されることで，いつどこで自分や家族，友人が野生動物に殺されるかわからない環境で多くの人が暮らしている事実が見過ごされてしまう．

また，公設であれ私設であれ保護区が設立されることで，住民の生計活動が規制される恐れもある．保護区から期待したほどの観光収入が得られない事例も多く，そうしたときに人びとの生存の基盤となるのは農耕や牧畜といった生計活動である．表8.2の注に示したように保護区は基本的に住民の活動を制限する方向で考えられがちだが，観光業の可能性を認めつつもそれだけに依存しない地域社会のあり方を考えることが重要になってくるはずである．

そして最後に，「コミュニティ主体」というときの「コミュニティ」が何を意味するのかについても注意をしなくてはならない．というのも，地域

写真 8.5 タンザニアのイコナWMAの案内図
右側に設立の経緯や趣旨が書かれている．左側の地図の塗りつぶされている区域は，濃い部分がサファリ用，薄い部分がスポーツ・ハンティング用であり，二つの利用法が可能となっている（タンザニア，セレンゲティ県，2016年8月，撮影：岩井雪乃）．

にもさまざまな意見や立場があるとき，ある主張が注目・採用されることはほかの主張が無視・否定されることを意味するからである．「コミュニティ主体」をかかげて政府や国際援助機関・NGOが多額の援助を地域に持ちこむとき，どれほど注意をしたとしても地域の人びとのあいだに何かしらのあつれきを生みがちである．この点については，具体的な取り組みが進む現場において不公正や不正義の問題を検討していくことが研究者に求められるだろう．また，アフリカにおける観光や保全，援助などに関心がある方には，ぜひとも現場で何が起きているのかをさらに調べていただきたいと思う． [目黒紀夫]

8.2 開発援助・協力

8.2.1 サハラ以南アフリカが抱える課題

サハラ以南アフリカには49もの国々があり，文化，歴史，政治，経済など多様でダイナミズムに富んでいるが，まずは本節で取り上げる開発援助・協力に関連する指標である貧困と食料安全保障から現状を考えていく．世界銀行は，2015年以前，1日あたり1.25ドル未満で生活している人びとを極度の貧困層とする貧困ラインを設けていた．2013年には12億人が極度の貧困状態にあり，その内サハラ以南アフリカが全体の3分の1以上を占めていたと報告している．2015年10月，世界銀行は物価の変動を反映させることでより正確に貧困層の数を把握するために，国際貧困ラインを1日1.25ドルから1.90ドルに改定した．新国際貧困ライン下では，アフリカ地域と南アジア地域などの最貧国の貧困率がやや低くなるものの，新旧ラインでの違いは小さく，新国際貧困ラインの下でもサハラ以南アフリカ地域の貧困率が最も高い数値を示している（World Bank, 2015）．また，国際連合による開発途上国の所得別分類では，2011～2013年の1人当たり国民総所得（GNI）平均1035ドル以下などの基準を満たした国を後発発展途上国（Least Developed Countries：LDCs）としているが，2015年7月時点で48カ国がLDCsに分類され，そのうちサハラ以南アフ

リカが34カ国を占めている（外務省，2016）．

貧困に密接に関連する食料安全保障については，2015年は二つの飢餓削減に関する目標のモニタリング終了の年であった．ひとつは，1996年の世界食料サミット（WFS）での「2015年までに栄養不足人口を現在の水準から半減させることを当面の課題に据え，すべての国の飢餓を撲滅する」とした公約であり，もうひとつは，「ミレニアム開発目標（Millennium Development Goals：MDGs）」の目標1の飢餓削減目標である．国連食糧農業機関（FAO）の『世界の食料不安の現状2015年報告』によれば，この25年間に全体としては栄養不足人口は減少しているものの，2014～2016年現在，世界の人口の9人に1人の割合にあたる7億9500万人もの人びとが依然として栄養不足の状態にあるという．食料安全保障の改善に向けた進捗には地域間でばらつきがあり，東アジア，ラテンアメリカ，カリブ海地域は前進をみせ，世界の栄養不足人口に占める割合は大きく減少しているものの，サハラ以南アフリカと南アジアの割合が大幅に増加している．サハラ以南アフリカでは，2014～2016年において4人に1人に当る23.2％の人びとが栄養不足とされ，他地域に比べ最も高い水準にある（FAO, 2015）．

食料安全保障の前進を妨げる要因として，物価の変動，経済不況，異常気象や自然災害等と並び，政情不安や紛争・内戦などがあげられるが，とりわけサハラ以南アフリカの一部の国々は，政情不安や内戦によって食料安全保障が大きく脅かされている．1990年にアフリカで食料危機に陥っていた国はわずか12カ国であり，そのうち危機が長期化した国は4カ国のみであったのに対し，2010年には，食料危機に直面する国は24カ国，危機状態が8年以上継続している国は19カ国にも及んでいる．紛争や内戦が食料安全保障に与える影響は大きく，暴力による犠牲者数より紛争による食料不安や飢餓による犠牲者数の方がはるかに多いことが問題として指摘されている．紛争は食料安全保障を脅かし深刻化させる要因であると同時に，食料不安は，その根底にある経済的・構造的要因により紛争を誘発する原因ともな

る（FAO, 2015）.

本節では，上述した貧困や食料安全保障をはじめとしたさまざまな課題に直面しているサハラ以南アフリカ諸国に対して，どのような開発援助・協力がなされてきたのかを考えていく．8.2.2 項では，国際社会の開発援助や政策の主要な潮流に着目し，世界銀行・IMF が主導した「構造調整政策」から「貧困削減戦略」へと続く流れと，国連が主導した「人間の安全保障」，「ミレニアム開発目標（MDGs）」，「持続可能な開発目標（Sustainable Development Goals：SDGs）」への変遷を概観していく．8.2.3 項では，政府開発援助（Official Development Assistance：ODA）に焦点をあて，おもに日本の ODA と対アフリカ支援の変遷をみていく．このようにマクロレベルでの主流な開発援助・協力を把握することは重要ではあるが，人びとが日々の暮らしをよりよくするために主体的，内発的に取り組んでいる開発実践から援助や支援のあり方を考えていくことも忘れてはならない視点である．8.2.4 項では，筆者が長年にわたり携わってきたタンザニア農村の事例を取り上げ，人びとがどのように直面する課題や困難を解決しているのかに焦点をあて，草の根レベルでの開発実践を検討していく．

8.2.2 国際社会による開発援助・協力

a. 第二次世界大戦後の開発援助・協力の変遷

第二次世界大戦後，アジアやアフリカの国ぐにが次々に独立していく．アフリカについては，1957 年のガーナの英国からの独立に端を発し，「アフリカの年」といわれる 1960 年には 17 カ国，1960 年代末までに多くのサハラ以南アフリカの国ぐにが独立を果たした．しかしながら独立後も，冒頭で触れた貧困や食料安全保障の問題，国内での格差，「北」の先進国と「南」の途上国の間の格差（南北問題），植民地時代にひかれた国境やモノカルチャー経済の弊害，独裁政治や政治腐敗，紛争などのさまざまな問題に直面していくことになる．

サハラ以南アフリカの国ぐには，独立はしたものの開発援助に大きく依存していくことになるが，まずはじめに国際社会による開発援助の変遷

を概観していく．援助により途上国を自陣営に取り込むための競争が激化した東西冷戦期を経て，1960 年代の「国連開発の十年」では，大量の資本の投入により経済成長を促す政策がとられた．パイを大きくすることにより，貧しい層にまでその恩恵が浸透していくトリクル・ダウン効果が期待されたが，逆に貧富の格差が拡大し貧困問題は悪化した．この反省のもとに 1970 年代には，生活に最低限必要な食料，医療・保健，教育等を充足させることを主軸に据えた「ベーシック・ヒューマン・ニーズ（BHN）」アプローチが登場し，国の政策の中心に据えるべきことが期待されると同時に，ユニセフなどが中心となり食料や初等教育の充足を図る支援がなされた．

しかし一方で，途上国の間では累積債務問題が深刻化し，この問題に対処するため，1979 年に世界銀行は「構造調整政策」を導入する．途上国の経済の仕組みを市場経済メカニズムが機能するように改革することが重要との考えのもと，対象国は「小さな政府」をめざし，緊縮予算，公営企業の民営化，自由化，分権化などを実施していくことが求められた．構造調整政策は，ワシントンに本拠を置く世界銀行と国際通貨基金（IMF）が新自由主義的政策を一律に導入しようとしたことから「ワシントン・コンセンサス」ともよばれる．アジア，アフリカ，ラテンアメリカ諸国は，1980 年代から 1990 年代末まで構造調整の時代を経験していくことになるが，その成果は一様ではなく，とりわけサハラ以南アフリカでは成果がみられず，逆に貧困が拡大しているとの批判が相ついだ．たとえばユニセフは，構造調整政策によって貧しい層や社会的弱者の暮らしが厳しくなっているとし，“人間の顔をした調整”が必要であると批判した．こうした批判にもかかわらず構造調整政策は継続され，アフリカ諸国にとっては「失われた 20 年」ともよばれる 20 年を経験していくことになった．1990 年代後半，再び債務返済が大きな問題として浮上してきたのに対し，2000 年頃に貧困国の債務帳消しを求める市民運動が盛り上がりをみせた．こうした状況をうけ，主要先進国による「拡大重債務貧困国（HIPCs）イニシアテ

ィブ」が発足していくことになる．国ごとに，貧困削減，経済政策改善や行政改革などを柱にした包括的な「貧困削減戦略文書（Poverty Reduction Strategy Paper：PRSP）」が策定され，これにそった政策が求められるようになる（大林，2010；勝俣，2013；高橋，2014）．

b．人間の安全保障とミレニアム開発目標

世界銀行と IMF が 1980 年代から 1990 年代に「構造調整政策」を推し進め，1990 年代末に「貧困削減戦略」へと舵をきっていく一方で，1990 年代には，国連を中心としたもうひとつの潮流が派生してくる．1990 年の国連開発計画（UNDP）の『人間開発報告書』で提示されたアマルティア・センの「ケイパビリティ（潜在能力）」アプローチの考えに基づく「人間開発」の概念，それに続き 1994 年の『人間開発報告書』で提唱された「人間の安全保障」という概念が，その後の開発援助・支援の中心的な概念となっていく．「人間の安全保障」は，従来の国家の安全保障と対比され，貧困や暴力などに脅かされる人間ひとりひとりに焦点があてられ，紛争，テロ，感染症の蔓延，経済危機などの恐怖から自由になること（「恐怖からの自由」）と，貧困，飢餓，食・医療・教育などの基本的なニーズの欠乏から自由になること（「欠乏からの自由」）が謳われている．このような広範なテーマを網羅する包括的アプローチは，「ミレニアム開発目標（MDGs）」や「持続可能な開発目標（SDGs）」などに受け継がれていく．

「ミレニアム開発目標（MDGs）」は，2000 年 9 月の国連ミレニアム・サミットで採択されたミレニアム宣言と 1990 年代の主要な国際会議等で提唱された開発目標を統合したものであり，2015 年までに国際社会が取り組むべき課題を，八つの目標と 21 のターゲットのもとに設定した．これら八つの目標は，①極度の貧困と飢餓の撲滅，②初等教育の完全普及の達成，③ジェンダー平等促進と女性の地位向上，④乳幼児死亡率の削減，⑤妊産婦の健康の改善，⑥ HIV／エイズ，マラリア，その他の疾病の蔓延の防止，⑦環境の持続可能性確保，⑧開発のためのグローバルなパートナーシップの推進であった．

MDGs の達成期限である 2015 年に国連が発表した『ミレニアム開発目標 2015 年報告（*The Millennium Development Goals Report 2015*）』によると，達成状況には地域ごとに差異がみられ，サハラ以南アフリカは全体的に達成状況が思わしくなく，多くの課題を残すこととなった．たとえば，目標 1「貧困削減」のターゲットである「極度の貧困に苦しむ人口の割合を 2015 年までに 1990 年と比べて半減する」については，極度の貧困状態にある人びとが 1990 年の約 19 億人（世界人口の約 36 ％）から 2015 年には約 8.4 億人（約 12 ％）へと当初の 3 分の 1 にまで減少している．これに対してサハラ以南アフリカでは，1990 年には人口の 57 ％が極度の貧困状態にあったが，2015 年時点でも依然として人口の 41 ％をも占めているとの報告がなされた．その他の目標についても，サハラ以南アフリカの達成度が全般的に低いことが明らかとなった．8.2.4 項の事例で取りあげることから，目標 7.C「安全な飲料水及び衛生施設を継続的に利用できない人々の割合を半減する」についてみてみると，途上国平均では 1990 年の「30 ％の人々が利用できない」から 2015 年の 11 ％へと改善されているのに対し，サハラ以南アフリカでは，1990 年に「52 ％の人々が利用できない」から 2015 年には 32 ％へと前進はしたものの目標値には達することができず，他地域に比べても大きな課題を残している（UN, 2015；表 1.1 も参照）．こうした状況をふまえ，水へのアクセスについては，MDGs では目標の下の個別ターゲットとしての扱いであったのが，SDGs では目標 6「すべての人々に水と衛生施設へのアクセスと持続可能な管理を保証する」として取り上げられ，重要度が増している．

c．持続可能な開発

2015 年 9 月の国連総会にて，MDGs を引き継ぎ「持続可能な開発目標（SDGs）」が今後 15 年間の国際社会の開発目標として策定された．「持続可能な開発（Sustainable Development）」という概念については，半世紀にわたる人類の叡智や国際会議などでの議論の積み重ねがあることも忘れてはならない．国際会議の場で初めて地球環境問題

が取り上げられたのは，1972年の「国連人間環境会議（ストックホルム会議）」であり，1987年の「環境と開発に関する世界委員会（ブルントラント委員会）」の報告書『我ら共有の未来（*Our Common Future*）』のなかで述べられている「過度な資源利用が地球上の資源を再生不能にし，地球環境問題を招くであろう．次世代によるニーズを満たす能力を損なわせることなく，現世代でのニーズを満たすような資源の利用の仕方を考えていかなくてはならない」（UN, 1987）という考え方が，「持続可能な開発」の基本概念として共有されていく．この概念は，1992年のリオデジャネイロでの「国連環境開発会議（地球サミット）」，2002年の「持続可能な開発に関する世界首脳会議（ヨハネスブルグ・サミット）」，リオデジャネイロで開催された地球サミットから20年にあたる2012年の「国連持続可能な開発会議（リオ＋20）」などを通して継承されていくことになる．そして，SDGs策定プロセスを経て，2014年7月に17の目標と169のターゲットから成るSDGsが提案され，2015年9月の国連サミットにおいて，表8.4に示したSDGsが次の15年間の開発目標となった．

MDGsと比較し，SDGsの特徴として以下の3点があげられる．第一に，MDGsがおもに途上国の開発課題を対象としていたのに対し，2000年代に入りグローバル化が加速し，地球環境問題，紛争やテロ，難民，貧困，格差などの問題が先進国でも顕著になるなかで，SDGsは先進国も含めた地球規模での持続可能な開発に取り組むための開発目標となった．第二に，MDGsが八つの目標であったのに対し，貧困，健康，教育，ジェンダーなどの目標を引き継ぎつつも，国際社会のさまざまな課題に対応するために，目標数が17に増えている．第三に，MDGsでも目標8としてパートナーシップの重要性があげられていたが，SDGsでは，政府，市民社会，民間などの多様なアクターが連携し，ODAや民間の資金も含むさまざまなリソースを相互に補完させながら活用していくグローバル・パートナーシップの構築・推進がさらに重視されている（外務省，2016）．

ここまで国際社会による開発援助や政策の変遷をみてきたが，アフリカ連合（AU）などアフリカ諸国が果たす役割やイニシアティブも重要である．アフリカ独自のビジョンとしては，2001年

表8.4　持続可能な開発目標（SDGs）

目標 1： あらゆる場所で，あらゆる形態の貧困に終止符を打つ
目標 2： 飢餓に終止符を打ち，食料の安定確保と栄養状態の改善を達成するとともに，持続可能な農業を推進する
目標 3： あらゆる年齢のすべての人々の健康的な生活を確保し，福祉を推進する
目標 4： すべての人々に包摂的かつ公平で質の高い教育を提供し，生涯学習の機会を促進する
目標 5： ジェンダーの平等を達成し，すべての女性と女子のエンパワーメントを図る
目標 6： すべての人々に水と衛生へのアクセスと持続可能な管理を確保する
目標 7： すべての人々に手ごろで信頼でき，持続可能かつ近代的なエネルギーへのアクセスを確保する
目標 8： すべての人々のための持続的，包摂的かつ持続可能な経済成長，生産的な完全雇用およびディーセント・ワークを推進する
目標 9： レジリエントなインフラを整備し，包摂的で持続可能な産業化を推進するとともに，イノベーションの拡大を図る
目標 10： 国内および国家間の不平等を是正する
目標 11： 都市と人間の居住地を包摂的，安全，レジリエントかつ持続可能にする
目標 12： 持続可能な消費と生産のパターンを確保する
目標 13： 気候変動とその影響に立ち向かうため，緊急対策を取る
目標 14： 海洋と海洋資源を持続可能な開発に向けて保全し，持続可能な形で利用する
目標 15： 陸上生態系の保護，回復および持続可能な利用の推進，森林の持続可能な管理，砂漠化への対処，土地劣化の阻止および逆転，ならびに生物多様性損失の阻止を図る
目標 16： 持続可能な開発に向けて平和で包摂的な社会を推進し，すべての人々に司法へのアクセスを提供するとともに，あらゆるレベルにおいて効果的で責任ある包摂的な制度を構築する
目標 17： 持続可能な開発に向けて実施手段を強化し，グローバル・パートナーシップを活性化する

出典：国連広報センター（UNIC）ウェブサイト
http://www.unic.or.jp/news_press/features_backgrounders/15775/　をもとに作成

10月にアフリカ諸国15カ国が提示し，後にアフリカ連合（AU）が承認した「アフリカ開発のための新パートナーシップ（New Partnership for Africa's Development：NEPAD）」という文書がある．リーダーシップの欠如や政治腐敗など独立後のアフリカ諸国への自己批判とグローバリゼーションの負の側面である格差拡大を克服すべき役割について述べたうえで，自ら課題を設定し，解決策やビジョンを掲げた行動計画である．NEPADは，先進国にアフリカ開発への取り組みが必要であるとの認識を芽生えさせ，翌2002年のカナナスキス・サミットで「G8アフリカ行動計画」が採択されて以降，貧困削減とアフリカ開発支援に関する協議がサミットの場で継続的に行われるようになっていく（大林・石田，2009；大林，2010）．2015年1月には，国際社会の開発目標とは別に，アフリカ諸国のイニシアティブによる今後50年のアフリカを見据えた開発目標「アジェンダ2063」がAU首脳会議で採択されている．

8.2.3 日本の対アフリカ援助・支援
a. 日本の政府開発援助（ODA）

ここでは，日本の政府開発援助（ODA）を概観したうえで，対アフリカ支援について考えていく．第二次世界大戦後の日本は，食糧援助や経済復興のための支援をうけつつ被援助国として歩み始めた．徐々に戦後の復興を遂げていくなかで，1954年に，技術協力を通じてアジア太平洋地域の経済・社会開発を促進する目的で設立された「コロンボ・プラン」に加盟する．これを機に発展途上国への技術協力が開始されることになるが，当初はビルマ（現ミャンマー），フィリピン，インドネシア等への戦後賠償供与と並行して行われた．1960年代後半から1970年代は，日本の経済成長にともないODAも徐々に拡大していき，1965年に日本青年海外協力隊（現青年海外協力隊），1974年には国際協力事業団（JICA：現国際開発機構）が設立された．援助対象国もアジア以外の地域に広がり，ODA実績を徐々に伸ばしていくことになる．

1990年代に入ると，欧米諸国は大量の援助投入にもかかわらず効果があがらないことからくる「援助疲れ」に加え，湾岸戦争や国内の問題への対応から，ODA予算を縮小させていく．他方，1980年代にODAの拡充を続けてきた日本は着実にODA予算を伸ばし，日本のODA額は1991年から2000年までの期間世界第1位となる．1990年代はトップドナーとしての役割を担っていた日本であるが，欧米諸国が2001年のアメリカ同時多発テロ以降，貧困がテロの温床になるとの認識のもとODA予算を増やしていく一方，日本は，財政状況悪化の影響などからODA予算が削減され徐々に順位を落としていく．2014年の日本のODA実績（支出純額）は約92億6629万ドルで，米国，英国，ドイツ，フランスにつぎ世界第5位であった．また，OECDの開発援助委員会（DAC）加盟国には，国民総所得（GNI）の0.7

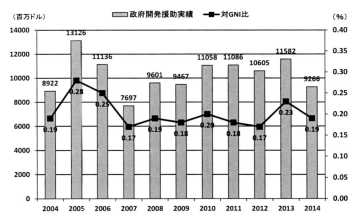

図8.1 日本の政府開発援助実績の対国民総所得（GNI比）の推移
出典：外務省（2016）『2015年版 開発協力白書』，p. 37.

％以上をODA額とする数値目標が課されているが，日本の過去10年間のGNI比の推移をみると，0.17％から0.28％の間を低水準で推移しており，目標の0.7％にははるかに及ばない状況である（図8.1）．2014年の数値で他国と比較してみても，上位のスウェーデン（1.10％），ルクセンブルク（1.07％），ノルウェー（0.99％）に対して，米国と同じく日本は0.19％と低く，DAC加盟28カ国中18位と低い水準にあることが指摘できる（外務省，2016）．

次に，ODAの理念や基本方針の変遷をみていく．1990年代は，グローバル化の進展にともないさまざまな課題が顕在化し，貧困削減に加え平和構築や民主化，ガバナンスなどの新たな課題も浮上してくるが，日本は1992年に初めて中長期的な援助政策を取りまとめた「ODA大綱」を策定した．その基本理念として，①人道的考慮，②相互依存関係の認識，③環境の保全，④開発途上国の離陸に向けての自助努力の支援の4点があげられている．そして，2003年の「ODA大綱」改定においては，日本が積極的に推進してきた「人間の安全保障」の概念や，前年のヨハネスブルク・サミットをうけ，持続的成長や地球的規模の問題への取り組みを盛り込んでいる．

2008年は，無償資金協力と技術協力を担ってきた国際協力機構（JICA）が，国際協力銀行（JBIC）の海外経済協力部門と統合することにより，有償資金協力（円借款部門），無償資金協力，技術協力を一元的に担う世界最大規模の二国間援助機関となり，b項で述べるが，対アフリカ支援においても重要な年となる．2014年にはODA60周年，2015年は青年海外協力隊50周年と節目の年が続くなか，2015年2月に「ODA大綱」にかわり「開発協力大綱」が閣議決定された．人間の安全保障や新たな開発目標であるSDGsへの取り組みなど従来の「ODA大綱」路線の方針に加え，「開発協力大綱」では，多額の民間資金が途上国に流れることを受け企業や地方自治体・NGO等との連携強化，国益の重視，これまで制限されてきた他国軍への支援に関しては，民生目的及び災害救援については解禁されることなど従来の「ODA大綱」路線とは異なる方針が打ち出されている．

b. 日本の対アフリカ支援

日本のODAは当初アジアへの支援が主であったが，1980年以降対アフリカ支援も増加し，2014年はODA総額の約13.20％（1739.36億円）をサハラ以南アフリカが占めており（図8.2），無償資金協力については，全体の31.02％（804.46億円）と高い比率を示している（外務省，2016）．日本の対アフリカ援助は，日本が主導し，国連，

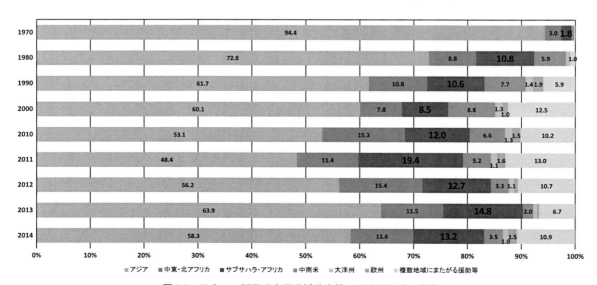

図8.2 日本の二国間政府開発援助実績の地域別配分の推移
出典：外務省（2016）『2015年版 開発協力白書』，p. 34.

UNDP，世界銀行，アフリカ連合委員会（AUC）との共催で，5年に一度日本で開催されてきた「アフリカ開発会議（Tokyo International Conference on African Development：TICAD）」を軸として展開されてきた．1993年の「第1回アフリカ開発会議（TICAD I）」以降，自助努力やグッドガバナンスを求めつつ，教育・保健医療・水供給分野を中心に支援が行われてきた．また，2003年に国連難民高等弁務官事務所（UNHCR）の緒方貞子がJICA理事長に就任すると，JICAもアフリカ支援により積極的に取り組むようになる．そうした流れのなかで，2008年は，日本のアフリカ支援において特別な年となる．横浜で開催されたTICAD IVに続きG8洞爺湖サミットが開催されたが，そこでの主要課題のひとつはアフリカ支援であった．日本政府はODA削減方針の転換を検討していたが，TICAD IV直後の「横浜行動計画」において対アフリカODAを2012年までに倍増することを表明している．市民レベルでも，TICAD市民社会フォーラム（TCSF）やTICAD IV・NGOネットワーク（TNnet）などが中心となり，さまざまなキャンペーンや催しが行われ，まさに「アフリカ元年」とよばれるにふさわしい盛り上がりをみせた年であった（吉田，2008；大林・石田，2009）．

2013年のTICAD Vでは，それまで貧困や支援の対象であったアフリカが，投資の対象である資源大陸アフリカへと一転することになる．変化はテーマからも明らかであり，TICAD IVでは「元気なアフリカを目指して～希望と機会の大陸」であったのに対し，TICAD Vでは，「日本とアフリカ～躍動のアフリカと手を携えて」というように，成長めざましいアフリカと日本がどのように連携しwin-win関係を築いていくかという点に焦点がシフトしている．その背景には，2000年代に入りアフリカのなかでも経済成長率が高い国ぐにが出てきたことや，中国の台頭による影響がある．8.2.2項で述べた「ワシントン・コンセンサス」後のアフリカにおいて，中国は他のドナーとは異なり内政不干渉の姿勢を貫きつつ巨額な投資や援助を展開している．アフリカでの中国のプレ

ゼンスが一段と高まっていることが，官民一体を掲げての日本のアフリカ進出を急がせる要因のひとつであるといえよう．また，中国は，2000年にアフリカ45カ国を招聘して開催した「中国アフリカ協力フォーラム（Forum on China-Africa Cooperation：FOCAC）」を皮切りに，それ以降3年に一度の割合で北京とアフリカ交互にFOCACを開催している．こうした背景もあり，アフリカ大陸の54カ国中51カ国が参加した2013年のTICAD Vでは，日本政府による「アフリカとともに発展する」をスローガンに，アフリカの成長とアフリカへの投資が議論の中心になっていったのである．

そして3年後の2016年8月に，TICADが初めてアフリカのケニアで開催された．1993年以降5年に一度日本で開催されてきたTICADであるが，今後3年ごとに日本とアフリカ交互に開催されることになる．前回のTICAD Vでは企業の参加が際立ったが，2016年のTICAD VIでも多くの企業がナイロビに赴き，経済戦略会議などが行われた．一方，過去のTICAD同様，市民社会からも積極的な参加がみられ，アフリカでは「アフリカ市民協議会（Civic Commission for Africa：CCfA）」が，日本では30のNGO団体が加盟する「市民ネットワーク for TICAD」が中心となり，「人々の声」を届けることを趣旨とし，イベントやキャンペーンが展開された．TICAD Vに続きVIでも民間重視の経済成長モデルを軸にアフリカと日本双方の経済成長に繋がる協力関係を築いていこうとする機運のなかで，草の根の人々に寄り添い活動を行っているNGOを中心とした市民社会は，人間の安全保障やSDGsの理念である「誰一人取り残されない社会」を築いていくことを強くアピールした（動く→動かす国際協力NGOネットワーク，2016）．

8.2.4　草の根レベルでの開発実践

ここまで国際社会や日本のアフリカへの開発援助・協力を考察してきたが，アフリカの人びとは単に援助の対象というわけではなく，日々の暮らしをよりよくするための営為や試行錯誤を行っている．住民のイニシアティブによる主体的，内発

的な試みもアフリカ各地で報告されている．ここでは，筆者が長年にわたり携わってきたタンザニア農村での開発実践（掛谷・伊谷，2011；荒木，2016 など）を事例として取り上げ，ローカルな視点から開発援助・協力を考えていく．

a. 「在来性のポテンシャル」を重視した地域開発プロジェクト

タンザニア南西部マテンゴ（Matengo）高地に位置するムビンガ（Mbinga）県（図8.3）は，首座都市ダルエスサラームから1100 km 離れた辺境の地にあり，人びとは主食のトウモロコシ・インゲンマメと換金作物のコーヒー栽培を組み合わせ生活を営んでいる．急峻な山が幾重にも連なり，狭い地域に多くの人びとが集住し，山の斜面での農業を余儀なくされた人びとは，雨季の豪雨による土壌浸食の防止や有機肥料の確保などの機能をもつ在来の集約農法であるンゴロ（ngolo）農法を生み出し，発展させてきた．ンゴロ農法を軸としたマテンゴの農業生態を基盤とし，地域の内発的な発展の可能性を追求していくことを目的とした，JICAのソコイネ農業大学・地域開発センター（Sokoine University of Agriculture（SUA）Centre for Sustainable Rural Development：SCSRD）プロジェクトが1999年から2004年までの期間実施された．ムビンガ県は，北部のキリマンジャロ州や南部のボジ県と並びコーヒー生産地として名高い地域である．1920年代頃からコーヒー経済に依拠してきた地域であるが，プロジェクト実施期間は，コーヒー流通の自由化のなかで，コーヒー生産・流通の業務を担っていたムビンガ協同組合の倒産や，世界的なコーヒー危機など国内外のさまざまな要因のもと，コーヒー生産が落ち込み，人々の暮らしに深刻な影響を与えた時期であった．困難な状況ではあったが，SCSRDプロジェクトでは，マイナスからの出発ではなく地域が長年にわたり育んできた「在来性のポテンシャル（潜在力）」を重視し，住民の主体的な取り組みを通してキャパシティ・ビルディング（能力構築）を促進しつつ，農村経済の困窮や環境劣化の問題に対応する諸活動を実施していった．

プロジェクト地のひとつは，標高1300 m 以上の山岳地帯に位置している人口約2400人のK村であるが，実態把握や住民との対話を通して，水力製粉機建設が住民のニーズのひとつとしてあがってきた．主食のトウモロコシ製粉のためにディーゼル製粉機が普及し女性の労働は軽減されてはいたが，ディーゼルを使わない水力製粉機の設置は出費の削減につながることから，この地の地形的な特徴もいかして水力製粉機建設に着手していくことになった．2年近くの歳月をかけて完成させた水力製粉機建設が弾みとなり，その後，「農民グループ」を通して養魚，植林，養蜂などの諸活動が村全体に広まっていった．

b. 住民主体の内発的な開発実践

プロジェクト中，そして終了後も，住民主導の諸活動が継続的に実施されていくことになるが，いくつかの取り組みをみていく．まずはプロジェクト中盤に実施された中学校建設を取り上げたい．タンザニア政府は2015年を期限とした「万人のための教育（EFA）」や MDGs の目標2「初等教育の達成」を目指し，1990年代から初等教育の拡充を進めてきたが，その結果初等教育の就学児童数が急増し，中等教育へのアクセス拡充が緊急を要する課題となった．国レベルで中等教育への支援が進められていくなかで，K村でも，プロジェクトと並行して中学校建設に着手していくことを決めた．県からの中学校建設の支援を元手に，住民の自助努力により地道に学校建設に取り組む

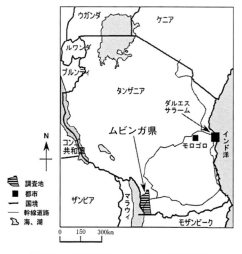

図8.3　タンザニア・ムビンガ県の位置

写真 8.6　K 村中学校で学ぶ女子学生

写真 8.7　隣人らと設置した共用の水場で水を汲む女性

が，資金不足のため教室や職員室の一部は建設途中のまま，2005 年 5 月に開校に踏み切ることとなった．その後も継続して校舎の増築や教育の質の向上を目指している．2014 年時点で男子学生52 名，女子学生 66 名の計 118 名が学んでいる．無理をしてでも子供の何人かは他地域や他県の教育水準の高い中学校に進ませる傾向があるが，余裕がない世帯にとって K 村に中学校が建設された意味は大きく，女子も多く学んでいる（写真 8.6）．

ムビンガ県では，安全な飲料水と基礎的な衛生施設確保のための村落給水事業が実施されてきたが，農村での普及率は未だ低い．女性は農作業に加え，炊事，薪集め，水汲み，洗濯，育児などの再生産労働の負担も大きいが，なかでも水汲みは日々欠かさず行わなくてはならない重労働のひとつである．こうした女性のおかれた状況を改善するために，K 村住民は，行政による給水施設建設への支援を待つのではなく住民主導で独自の給水事業を立案し，2006 年以降，簡易給水施設建設を進めている．ンゴロ耕作で培った穴掘り技術や治水の知恵を活かし，豊富な水源がある土地に取水口を設置し，家屋や畑がある地域まで給水パイプを通して水をひいている．資金については，2000 年代半ば以降のコーヒー価格の回復により給水パイプやセメントなどの資材を購入することが可能となっている．給水事業が進むにつれ，家屋あるいは共用の水場で水にアクセスすることが可能となり，炊事，水浴び，洗濯，家庭菜園やコーヒー園などでの水利用が容易にできるようになってきた（写真 8.7）．8.2.2 項で述べたように，サ

ハラ以南アフリカの農村では単に水にアクセスするだけでも困難がともなうが，「安全な」水へのアクセスはさらにハードルが高い．村の診療所や住民への聞き取りによると，給水事業を実施したのち下痢などの患者が大幅に減少しているというが，給水事業は女性の水汲み労働の軽減のみならず，健康面への影響ということでも重要である．

上記の取り組みのほかにも，小学校と診断所の修復や農民グループ活動などを通してキャパシティを蓄積していくなかで，「発電」に取り組む基盤を築いていった．水力製粉機や給水などと同様「水資源」を効果的に利用し，資金やマイクロ水力発電の技術については，ドイツの NGO から支援を得られることになり，まずは小中学校・診療所・教会などがある地域を対象にマイクロ水力発電事業に着手している．完成後に村の収入向上活動として携帯電話やバッテリーへの充電サービスも開始されたが，タンザニアのみならずアフリカ全土での携帯電話の普及は，2000 年代半ば以降の特筆すべき変化のひとつであり，携帯電話が農村にまで普及し始めている状況下でのニーズは大きい．今後の課題としては，水資源に依拠した諸事業を持続的に運営していくためにも，隣村や流域の村々などとの関係性の構築や行政との連携などがあげられる．

c. 草の根の開発実践からの視点

1999 年のプロジェクト開始時から約 17 年間 K 村で展開されてきた開発実践のプロセスを定期的にモニタリングしてきたが，住民が自ら立案・実施し，試行錯誤のなかで小さな「成功体験」を積

み重ねつつ，数々の課題に取り組んできた．ここでの開発実践を MDGs や SDGs の目標と照らし合わせてみると，水力製粉機運営は女性の労働や家計の負担軽減（ジェンダー平等，エンパワメント），給水事業は女性や女子の労働軽減（ジェンダー）と「安全な水」へのアクセス（水や衛生施設へのアクセス，健康的な生活，マラリアなどの疾病蔓延防止），中学校建設（教育，ジェンダー），マイクロ水力発電は地産地消の農村電化（エネルギー），さらに，こうした諸活動の源泉となる水資源を持続的に利用していくための，植林等の環境保全（森林の持続可能な管理）にもつながっている．

　本節では国際社会のサハラ以南アフリカへの開発援助・協力を考察してきたが，開発援助・協力を考えるにあたり，マクロレベルでの潮流を把握すると同時に，人びとが在来と外来の資源・技術・知恵を融合し，人的ネットワークを駆使しながら創り出している草の根レベルでの開発実践のあり方にも着目していくことが重要であろう．また，MDGs から SDGs への変化が示すように，貧困や格差は途上国のみならず先進国でも深刻な問題となってきている．環境問題，経済危機，紛争・テロ，感染症など地球規模での対応が必要な課題も山積するなかで，同時代に生きる人間として共生への道を探っていくことが今後ますます求められてこよう．　　　　　　　　　［荒木美奈子］

引 用 文 献

荒木美奈子（2016）：内発的な開発実践とコモンズの創出—タンザニアにおける水資源利用をめぐる対立と協働に着目して．高橋基樹・大山修一編『アフリカ潜在力　第3巻—開発と共生のはざまで』91-121．京都大学学術出版会．

池谷和信・武内進一・佐藤廉也編（2008）：『朝倉世界地理講座 12　アフリカ II』朝倉書店．

動く→動かす国際協力 NGO ネットワークウェブサイト：TICAD 特集【第一弾】：TICAD と市民社会 http://www.huffingtonpost.jp/ugoku-ugokasu/ticad-africa_b_10921576.html（2016 年 7 月閲覧）

大林　稔・石田洋子編（2009）：『アフリカにおける貧困者と援助—アフリカ政策市民白書 2008』晃洋書房．

大林　稔（2010）：アフリカ学入門概論 II—現代アフリカへの歩み．舩田クラーセンさやか編『アフリカ学入門—ポップカルチャーから政治経済まで』60-92．明石書店．

外務省ウェブサイト（2016）：『2015 年版　開発協力白書』http://www.mofa.go.jp/mofaj/gaiko/oda/files/000137901.pdf（2016 年 4 月閲覧）

掛谷　誠・伊谷樹一編（2011）：『アフリカ地域研究と農村開発』京都大学学術出版会．

勝俣　誠（2013）：『新・現代アフリカ入門—人々が変える大陸』岩波新書．

国際協力機構（JICA）（2016）：『JICA 年次報告書 2015』

国際農林業協働協会（JAICAF）ウェブサイト：国連食糧農業機関（FAO）（2015）：『世界の食料不安の現状 2015 年報告』http://www.jaicaf.or.jp/fileadmin/user_upload/publications/FY2015/SOFI2015-J.pdf（2016 年 4 月閲覧）

国際連合広報センター（UNIC）ウェブサイト：持続可能な開発のための 2030 アジェンダ採択 http://www.unic.or.jp/news_press/features_backgrounders/15775/（2015 年 10 月閲覧）

国連世界観光機関（United Nations World Tourism Organization）ウェブサイト：http://www.e-unwto.org/（最終閲覧日：2016 年 10 月 31 日）

世界銀行（World Bank）ウェブサイト：World Development Indicators. http://data.worldbank.org/data-catalog/world-development-indicators（最終閲覧日：2016 年 10 月 31 日）

高橋基樹（2014）：アフリカに対する開発援助の変遷．北川勝彦・高橋基樹編『シリーズ・現代の世界経済　第 8 巻　現代アフリカ経済論』321-352．ミネルヴァ書房．

山越　言・目黒紀夫・佐藤　哲（2016）：『アフリカ潜在力 5　自然は誰のものか—住民参加型保全の逆説を乗り越える』京都大学学術出版会．

吉田栄一編（2008）：『アフリカ開発援助の新課題—アフリカ開発会議 TICAD IV と北海道洞爺湖サミット』アジア経済研究所．

Authorised Association Consortium ウェブサイト：http://www.twma.co.tz/（最終閲覧日：2016 年 10 月 31 日）

Kenya Wildlife Conservancies Association ウェブサイト：http://kwcakenya.com/（最終閲覧日：2016 年 10 月 31 日）

Martin, Glen (2012)：Game Changer：Animal Rights and the Fate of Africa's Wildlife. Berkeley：University of California Press.

NACSO (2015)：The State of Community Conservation in Namibia：A Review of Communal Conservancies, Community Forests and Other CBNRM Initiatives (2014/15 Annual report). Windhoek：NACSO. http://www.nacso.org.na/sites/default/files/2014-15_SoCC-Report.pdf

Namibian Association of CBNRM Support Organisations ウェブサイト：http://www.nacso.org.na/（最終閲覧日：2016 年 10 月 31 日）

United Nations (1987)：Report of the World Commission on Environment and Development：Our Common Future

http://www.un-documents.net/our-common-future.pdf

United Nations (2015)：The Millennium Development

Goals Report 2015, New York http://www.un.org/millenniumgoals/2015_MDG_Report/pdf/MDG2015 rev (July 1).pdf
UNWTO（2016）：Tourism Highlights 2016. Madrid：UNWTO. http://www.e-unwto.org/doi/book/10.18111/9789284418145
Wildlife Ranching South Africa ウェブサイト：http://www.wrsa.co.za/（最終閲覧日：2016年10月31日）
The World Bank ウェブサイト：国際貧困ライン，1日1.25ドルから1日1.90ドルに改定（2015年10月16日）http://www.worldbank.org/ja/country/japan/brief/poverty-line
WRSA（2016）：Wildlife Ranching in South Africa. Pretoria：WRSA. http://www.wrsa.co.za/wp-content/uploads/2016/03/EWA-Prep-Friday-no-Names.pdf
WWF（2014）：Tanzania's Wildlife Management Areas：A 2012 Status Report. Dar es Salaam：WWF. http://www.twma.co.tz/uploads/WMA_Status_Report_2012_Final.pdf

コラム9　日本に暮らすアフリカ人と私たち

　2015年の夏の高校野球で関東第一高校のオコエ瑠偉選手が活躍し，大きな注目を集めた．高校卒業後は楽天ゴールデンイーグルスにドラフト1位で入団，今後の活躍が期待されている．オコエ選手は，ナイジェリア人の父をもつ，アフリカにつながる若者の一人だ．

　法務省『在留外国人統計』によれば，2015年末現在，正規の在留資格をもって日本に滞在するアフリカ人は13368人である．出身国別人口をみれば，ナイジェリア人が2638人で最も多い．ナイジェリア人は，いまからおよそ30年前の1984年末の時点ではわずか44人にすぎなかった．しかし，1990年から1992年にかけて193人から1315人へと急増し，2002年には2000人を超えた（注）．

　日本に暮らすナイジェリア人たちの多くは，政情が不安定で経済的機会が乏しい故国を離れ，成功を夢見て来日した，いわゆるデカセギ外国人であった．しかし，滞在が長期化するとともに，現在ではより安定した地位で日本に暮らす者も増えている．日本人の配偶者等の資格で滞在する者は，1990年代後半に増加し，2005年末には短期滞在者の数を上回った．さらに，永住権をもつナイジェリア人は，1994年に最初の一人が登場し，2015年末の時点では1500人と，正規の滞在資格をもつナイジェリア人の過半数を占めるに至っている．1990年代に来日し，結婚して家庭を築いた者たちのなかには，高校や大学に通う子をもつ親も増えている．オコエ選手の活躍は，日本におけるナイジェリア人コミュニティの成長をうかがわせるできごとである．

　人口でみれば，アフリカ人たちは，在留外国人人口のわずか0.6％を占めるにすぎない．しかし，彼らアフリカ人たちが，過去に，日本人のライフスタイルに大きな影響を与えてきたことはあまり知られていない．

　日本では，1980年代後半からラップやヒップホップといった，アメリカ発のいわゆるブラックミュージックが流行した．それらの音楽とともに若者たちの間に新しいファッションが浸透したが，関連する服飾品の販売にいち早く乗り出したのが，ナイジェリア人やガーナ人を主とするアフリカ人たちであった．アフリカ人による服飾ビジネスは1990年代初めに原宿の竹下通りに始まり，その後全国へと広まった．最盛期を迎えた2000年代半ばには，全国各地の都市で服飾店の呼び込みをするアフリカ人の姿を見かけることができた．いまでは日本でなじみとなった若者文化の形成にアフリカ人たちが一翼を担ってきたのである．

　日本のスポーツ界では現在，アフリカにつながる若者たちがさまざまな種目でめざましい活躍をみせている．2020年の東京オリンピックでは，彼らアフリカにつながる若者たちが日本代表として，メダル獲得に貢献するものと期待されている．アフリカの人びとは，もはや隣人ですらなく，私たちの一員であるのだ．

　2015年，甲子園におけるオコエ瑠偉選手の活躍を，多くの人びとが手放しで賞賛した．振り返れば，スポーツ界においてはこれまでも外国につながる選手が日

写真1　日本で服飾店を経営するアフリカ人

本国旗を背負い活躍してきた実績がある．スポーツは，日本において人びとが多様性を認める一つの契機となっている．しかしその一方で，同じ2015年に，アフリカ系アメリカ人を父にもつ宮本エリアナさんがミス・ユニバース日本代表に選ばれた際には，インターネットなどに批判の声が散見された．「日本人らしくない」というのがその理由である．人びとがみせる多様性への理解はいまだ限定的なものだ．グローバル化がますます進むなか，より開かれた社会の実現が望まれる．

注：『在留外国人統計』（旧『登録外国人統計』）は，日本に滞在している外国人の数を各年末に測定した資料であるが，2012年に測定の対象範囲が変更された．2012年以前は，「短期滞在」の在留資格をもつ者なども対象に含まれたが，以後は中長期在留者のみに限定されるようになった．したがって，本論中に記載された数値についても，2015年末現在の数値と，それ以外の数値を単純比較することはできないことを留意しておきたい． ［松本尚之］

さらなる学習のための参考図書

1. 総　説
1.1　自然的多様性・民族的多様性
梶　茂樹・砂野幸稔編著（2009）：アフリカのことばと社会—多言語状況を生きるということ．三元社．

原口武彦（1975）：部族—その意味とコートジボワールの現実．アジア経済研究所研究参考資料．

宮本正興・松田素二編（1997）：新書アフリカ史．講談社現代新書．

Samir Amin（1972）：*L'accumulation a l'echelle mondiale*, Vol. I. サミール・アミン著，野口　祐ほか訳（1980）：
　世界的規模における資本蓄積：〈第1分冊〉世界資本蓄積論．拓殖書房．

G. P. Murdock（1959）：*Africa: Its Peoples and their Culture History*. McGraw-Hill Book Company.

1.2　歴史的多様性
小田英郎（1991）：アフリカ現代史Ⅲ　中部アフリカ．山川出版社．

北川勝彦・高橋基樹編著（2004）：シリーズ・現代の世界経済8　現代アフリカ経済論．ミネルヴァ書房．

中村弘光（1994）：アフリカ現代史Ⅳ　西アフリカ．山川出版社．

星　昭・林　晃史（1992）：アフリカ現代史Ⅰ　総説・南部アフリカ．山川出版社．

宮治一雄（1994）：アフリカ現代史Ⅴ　北アフリカ．山川出版社．

宮本正興・松田素二編（1997）：新書アフリカ史．講談社現代新書．

吉田昌夫（2000）：アフリカ現代史Ⅱ　東アフリカ．山川出版社．

J. F. Munro（1976）：*Africa and the international economy, 1800-1960: An introduction to the modern economic history of Africa south of the Sahara*. London: J. M. Dent and Sons. J. F. マンロー著，北川勝彦訳（1987）：アフリカ経済史 1800～1960．ミネルヴァ書房．

1.3　今日のサブサハラ・アフリカ
池谷和信・佐藤廉也・武内進一編（2007）：朝倉世界地理講座11　アフリカⅠ．朝倉書店．

池谷和信・佐藤廉也・武内進一編（2008）：朝倉世界地理講座12　アフリカⅡ．朝倉書店．

日本アフリカ学会編（2014）：アフリカ学事典．昭和堂．

※ほか，各章節が掲げる参考文献を参照されたい．

2. 自　然
門村　浩（1985）：世界の地理　中・南アフリカの自然．朝日新聞社．

門村　浩・武内和彦・大森博雄・田村俊和（1991）：環境変動と地球砂漠化．朝倉書店．

川田順造編（1999）：アフリカ入門．新書館．

環境庁「熱帯雨林保護検討会」編（1992）：熱帯雨林をまもる．NHKブックス．

篠田雅人（2009）：砂漠と気候，改訂版（気象ブックス）．成山堂書店．

田村俊和・島田周平・門村　浩・海津正倫編著（1995）：湿潤熱帯環境．朝倉書店．

水野一晴（1999）：高山植物と「お花畑」の科学．古今書院．

水野一晴編（2005）：アフリカ自然学．古今書院．

水野一晴（2015）：自然のしくみがわかる地理学入門．ベレ出版．

水野一晴（2016）：気候変動で読む地球史—限界地帯の自然と植生から．NHKブックス．

山極寿一（1998）：ゴリラ　雑学ノート—「森の巨人」の知られざる素顔．ダイヤモンド社．

K. A. Longman and J. Jenik（1987）：*Tropical Forest and Its Environment*, 2nd ed. Longman Scientific and Technical.

3. 自然と生業

3.1 アフリカの焼畑

石川博樹・小松かおり・藤本　武編（2016）：食と農のアフリカ史—現代の基層に迫る．昭和堂．

島田周平（2007）：アフリカ　可能性を生きる農民—環境-国家-村の比較生態研究．京都大学学術出版会．

E. Boserup（1965）：*The conditions of agricultural growth*. Aldine. Chicago：George Allen & Unwin. エスター・ボズラップ著，安澤秀一・安澤みね訳(1975)：農業成長の諸条件—人口圧による農業変化の経済学．ミネルヴァ書房．

R. K. Udo（1978）：*A comprehensive geography of West Africa*. Heinemann Educational Books, Nigeria.

3.2 サバンナ帯における牧畜

池谷和信（2006）：現代の牧畜民—乾燥地域の暮らし．古今書院．

伊谷純一郎（1982）：大旱魃—トゥルカナ日記．新潮社．

小川　了（1987）：サヘルに暮らす—西アフリカ・フルベ民族誌．NHK ブックス．

湖中真哉（2006）：牧畜二重経済の人類学—ケニア・サンブルの民族誌的研究．世界思想社．

佐藤　俊（1992）：レンディーレ—北ケニアのラクダ遊牧民．弘文堂．

福井勝義（1991）：認識と文化—色と模様の民族誌．東京大学出版会．

富川盛道（2005）：ダトーガ民族誌—東アフリカ牧畜社会の地域人類学的研究．弘文堂．

目黒紀夫（2014）：さまよえる「共存」とマサイ—ケニアの野生動物保全の現場から．新泉社．

3.3 地中海性気候地域におけるブドウ栽培とワイン産業

寺谷亮司（2002）：都市の形成と階層文化—新開地北海道・アフリカの都市システム．古今書院．

4. 生業と環境利用

4.1 生業と土地利用の変化

赤坂　賢ほか編（1993）：アフリカ研究—人・ことば・文化．世界思想社．

伊谷純一郎・田中二郎編（1996）：自然社会の人類学—アフリカに生きる．アカデミア出版会．

市川光雄編（2001）：講座・生態人類学 2　森と人の共存世界．京都大学学術出版会．

掛谷　誠編（2002）：講座・生態人類学 3　アフリカ農耕民の世界—その在来性と変容．京都大学学術出版会．

田中二郎ほか編著（1996）：続・自然社会の人類学—変貌するアフリカ．アカデミア出版会．

田中二郎・掛谷　誠編（1991）：ヒトの自然誌．平凡社．

平野克己（2013）：経済大陸アフリカ—資源，食糧問題から開発政策まで．中公新書．

松田素二編（2014）：アフリカ社会を学ぶ人のために．世界思想社．

4.2 焼畑・狩猟採集活動と環境利用

池口明子・佐藤廉也編（2014）：身体と生存の文化生態．海青社．

池谷和信編（2009）：地球環境史からの問い—ヒトと自然の共生とは何か．岩波書店．

池谷和信・佐藤廉也・武内進一編（2007）：朝倉世界地理講座 11　アフリカ I．朝倉書店．

小林　茂・宮澤　仁編（2012）：グローバル化時代の人文地理学．放送大学教育振興会．

佐藤洋一郎監修，原田信男・鞍田　崇編（2011）：焼畑の環境学．思文閣出版．

福井勝義編（2005）：社会化される生態資源．京都大学学術出版会．

4.3 乾燥地域における牧畜，昆虫食，マルーラ酒

石川博樹・小松かおり・藤本　武編（2016）：食と農のアフリカ史—現代の基層に迫る．昭和堂．

島田周平（2007）：アフリカ　可能性を生きる農民—環境-国家-村の比較生態研究．京都大学学術出版会．

篠田雅人・門村　浩・山下博樹編（2010）：乾燥地科学シリーズ 4　乾燥地の資源とその利用・保全．古今書院．

野中健一（2005）：民族昆虫学—昆虫食の自然誌．東京大学出版会．

藤岡悠一郎（2016）：サバンナ農地林の社会生態誌—ナミビア農村にみる社会変容と資源利用．昭和堂．

宮内泰介（2009）：半栽培の環境社会学—これからの人と自然．昭和堂．

5. 都　市

伊藤千尋（2015）：都市と農村を架ける—ザンビア農村社会の変容と人びとの流動性．新泉社．

小倉充夫（1995）：労働移動と社会変動—ザンビアの人々の営みから．有信堂．

小島麗逸・幡谷則子編（1995）：発展途上国の都市化と貧困層．日本貿易振興機構アジア経済研究所研究双書．

嶋田義仁・松田素二・和崎春日編（2001）：アフリカの都市的世界．世界思想社．

土屋　哲・中村弘光・中原精一（1987）：アフリカの都市問題．勁草書房．

寺谷亮司（2002）：都市の形成と階層分化—新開地北海道・アフリカの都市システム．古今書院．

日本貿易振興機構（2016）：アフリカスタイル—JETRO ビジュアルで見る世界の都市と消費市場．日本貿易振興機構．https://www.jetro.go.jp/world/reports/2016/02/0ff8432f2afb7beb.html

野元美佐（2005）：アフリカ都市の民族誌—カメルーンの「商人」バミレケのカネと故郷．明石書店．

松田素二（1996）：都市を飼い慣らす—アフリカの都市人類学．河出書房．

松田素二（1999）：抵抗する都市—ナイロビ移民の世界から．岩波書店．

6.　地域紛争

遠藤　貢（2015）：崩壊国家と国際安全保障—ソマリアにみる新たな国家像の誕生．有斐閣．

遠藤　貢編（2016）：武力紛争を越える—せめぎ合う制度と戦略のなかで．京都大学学術出版会．

栗本英世（1996）：民族紛争を生きる人びと—現代アフリカの国家とマイノリティ．世界思想社．

佐藤　章編（2012）：紛争と国家形成—アフリカ・中東からの視角．日本貿易振興機構アジア経済研究所研究双書．

島田周平（1992）：地域間対立の地域構造—ナイジェリアの地域問題．大明堂．

総合研究開発機構（NIRA）・横田洋三編（2001）：アフリカの国内紛争と予防外交．国際書院．

武内進一編（2000）：現代アフリカの紛争—歴史と主体．日本貿易振興機構アジア経済研究所研究双書．

武内進一編（2008）：戦争と平和の間—紛争勃発後のアフリカと国際社会．日本貿易振興機構アジア経済研究所研究双書．

武内進一（2009）：現代アフリカの紛争と国家—ポストコロニアル家産制国家とルワンダ・ジェノサイド．明石書店．

7.　グローバル化とフォーマル経済
7.1　フォーマル製造業・サービス業

北川勝彦・高橋基樹編著（2004）：シリーズ・現代の世界経済8　現代アフリカ経済論．ミネルヴァ書房．

西浦昭雄（2008）：南アフリカ経済論—企業研究からの視座．日本評論社．

牧野久美子・佐藤千鶴子編（2013）：南アフリカの経済社会変容．日本貿易振興機構アジア経済研究所研究双書．

峯　陽一・武内進一・笹岡雄一（2010）：アフリカから学ぶ．有斐閣．

山形辰史編（2011）：グローバル競争に打ち勝つ低所得国—新時代の輸出指向開発戦略．日本貿易振興機構アジア経済研究所研究双書．

7.2　経済発展と中国の進出

吉田栄一編（2007）：アフリカに吹く中国の嵐，アジアの旋風—途上国間競争にさらされる地域産業．日本貿易振興機構アジア経済研究所．

8.　開発・協力と地元社会
8.1　観光業と野生動物保全

池谷和信・林　良博編（2008）：ヒトと動物の関係学4　野生と環境．岩波書店．

岩井雪乃（2009）：早稲田大学モノグラフ7　参加型自然保護で住民は変わるのか—タンザニア・セレンゲティ国立公園におけるイコマの抵抗と受容．早稲田大学出版部．

關野伸之（2014）：だれのための海洋保護区か—西アフリカの水産資源保護の現場から．新泉社．

西﨑伸子（2009）：抵抗と協働の野生動物保護—アフリカのワイルドライフ・マネージメントの現場から．昭和堂．

目黒紀夫（2014）：さまよえる「共存」とマサイ—ケニアの野生動物保全の現場から．新泉社．

安田章人（2013）：護るために殺す？—アフリカにおけるスポーツハンティングの「持続可能性」と地域社会．勁草書房．

山越　言・目黒紀夫・佐藤　哲（2016）：アフリカ潜在力5　自然は誰のものか—住民参加型保全の逆説を乗り越える．京都大学学術出版会．

E. M. Bruner (2004): *Culture on tour: Ethnographies of travel*. Chicago: The University of Chicago Press. エドワード・M・ブルーナー著，安村克己・遠藤英樹・堀野正人・寺岡伸悟・高岡文章・鈴木涼太郎訳 (2007)：観光と文化―旅の民族誌．学文社．

8.2 開発援助・協力

大林　稔・西川　潤・阪本公美子 (2014)：新生アフリカの内発的発展―住民自立と支援．昭和堂．

掛谷　誠・伊谷樹一編 (2011)：アフリカ地域研究と農村開発．京都大学学術出版会．

勝俣　誠 (2013)：新・現代アフリカ入門―人々が変える大陸．岩波新書．

北川勝彦・高橋基樹編著 (2004)：シリーズ・現代の世界経済8　現代アフリカ経済論．ミネルヴァ書房．

佐藤　寛・藤掛洋子 (2011)：開発援助と人類学―冷戦・蜜月・パートナーシップ．明石書店．

下村恭民・辻　一人・稲田十一・深川由起子 (2016)：国際協力―その新しい潮流，第3版．有斐閣．

高橋基樹・大山修一編 (2016)：アフリカ潜在力3　開発と共生のはざまで―国家と市場の変動を生きる．京都大学学術出版会．

鶴見和子 (1996)：内発的発展論の展開．筑摩書房．

平野克己 (2009)：アフリカ問題―開発と援助の世界史．日本評論社．

付録 統計資料

国名	面積 （千km²）	人口 （千人） 2016	人口密度 （千人/km²） 2016	独立年 ★	旧宗主国 および旧 構成国	おもな宗教（%）◇	国民 総所得 （億ドル） 2014	1人あたり 国民総所得 （ドル） 2014
北アフリカ								
アルジェリア民主人民共和国	2382	40376	17.0	1962	フランス	イ教（スンナ派）99，キ教	2088	5490
エジプト・アラブ共和国	1002	93384	93.2		イギリス	イ教（スンナ派が大部分）84，キ教 15	2942	3210
チュニジア共和国	164	11375	69.5	1956	フランス	イ教 99（スンナ派 97），キ教，ユダヤ教	468	4230
モロッコ王国◆	447	34817	78.0	1956	フランス	イ教 99（スンナ派 97），キ教	1071	3070
リビア	1676	6330	3.8	1951	イタリア	イ教（スンナ派が大部分）96	422	7820
西アフリカ								
ガーナ共和国	239	28033	117.5	1957	イギリス	キ教 69，イ教 16	369	1590
カーボヴェルデ共和国	4.03	527	130.7	1975	ポルトガル	キ教 95（カトリック 88），イ教 3	18	3450
ガンビア共和国	11	2055	181.9	1965	イギリス	イ教 90，キ教 9，伝統信仰	8	460
ギニア共和国	246	12947	52.7	1958	フランス	イ教 85，キ教 8	61	470
ギニアビサウ共和国	36	1888	52.3	1973	ポルトガル	伝統信仰 49，イ教 42，キ教 9	10	550
コートジボワール共和国	322	23254	72.1	1960	フランス	イ教 39，キ教 33，伝統信仰	329	1450
シエラレオネ共和国	72	6592	91.2	1961	イギリス	イ教 65，キ教 25，伝統信仰 10	44	700
セネガル共和国	197	15589	79.3	1960	フランス	イ教 94，キ教 5，伝統信仰 1	155	1050
トーゴ共和国	57	7497	132.0	1960	フランス	キ教 47，伝統信仰 33，イ教 14	41	570
ナイジェリア連邦共和国	924	186988	202.4	1960	イギリス	イ教（主にスンナ派）51，キ教 48	5493	2970
ニジェール共和国	1267	20715	16.3	1960	フランス	イ教 90，伝統信仰 9	79	410
ブルキナファソ	273	18634	68.3	1960	フランス	イ教 61，カトリック 19，伝統信仰 15	124	700
ベナン共和国	115	11167	97.3	1960	フランス	キ教 43，イ教 24，伝統信仰 23	95	890
マリ共和国	1240	18135	14.6	1960	フランス	イ教 90，キ教 5，伝統信仰	114	650
モーリタニア・イスラム共和国	1031	4166	4.0	1960	フランス	イ教（スンナ派）99	48	1270
リベリア共和国	111	4615	41.4		アメリカ	キ教 86，イ教 12，伝統信仰	17	370
東アフリカ								
ウガンダ共和国	242	40323	166.9	1962	イギリス	キ教 85（カトリック 41），イ教 12	262	670
エチオピア連邦民主共和国	1104	101853	92.2			エチオピア正教 44，イ教 34	555	550
エリトリア国	118	5352	45.5	1993	エチオピア	イ教（スンナ派が大部分）50，キ教 48	38	748
ケニア共和国	592	47251	79.8	1963	イギリス	キ教 83，イ教 11，伝統信仰	606	1290
ジブチ共和国	23	200	38.8	1977	フランス	イ教（スンナ派が大部分）94，キ教 5	17	1936
スーダン共和国	1847	41176	22.3	1956	英・エジプト	イ教（スンナ派）68，伝統信仰 11	712	1710
セーシェル共和国	0.46	97	212.3	1976	イギリス	キ教 93，ヒンドゥー教 2，イ教 1	13	14120
ソマリア連邦共和国	638	11079	17.4	1960	伊・英	イ教（スンナ派が大部分）99	53	125
タンザニア連合共和国	947	55155	58.2	1961	イギリス	イ教 35，キ教 35，伝統信仰 30	475	920
ブルンジ共和国	28	11553	415.1	1962	ベルギー	カトリック 61，プロテスタント 21	31	270
南スーダン共和国	659	12733	19.3	2011	スーダン	キ教 60，伝統信仰	118	970
ルワンダ共和国	26	11883	451.2	1962	ベルギー	キ教 93，イ教 2	78	700

156　付録　統計資料

輸出額	輸入額	日本の輸出額	日本の輸入額	識字率 2015		携帯電話契約率	1人あたり1次エネルギー供給量	65歳以上比率	14歳以下比率	自然増加率	出生率	食糧（穀物）自給率
（百万ドル）2015		（億円）2015		男（%）	女（%）	（%）2015	（石油換算kg）2013	（%）2016	（%）2016	（‰）2014	（‰）2014	（%）2011
35278	51763	300	1122	86.1	73.1	113.0	1210	6.1	28.9	19.2	24.3	—
24736 (14)	61010 (14)	1554	181	83.6	68.1	111.0	940	5.3	33.5	21.7	27.8	56
14073	20221	98	149	89.7	72.8	129.9	960	7.8	23.5	13.0	19.2	52
23836 (14)	46057 (14)	314	317	81.9	62.0	126.9	570	6.3	27.2	15.0	20.8	71
20994 (14)	18994 (14)	74	5.6	97.0	85.8	157.0	2740	4.6	29.6	15.6	20.9	9
13691 (13)	12793 (13)	128	147	82.0	71.4	129.7	350	3.4	38.8	23.8	32.7	67
115 (14)	653 (14)	5.0	350万円	92.5	84.7	127.2	—	4.5	29.3	16.0	21.4	5
104 (14)	387 (14)	1.2	698万円	63.9	47.6	131.3	—	2.3	46.2	33.4	42.1	37
1428 (14)	2115 (14)	14	0.2	38.1	22.9	887.2	—	3.1	42.4	26.9	36.9	85
250 (14)	309 (14)	0.2	0.7	71.1	48.1	69.3	—	3.2	40.7	25.0	37.1	67
12634 (14)	10722 (14)	66	24	53.3	32.7	119.3	640	3.0	42.3	23.6	37.1	43
1552 (14)	1568 (14)	13	1.1	59.0	38.2	89.5	—	2.7	42.1	22.5	36.1	92
2617 (14)	6047 (14)	59	144	68.5	43.8	99.9	260	2.9	43.8	31.9	38.1	37
1048 (13)	2108 (13)	41	4.1	78.3	55.3	64.9	470	2.8	42.1	26.6	35.6	85
114000 (12)	35703 (12)	434	3410	69.2	49.7	82.8	770	2.7	44.0	26.7	39.6	67
1498 (14)	2247 (14)	24	0.3	27.3	11.0	46.5	160	2.6	50.5	40.3	49.4	78
2487 (14)	3351 (14)	17	50	47.6	28.3	80.6	—	2.4	45.4	30.5	40.0	80
1154 (13)	2148 (13)	11	1.2	49.9	27.3	85.6	390	2.9	41.9	26.6	36.0	71
2097 (14)	3951 (14)	7.1	0.2	45.1	22.2	139.6	—	2.5	47.4	33.1	43.5	95
1656	3702	13	158	62.6	41.6	89.3	—	3.2	39.8	25.5	33.4	25
260	2237	1045	132万円	62.4	32.8	81.1	—	3.0	42.0	26.4	35.1	39
2698	4761	198	16	81.0	66.8	50.4	—	2.5	47.8	33.3	43.0	95
3495 (14)	16244 (14)	153	105	57.3	41.0	42.8	510	3.5	40.9	25.0	32.4	101
15 (09)	540 (09)	1.0	338万円	82.3	65.6	7.0	130	2.4	42.5	27.5	34.1	—
5880	16021	1121	85	81.1	75.0	80.7	480	2.9	41.7	26.4	34.6	68
120 (13)	560 (13)	62	0.9	78.0 (03)	58.4 (03)	34.7	—	4.3	32.5	16.5	25.1	0
4350 (14)	9211 (14)	72	198	64.1	53.1	70.5	380	3.4	40.2	25.3	33.1	74
539 (14)	1144 (14)	13	58	94.8	95.8	158.1	—	7.1	23.6	9.1	17.0	—
520 (11)	880 (11)	6.5	1.8	49.7 (01)	25.8 (01)	52.5	—	2.8	46.5	31.6	43.6	15
5043 (13)	12235 (13)	333	285	84.8	76.1	75.9	480	3.2	45.1	32.1	39.0	98
113	724	6.1	1.6	88.2	82.9	46.2	—	2.5	45.0	32.6	43.9	—
—	—	17	—	38.6	25.4	23.9	60	3.5	41.9	25.2	36.8	—
736 (14)	2457 (14)	13	4.6	74.7	68.3	70.5	—	2.9	40.6	24.8	31.9	121

国名	面積 (千km²) 2016	人口 (千人) 2016	人口密度 (千人/km²) 2016	独立年 ★	旧宗主国 および旧 構成国	おもな宗教（%）◇	国民 総所得 (億ドル) 2014	1人あたり 国民総所得 (ドル) 2014
中部アフリカ								
アンゴラ共和国	1247	25831	20.7	1975	ポルトガル	カトリック 55，独立派キ教 30	1327	5476
ガボン共和国	268	1763	6.6	1960	フランス	キ教 73（カトリック 45），イ教 12	161	9720
カメルーン共和国	476	23924	50.3	1960	英・仏	カトリック 27，伝統信仰 22，プロテスタント 20	318	1350
コンゴ共和国	342	4741	13.9	1960	フランス	キ教 73（カトリック 49），イ教	117	2720
コンゴ民主共和国	2345	79723	34.0	1960	ベルギー	キ教 80，イ教 10，伝統信仰 10	290	380
サントメ・プリンシペ民主共和国	0.96	194	201.6	1975	ポルトガル	カトリック 80，プロテスタント 15	3	1670
赤道ギニア共和国	28	870	31.0	1968	スペイン	カトリック 80，イ教 4	79	10210
チャド共和国	1284	14497	11.3	1960	フランス	イ教 57，伝統信仰 19，プロテスタント 11	132	980
中央アフリカ共和国	623	4998	8.0	1960	フランス	キ教 80，イ教 10，伝統信仰 10	17	320
南部アフリカ								
コモロ連合	2.24	807	361.1	1975	フランス	イ教（スンナ派が大部分）98，キ教	6	790
ザンビア共和国	753	16717	22.2	1964	イギリス	キ教 82，伝統信仰 14，バハーイー教 2	255	1680
ジンバブエ共和国	391	15967	40.9	1980	イギリス	独立派キ教 38，伝統信仰 25	131	840
スワジランド王国	17	1304	75.1	1968	イギリス	キ教 90（プロテスタント 35），イ教	42	3550
ナミビア共和国	824	2514	3.0	1990	南アフリカ	プロテスタント 44，カトリック 18，伝統信仰	128	5630
ボツワナ共和国	582	2304	4.0	1966	イギリス	キ教 72，バディモ教 6	157	7240
マダガスカル共和国	587	24916	42.4	1960	フランス	伝統信仰 52，キ教 41，イ教 7	103	440
マラウイ共和国	118	17750	149.8	1964	イギリス	キ教 83，イ教 13，伝統信仰	41	250
南アフリカ共和国	1221	54979	45.0		イギリス	独立派キ教 37，プロテスタント 26	3407	6800
モザンビーク共和国	799	28751	36.0	1975	ポルトガル	カトリック 28，プロテスタント 28，イ教 18	157	600
モーリシャス共和国	1.97	1277	648.9	1968	イギリス	ヒンドゥー教 50，キ教 32，イ教 17	123	9630
レソト王国	30	2160	17.1	1966	イギリス	キ教 91，伝統信仰 8	26	1330

★ 1943 年以降の独立年のみ掲載．◇イ教：イスラム教，キ教：キリスト教．◆西サハラについてはモロッコ未承認のため掲載していない．
「輸出額」「輸入額」「識字率」の（　）内の小さな数字は統計の調査年次を表す．
おもに『データブック オブ・ザ・ワールド　2017 年版』（二宮書店編集部編，二宮書店，2017）をもとに作成．
「65 歳以上比率」「14 歳以下比率」については世界銀行 World Development Indicator より．
「食糧（穀物）自給率」は FAO の Food Balance Sheet により農林水産省が試算．

輸出額	輸入額	日本の輸出額	日本の輸入額	識字率 2015		携帯電話契約率	1人あたり1次エネルギー供給量	65歳以上比率	14歳以下比率	自然増加率	出生率	食糧（穀物）自給率
（百万ドル）2015		（億円）2015		男（%）	女（%）	（%）2015	（石油換算kg）2013	（%）2016	（%）2016	（‰）2014	（‰）2014	（%）2011
33168	20095	100	329	82.0	60.7	60.8	720	2.3	47.5	31.8	45.5	54
8949 (14)	3105 (14)	44	328	85.3	81.1	168.9	1420	5.1	37.0	21.5	30.2	18
5153 (14)	7553 (14)	32	7.0	81.2	68.9	71.8	330	3.2	42.3	25.3	36.7	74
8614 (14)	6200 (14)	13	1.9	86.4	72.9	111.7	550	3.7	42.6	28.0	36.5	8
6600 (14)	6500 (14)	72	1.3	88.8	65.9	53.0	310	3.0	45.9	31.6	42.0	—
17 (14)	172 (14)	1.6	30万円	95.6	88.0	65.1	—	3.0	42.4	27.1	34.1	19
11587 (14)	6492 (14)	11	252	97.3	92.9	66.7	—	3.0	39.2	24.2	35.0	—
4194 (14)	3496 (14)	11	302	48.4	31.8	40.2	—	2.5	47.6	31.2	45.3	70
140 (13)	250 (13)	7.2	1.8	50.7	24.4	20.4	—	3.9	38.8	19.2	33.8	78
28 (14)	285 (14)	2.6	406万円	82.0	74.3	54.8	—	2.8	40.1	26.4	33.9	—
6983	8451	89	56	89.7	90.6	74.5	660	2.9	45.7	31.0	40.1	159
3438 (14)	4200 (14)	34	20	88.5	85.3	84.8	800	3.0	41.6	25.4	35.2	69
1894 (13)	1525 (13)	12	0.4	87.4	87.5	73.2	—	3.7	37.3	15.4	29.7	31
5740 (13)	7568 (13)	31	14	91.0	90.6	102.1	760	3.6	36.6	22.6	29.7	35
6309	7237	39	13	87.2	89.2	169.0	1180	3.7	31.9	17.5	25.0	28
2142 (14)	3254 (14)	18	166	66.7	62.6	46.0	—	2.9	41.4	27.8	34.5	88
1370 (14)	2960 (14)	37	18	73.0	59.0	35.3	—	3.4	44.9	31.1	39.0	115
81646	85715	3255	5983	5.8	93.4	159.3	2660	5.1	28.9	8.2	20.7	84
3198	7908	168	94	73.4	45.5	74.2	420	3.4	45.1	27.8	39.3	80
3083 (14)	5610 (14)	124	13	92.9	88.5	140.6	1090	10.0	18.8	2.9	10.6	0
924 (14)	2207 (14)	6.5	2.4	70.1	88.3	105.5	—	4.2	36.0	13.8	28.6	20

索　　引

欧　文

AGOA　114, 119
AMISOM　108
AU　1, 99, 102, 108
BEE 政策　53
BOP ビジネス　113, 116
BRICS　120
CPA　106
ECOWAS　100
EPLF　105
EPRDF　105
FDI　13, 61, 89
FOCAC　125, 145
GIS　67
ICC　107
IFAW　137
IGAD　108
IITA　36
ISIS　102
ITCZ　3, 17, 26, 28
JEM　106
JICA　63, 144
KWV　48
LDCs　139
LRA　106
MDGs　11, 139, 141
MFEZ　127
MIDP　119
NEPAD　143
NIF　105
NRM/NRA　105
NTFPs　71
NWFPs　71
OAU　99
ODA　11, 143
ODM　107
PEV　107
PNU　107
PRSP　11
PSUP　89
SAP　84, 99
SDGs　13, 142
SLM/SLA　106
SNM　105
SPLA/M　104
SSDF　105
TICAD　127, 145
UIC　108
USC　105
WMA　136

ア　行

アカシア　23, 30
アグリビジネス企業　61
アグロ・シルボ・パストラル　70, 75
アグロフォレストリ　70
アジア系移民　10
アッシャバーブ　109
アニュワ　62
亜熱帯高圧帯　18
亜熱帯疎林　22
アパルトヘイト　4, 10
アフリカ開発会議　127, 145
アフリカ元年　145
アフリカ社会主義　10
アフリカ成長機会法　114
アフリカ待機軍　103
アフリカ大陸　1
アフリカ統一機構　1, 99
アフリカ分割　7
アフリカ連合　1, 99, 102, 108
アフリカ連合ソマリアミッション　108
アフリカーンス　5
アフロ・マルクス主義　10
アル・カーイダ　109
アルジェリア　132
アンゴラ　132

移住　93
イスラーム国　102
イスラーム帝国　7
イスラーム法廷連合　108
一党制　11
移動耕作　35
イネ科雑草　63
移牧　72
移民　68
インフォーマル　92, 96
インフォーマル経済　90, 93
インフォーマル部門　84, 112, 114
インフラストラクチャー　115, 117

ヴィクトリア湖　26
ヴィクトリア滝　20
ウェルウィッチア　24
ウォーカー循環　29
ウォーロード　104
ウガンダ　104, 106, 116, 132
ウシ　72
ウシ文化複合　41
ウッドランド　19, 23

ヴュルム氷期　25

エステート　52
エスニック集団　4
エチオピア　64, 105
エチオピア高原　19
エチオピア人民革命民主戦線　105
エリトリア民族解放戦線　105
エルニーニョ現象　29
エンセーテ　34

オヴァンボ　71
オガデン戦争　105
オクビンガカニシャ　76
オシャシャ　76
オレンジ民主運動　107
恩顧主義　14
温暖化　29

カ　行

海外移住者　90
海外直接投資　13, 61, 89
ガイナーコ　42
開発と環境　13
解放組織　103
ガオ帝国　19
化学肥料　60
家畜　54
家畜管理　40
ガーナ　132
ガーナ帝国　19
ガナ・ブッシュマン　57
ガバナンス　88
神の抵抗軍　106
カラハリ砂漠　24
刈り跡放牧　74
カリオキ　96
涸れ川　30
灌漑稲作　38
環境問題　13
環境利用　63, 67
観光業　131
間植・混栽　36
間接統治　8, 10
乾燥化　25
乾燥サバンナ帯　33
乾燥地域　70
缶詰ハンティング　137
干ばつ　3, 27, 29, 44

飢餓前線　28

気候　17, 24, 45
気候変動　25
季節河川　30
季節風　19
奇想天外　24
ギニアモンスーン　19
ギニア湾岸　21
喜望峰　48
キャッサバ　34
キャトルポスト　42, 72, 75
キャパシティ・ビルディング　146
休閑耕作　35
共同体的土地保有　38
共有地　64
キリマンジャロ　17, 24, 29

空中写真　67
グッド・ガバナンス　14
クライエンテリズム　14
グリーン・ネオリベラリズム　13
クレオール　5
グローバル化　13, 61, 91, 93, 112, 130,
　　150
軍閥　103

経済成長　120
経済貿易協力特区　120, 125
ゲーテッド・コミュニティ　89
ケニア　104, 107, 132, 137
ケニア山　24, 29
ケープ植物界　24
ケープタウン　20, 45, 47
ゲーム・ランチ　136
言語分布　5
原住民保護区　6
原生自然保護主義　133
建設工事請負　124
建設事業投資　124

公共空間　96
鉱業・プランテーション型輸出植民地
　　9
鉱山事業投資　123
洪水　30
構造調整　11, 14, 60, 84, 87, 89, 92, 99,
　　112, 117, 140
後発発展途上国　139
公用語　6
コーカソイド　3
国際協力機構　63, 144
国際刑事裁判所　107
国際熱帯農業研究所　36
国民イスラーム戦線　105
国民抵抗運動／国民抵抗軍　105
国民統一党　107
国立公園　133
国連ハビタット　88
ココア　33, 38
ココヤム　34
国家　6, 10

国家改革組織　103
コーヒー栽培　69
コミュニティ主体　134, 138
固有種　20
雇用問題　90
ゴリラ　25
コンゴ動乱　98
コンサーバンシー　135, 137
コンスタンシア　48
コンセッション　8
コンセッション型略奪植民地　8
昆虫食　71
ゴンドワナ大陸　20

サ　行

最終氷期　25
サイト・アンド・サービス　87
在留アフリカ人　149
作付け頻度　37
砂漠　24
サバナ気候　2
サハラ以南アフリカ　1
サハラ砂漠　18, 20, 24
サバンナ　23, 27, 39
サバンナ・ウッドランド　57
サファリ　133
サブサハラ　1
サヘル　19, 26, 28
参加型開発　134
三角貿易　7
サン・コイ人　46
ザンジバル　19
ザンジバル革命　105
サンブル　60
ザンベジ川　20

ジェノサイド　98
資源　120
シコクビエ　33
市場自由化　84
自然　17, 33
自然環境保護シール　53
持続可能な開発　134, 141
持続可能な開発目標　13, 142
持続的な集約化　70
失業率　84
失敗国家　100
自動車産業　119
シフタ戦争　104
社会関係資本　92
社会的企業　87
写真観光　133
獣害　138
自由市場環境主義　13
住宅　87
住民主体　146
集落移動　67
就労貧困　91
樹皮布　66

狩猟　65
狩猟採集　63
狩猟採集民　78
狩猟旅行　133
小家畜　72
商業牧畜　41
小農型輸出植民地　8
常緑広葉樹林　20
植生　17
植民地支配　6, 8
食用昆虫　71, 73
食料安全保障　139
新家産制国家　11, 14
人口移動　82
新興国　120
真実和解委員会　102
人種分布　3
ジンバブエ　132
森林　67
森林動態　67
森林破壊　29, 64

犂耕作　69
スーダン　104, 106, 109
スーダン解放運動／解放軍　106
スーダン人民解放軍／運動　104
ステップ気候　2
ステレンボッシュ　47
スーパーマーケット　117
スポーツ・ハンティング　133
スマートフォン　15
スラム　87
スワヒリ語　19
スワヒリ都市　7

西岸海洋性気候　2
正義と平等運動　106
生業　33, 56, 74
生業様式　40
生計の多様化　85
政府開発援助　11, 143
政府間開発機構　108
生物多様性ホットスポット　24
世界銀行　11, 13, 61, 90
世界都市　87, 93
赤道低圧帯　17
ゼノフォビア　16
セーフティーネット　84
繊維産業　113
選挙後暴力　107
先住民運動　134

走出去　125
贈与　75
ソーシャルメディア　15
外畑　35
ソマリ　42
ソマリア　105, 108
ソマリ救世民主戦線　105
ソマリ国民運動　105

ソマリランド　108
ソルガム　28, 33
ソンガイ帝国　19

タ　行

大語族　5
大地溝帯　17
多言語使用　6
ダサネッチ　54, 62
タッシリ・ナジェール　26, 40
ダホメ・ギャップ　21
タンガニーカ湖　27
タンザニア　132, 136

地域開発　125
地域共通語　5
地域紛争　98
地球温暖化　13
地中海性気候　2, 45
チテメネ耕作　24, 34, 58, 60
地方行政　14
チャド湖　26, 28
チャンビシ　127
中ア協力特区　125, 127
中緯度高圧帯　18
中国　14, 94
中国アフリカ協力フォーラム　92, 145
中国系企業　128
中小都市　86
チュニジア　132
直接投資　122
チョコレート・シティ　94

定期市　68
定住化政策　44, 59, 68, 78
出稼ぎ労働　70, 83
テフ　34
テーブルマウンテン　20, 48
デルグ　105

統一ソマリア会議　105
東西代理戦争　10
トウジンビエ　33, 71
動物愛護　138
独立　10
都市インフォーマル部門　95
都市化　117
都市人口　86
都市人口比率　82
都市と農村　80
都市農業　92, 93
都市偏重　83
都市問題　86
土地収奪・強奪　14, 56, 61, 86
土地生産性　64
ドラケンスバーグ山脈　19
奴隷貿易　7
ドロップレス・ディスク　53
トングウェ　58

ナ　行

ナイジェリア　111
ナイル川　20
ナショナリズム　10
ナミビア　71, 132, 135
ナミブ砂漠　18, 24
南西モンスーン　18, 19
南東モンスーン　19

西アフリカ諸国経済共同体　100, 103
ニジェール川　18, 27
ニジェール・デルタ　101
人間の安全保障　141

ネグロイド　3
熱帯雨林　20, 25, 29
熱帯雨林気候　2
熱帯収束帯　3, 17, 26, 28
ネットワーク　92
ネリカ米　39

農産物加工業　115
農牧複合　70

ハ　行

ハイベルト　20
バオバブ　23
ハチミツ採集　65
バッファ　67
ハドレー循環　28
パーニュ　32
パリ（ロココ）　58
パール　47
ハルマッタン　18
パン・アフリカニズム　10
バントゥー　42, 46
反都市化　84
反乱勢力　103

ビアフラ内戦　4, 99
ピグミー　3, 56, 59
ピジン　5
ピット耕作　59
避難場所　25
ピノタージュ　50
非木材林産物　71
氷河　29
貧困削減　141
貧困削減戦略文書　11
品質保証シール　53

ファーム耕作　60
ファクトリーシェル　126
ファダマ　34
フォニオ　33
フォーマル化　91
フォーマル部門　84, 112

複合生業システム　70, 76
複合的経済特区　127
複数政党制　11
部族　4
ブッシュマン　3, 40, 56, 59, 78
物々交換　75
ブドウ栽培　45
不法占拠　87, 93
富裕世帯　76
ブラキステギア属　22
ブラック・アフリカ　1, 4
プランティン　34
プランテーション　9, 22, 59, 61
プリント更紗　32
フルベ　41
プロテア　53
分権化　14
プントランド　108
分離主義運動　10
分離独立組織　103

ベース・オブ・ピラミッド　113
ベニン王国　19
ベルリン会議　1
ベンバ　58

崩壊国家　98
包括和平協定　106
縫製産業　113
放牧地　55
放牧地保護区　45
牧畜　39, 54
牧畜民　40
保護区　134
ボコハラム　102, 111
ボズラップ　37, 56
保全　133
ボツワナ　132
ホワイトハイランド　6, 33

マ　行

マウマウ　104
マグレブ　1
マサイ　137
マジャンギル　64, 68
マダガスカル　20
マチンガ　95
マテンゴ　59
マメ科　20
マラリア　93
マリ帝国　19
マルーラ酒　74
マンデラ　4, 11, 42

ミオンボ林　17, 22, 34, 58, 61
緑のサハラ　26
南アフリカ　132, 136
南スーダン　109
ミレット　28

ミレニアム開発目標　11, 139, 141
民主化　11
民族　4

無耕起　36
無除草　36
ムビンガ　146
ムブティ・ピグミー　57

モノカルチュア　11
モパネ　23
モーリシャス　132
モロコシ　33
モロッコ　132
モンゴロイド　3
モンスーン　19

ヤ　行

焼畑　33, 58, 63, 67, 69
焼畑悪玉論　64
焼畑立地　67
ヤシ油　33　38
屋敷畑　35

野生植物　66
野生動物　133, 138
野生動物管理地域　136
野生動物保全　131
野生の王国　131
ヤム　34
ヤムスクロ決議　93

優遇アクセス　113, 115
遊牧的教育　44
輸出加工区　13
ユーフォルビア　23

良い統治　14
要塞型保全　134
四位一体協力　124

ラ　行

落葉広葉樹林　23
ランチング方式　60
ランドグラブ　14, 56, 61, 86
ランド・マトリックス　14

リザーブ　9
リフージ　25
リーマン・ショック　13

ルウェンゾリ山　19, 24
ルサカ　127
ルワンダ　132

零細企業　90, 92
レバノン・シリア商人　8
レームール類　20
連鎖的移住　68
レンディーレ　57, 59

労働生産性　64

ワ　行

ワイン原産地呼称制度　50
ワイン産業　45, 47
ワーキング・プア　91
ワジ　30
ワシントン・コンセンサス　140

索　引　*163*

編集者略歴

しまだ しゅうへい
島田周平
1948 年 富山県に生まれる
1971 年 東北大学理学部地理学科卒業
　　　 東北大学教授，京都大学教授を経て
現　在 名古屋外国語大学世界共生学部・教授
　　　 京都大学名誉教授，アジア経済研究所名誉研究員
　　　 理学博士

うえだ げん
上田　元
1962 年 神奈川県に生まれる
1985 年 一橋大学社会学部卒業
2000 年 ロンドン大学ユニバーシティ・カレッジ・
　　　 ロンドン地理学部博士課程修了
現　在 一橋大学大学院社会学研究科・教授
　　　 Ph. D.

世界地誌シリーズ 8
ア　フ　リ　カ
定価はカバーに表示

2017 年 9 月 25 日　初版第 1 刷
2022 年 8 月 25 日　　　第 4 刷

編集者　島　田　周　平
　　　　上　田　　　元
発行者　朝　倉　誠　造
発行所　株式会社　朝　倉　書　店
　　　　東京都新宿区新小川町 6-29
　　　　郵 便 番 号　 162-8707
　　　　電　話　03 (3260) 0141
　　　　Ｆ Ａ Ｘ　03 (3260) 0180
　　　　https://www.asakura.co.jp

〈検印省略〉

ⓒ 2017 〈無断複写・転載を禁ず〉
ISBN 978-4-254-16928-7　C3325

シナノ印刷・渡辺製本
Printed in Japan

JCOPY 〈出版者著作権管理機構 委託出版物〉
本書の無断複写は著作権法上での例外を除き禁じられています．複写される場合は，
そのつど事前に，出版者著作権管理機構（電話 03-5244-5088, FAX 03-5244-5089,
e-mail: info@jcopy.or.jp）の許諾を得てください．

好評の事典・辞典・ハンドブック	
火山の事典 （第2版）	下鶴大輔ほか 編 B5判 592頁
津波の事典	首藤伸夫ほか 編 A5判 368頁
気象ハンドブック （第3版）	新田 尚ほか 編 B5判 1032頁
恐竜イラスト百科事典	小畠郁生 監訳 A4判 260頁
古生物学事典 （第2版）	日本古生物学会 編 B5判 584頁
地理情報技術ハンドブック	高阪宏行 著 A5判 512頁
地理情報科学事典	地理情報システム学会 編 A5判 548頁
微生物の事典	渡邉 信ほか 編 B5判 752頁
植物の百科事典	石井龍一ほか 編 B5判 560頁
生物の事典	石原勝敏ほか 編 B5判 560頁
環境緑化の事典	日本緑化工学会 編 B5判 496頁
環境化学の事典	指宿堯嗣ほか 編 A5判 468頁
野生動物保護の事典	野生生物保護学会 編 B5判 792頁
昆虫学大事典	三橋 淳 編 B5判 1220頁
植物栄養・肥料の事典	植物栄養・肥料の事典編集委員会 編 A5判 720頁
農芸化学の事典	鈴木昭憲ほか 編 B5判 904頁
木の大百科 ［解説編］・［写真編］	平井信二 著 B5判 1208頁
果実の事典	杉浦 明ほか 編 A5判 636頁
きのこハンドブック	衣川堅二郎ほか 編 A5判 472頁
森林の百科	鈴木和夫ほか 編 A5判 756頁
水産大百科事典	水産総合研究センター 編 B5判 808頁

価格・概要等は小社ホームページをご覧ください.